1949年後

中國共產黨政治謎案19件

散 木

目次

1

「革命吃掉了自己的兒子」

——詩人邵浩然之死

一、維爾涅的一句話

歷史記憶，在有的老人（當然他們具有相應的歷史資歷以及對之進行歷史反思的能力和勇氣，這些老人，現在有的被稱為「兩頭真」，即他們早年和晚年的思想和心境的融合）那裏，其況味是難以一言而盡的，或者竟如魯迅所說過的一句話：就好像被刀刮過的魚鱗，有些還留在身上，有些已掉在水裏，把水一攪，有幾片還會翻騰、閃爍，中間還冒著血絲。

過去我們還熟知一句托爾斯泰的話：人生，須得「在淚水裏泡三次，在鹹水裏泡三次，再在血水裏泡三次」，這後來被形容為革命者的人生，特別是投身革命的知識份子身上，也許因為他們是脆弱的

（「小資」），容易落淚，容易傷感，容易思想；於是需要經歷嚴酷的實踐考驗，包括體力的，肉體的，戰爭的，運動的，批判的，內省的，等等，在這一過程之中，自然鹹水和血水是免不了的。不過，在一個數千年專制社會傳統和經濟文化落後的國度，在一個「人血不是水，滔滔流成河」的年代，或者竟如一七九三年（想起了雨果的小說《九三年》）被送上斷頭臺的法國革命家維爾涅（Pierre Victurnien Vergniaud）所說過的另外一句話——「革命會吞吃掉自己的兒女」（Revolution may devour her own children.），有的人經歷了「淚水」、「鹹水」以及「血水」，卻並沒有迎來自己的新生，他已經在這一過程中被「吃掉了」（又想起了魯迅的名言和寓言，即驚世駭俗的關於「吃人」的歷史以及它的語境）。李慎之先生生前就曾唏噓和感慨過「革命會吞吃掉自己的兒女」這句話，以及它的語境「已經兩百多年過去了」，然而「這樣的悲劇竟是愈演愈烈」，於是他曾寫過一篇悼念的文章，悼念的對象是他在新華社國際部任職的同事，過去則是北平和平解放前一家報紙（《平明日報》）的記者李炳泉。由李炳泉，筆者聯想到了許多人，由遠及近，如同是當年在北平辦報的先父（《文匯報》、《益世報》等），在他的晚年，似乎是同樣的命運多舛，而其思想愈加困惑；以及校友中的前輩、詩人邵浩然。

這一篇文章，就是說說邵浩然的。

二、「胡風」大案在浙江

邵浩然是在當年的「胡風案」中落馬，乃至殞命的。那是一九五五年二月，浙江省的文教界、文藝界隨全國形勢，也開展了對「二胡」的批判，即對「胡適派反動思想」、「胡風資產階級文藝思想」展開鬥爭和批判，與此同時，《浙江日報》等陸續刊發了《浙江文教系統對胡適派反動思想鬥爭》、《對胡風資產階級文藝思想批判》和《學習辯證唯物主義與歷史唯物主義，反對資產階級唯心主義思想》等的報導和文章，而有關的批判活動則相應集中在浙江師範學院中文系古典文學研究班、省文聯、《浙江文藝》編輯部等。五月十三日，《人民日報》發表了《關於胡風反黨集團的一些材料》，由此「胡風案」形成，並在全國迅速飆升。十七日凌晨，胡風被逮捕並接受審查，他在看守所隔離三個月後，被關押進秦城監獄的單人牢房，直到一九六五年底為止。後來查知一九五五年的清查運動，全國大約觸及到兩千一百人，其中逮捕了九十二人，隔離審查了六十二人，停職反省了七十三人，後被定為「胡風分子」的則有七十八人，其中「骨幹分子」有二十三人，至一九六五年和一九六六年，被判刑的三人即胡風、阿壟、賈植芳。一九五五年七月，在中宣部印發的黨內學習材料即《肅清胡風反革命集團和一切暗藏的反革命分子》之中，認為是「帝國主義國民黨特務分子、反動軍官、托洛茨基分子、革命叛徒、自首變節分子為其基本骨幹的」「胡風反革命集團」成員，涉及浙江的，除了阿壟，還有方然、冀汸等，於是浙江的批判運動亦漸趨高漲，先是省文聯召開擴大會議，科普協會、民盟浙江支部、浙江大學、浙江人民出版社、浙江人民廣播電臺、浙江越劇團、杭州群眾藝術館、浙江軍區政治部文化部以及全省教育局系統、團市委系統、杭州市中學系統及各文藝團體繼之紛紛召開集會，揭露和聲討胡風的反動文藝思想，《浙江日報》也以《提高警惕，揭露胡風》為標題，陸續發表了文教、文藝等各界人士的批判文章（如邵浩然、方澤民、張新、王景德、蘇東、馬驊、寇明、阮昌家、王曼、陳學昭、沈善漪、伍隼、陽曉、陳墨卿、徐陬、沈煉之、陶冶、張豐、王國松、劉新、楊炳生、張宗祥、夏承燾、張仲浦、林辰夫等），然而不久之後，在他們之中，有的人忽然也成為了「胡風案」中的成員，比如邵浩然。

一九四九年以後，在知識界發生的這樣規模的政治運動，在浙江還是第一次，據《王芳回憶錄》（浙江人民出版社二〇〇六年版）稱：當年的浙江的「胡風案」，共處理了兩百四十二人。

三、詩人邵浩然之死

邵浩然，浙江溫州人，浙江大學一九四九屆外文系學生。

邵浩然是才子，又是詩人，學習期間，他曾得到過外文系方重、張君川、戚叔含、李祁等幾位教授的器重，同時呢，他又是「革命的兒子」，他是黎明時期杭州學生運動的主要領導人（杭州學聯主要負責人之一），曾參與組織領導一九四六年聲援昆明「一二一」學生運動、抗議《中美友好通商航海條約》簽訂運動、一九四七年的「五二〇」運動、悼念于子三運動等，于子三死後，他繼任浙大學生自治會主席（兼學生會《每日新聞》主編），又自一九四九年二月起參加中共地下黨活動，並由谷超豪介紹加入中國共產黨。一九四九年，他又當選為杭州市學聯籌備會主席。從浙大畢業後，邵浩然職任杭州市民政局社會科副科長，一九五二年轉任宗教事務處辦公室副主任，一九五四年任中共杭州市市委宣傳部副科長。一九五五年九月二十六日，在「胡風案」中，邵浩然在杭州聖塘路的辦公大樓竟跳樓自殺了。

一位左翼學生領袖，為什麼會在勝利之後竟跳樓自殺了呢？「胡風案」中的冀汸後來在《倘或你是最後一個——紀念邵浩然》一文中說：當年邵浩然與方然同在一樓辦公，因此他結識了冀汸，兩人的關係，又無非是「寫劇本，提意見，僅此而已」，然而，「他和我的那點交往是不是促成他的不幸的原因之一呢？我雖不殺伯仁，伯仁由我而死。」原來，僅僅因為邵浩然曾寫過一個劇本《育嬰堂》（邵浩然曾是浙大戲劇班的主席，他死後，同班的受嫌者有蔡文寧、斯民、朱方褒等），請冀汸幫助修改，後來冀汸因「胡風案」入獄，牽連到他，他竟也受了連帶，最終不堪屈辱，自殺身亡，事後被開除出黨。另據浙大一九四八屆外文系葉立義的回憶：邵浩然在杭州解放之前，曾帶領外文系戲劇班進行「變革」，即組織成立詩歌朗誦組、活報組、散文組等，並提出「運用大眾化語言和探索文藝戰鬥的新形式的努力方向」，創作編寫朗誦詩和劇本，組織晚會演出，如《天亮前後》、《皇帝與太陽》、《蔣該死下野》、《三姐妹》等，後來這些演出的體會又被鉛印成《文藝戰鬥形式》的小冊子，「可是後來他和戲劇班其他同學竟因此被扯上和所謂『胡風反革命集團』的關係，受到株連審查，浩然同志也在此次審查中不幸離世，令人痛心。」（見《懷念邵浩然同志》，《黎明前的求是兒女——解放戰爭時期浙江大學的學生運動和進步社團》，中國青年出版社二〇〇八年版）

這似乎是過於殘酷的事實了——于子三死於黎明之前，繼任的浙大學生自治會主席邵浩然又死於黎明之後！他們的同窗高亮之在《青春的夭折——從浩然之死說起》一文中感慨說：于子三、邵浩然，一位是二十二歲，一位是三十二歲；一位死後無比榮光，一位死後尤有恥辱——這是怎樣的荒誕的對比！而詩人邵浩然——高亮之回憶說：當年，一九四八年一月四日，那是浙大為于子三出殯的日子，當時當局派大批軍警封鎖學校，欲圖彈壓，又派歹徒衝進學校，搗亂出殯的現場，於是學生會帶領眾人還擊，學生們迅速傳遞磚塊，在學校游泳池旁神速地建起了一座「于子三衣冠塚」，當時邵浩然悲憤地朗誦悼詩，全場為之震撼。翌年五月三日杭州解放，次日要開慶祝大會，邵浩然又急速地寫下《紅旗飄飄進杭州》的慶祝長詩。今天如果要尋覓他的詩歌，如他解放前寫的《同情像一個海》和《我騎著童話的白馬回來》等，可以從由校友聖野、曹辛之、魯兵主編的《黎明的呼喚》、由公木主編的《中國新文藝大系・詩歌卷（一九二一—一九四九）》中讀到，但誰會料到這位青年詩人最後的身影的定格，竟是那令人心碎的驟然縱身一躍。

作為校友，同時又是校史的研究者，筆者曾搜索過邵浩然的材料，其中的一些細節是很難從容面對了，比如他曾放下身段，自願與工農結合，一九五三年，他與一位杭州的普通女工結婚了，這應該是他不斷追求進步的一個表現吧。然而，就是這位當年杭州鬥爭不法資本家立場最堅定的紡織女工，後來得知丈夫是「胡風分子」之後，立即與之劃清了界限，並且粗暴地撕毀了兩人的合影照片，宣告離婚了。

詩人，還能寫下詩來麼？

四、「革命吃掉了自己的兒子」

「革命吃掉了自己的兒子」，這彷彿是夢魘？是呵，似乎真是一場夢魘。邵浩然的同窗、同案，朱方褒後來在《夢魘——記半個世紀前的一段對話》一文中強調說：「人在做惡夢時，下意識地希望這只是一個夢，一睜眼，一切都煙消雲散了。人的一生中有時也會碰上類似的境遇。」在人們稱道「小瀋陽」的名句「一閉眼一睜眼一天過去了，一閉眼不睜眼一輩子就過去了」時，大概很難體會到真正在「夢魘」中走過來的人會有什麼「惡夢」，那麼就來看看這「惡夢」吧——

朱方褒回憶道：「一九五五年春夏之交的一天，我被叫到『肅反』三人小組面前。宣傳部長拿出三張紙，放在我的面前，我瞟了一眼，原來是三張名單，每個名字占一行，名字後面還有工作單位名稱，約有一百多名。

問：你們這一大夥反革命分子，解放後都混進我們的政府機構、學校裏來了。現在一個個都已查清，這裏面就有你的名字，你有何話說？

我發抖的手接過名單一看，大部分名字我都沒有聽到過，但仔細看了看後，才恍然大悟，我認得的人名中都是浙大學生運動中的闖將，主要是『外文戲劇班』的成員，其中自然也有我的名字，我驚呆得宛如木雞。心想他們難道都是目前被審查、鎮壓的對象？那麼，真是一網打盡，無一漏網了。自然，這又是一份貨真價實的黑名單。我被列在國民黨反動派手裏的那份黑名單中，是因為我參加了學生運動而被羅織進去的。它曾經使我進入了夢魘，這夢魘尚未消失，頭腦尚談不到清醒過來，而這份黑名單的夢魘又來了。而且兩份黑名單上所列的名字重疊上了，後者當然包括了前者。因為國民黨當時所能掌握的資料，不可能比現在省委所掌握的資料更齊全、周密，隨心所欲。現在只消把當時的浙大學生名冊拿來，一個個勾過去就是了。我還天真地想著，這三張名單中的名字，原本應該是紅色的，怎麼變成黑色了呢？什麼時候，為什麼變成黑色了呢？我的頭腦頓時陷入昏天黑地之中了。不知道用紅色眼光看來，除了『自己人』之外，一切非白即黑，紅的也變成黑的了。而且，他們說這是紅的，難道你可以偏說這是黑的？他們說這是黑的，難道你可以說這是紅的嗎？指鹿為馬之事，自古皆然。

答：這裏面所列的人，我只有幾個認識。他們和我一起編過《浙大週刊》、《每日新聞》，或者我向他們徵過稿的。

問：好，你先說說這幾個人吧！我說了幾個人的名字。

問：你先說吧！邵浩然是什麼樣人？

答：我所知道的，他當時是地下黨員，外文系戲劇班的領導，擔任過浙大學生會主席，也一度擔任過《每日新聞》主編。

問：你們很要好吧？

答：因工作關係，很接近。
問：那麼他的歷史情況，你當然也清楚。
答：他當時是浙大外文系四年級學生，對革命文藝很有研究，現在在杭州市委統戰部工作。
問：別的毫無所知？
答：他沒有和我談過他的歷史。
問：（拍案大怒）你真的還是假的不知道？
答：真的。
問：（大吼一聲）不知道麼？在『肅反』中，杭州市委揭露了他的反革命歷史，他就自殺了。他當過『中美合作所』翻譯，他是『胡風分子』！
我吃了當頭一大棒，抬了抬嗡嗡直響的，被打得火星直進，不知自己身在何處。我看到邵浩然的面影在前面晃來晃去，我的靈魂就扶著他的靈魂一起飛上空中。下面，宣傳部長又在說什麼，我沒有聽。但我終於聽到又在吼叫了，把我的魂靈叫了回來。
問：你沒有聽我問什麼事嗎？當然，一個反動的朋友死了，你很難受吧？
我沉默無言。
問：你說吧！你同斯寶昶很接近，他是什麼人，你總該知道吧！
答：我編《每日新聞》時，向他約過稿，他寫的稿子戰鬥性很強，我還記得他寫的一篇文章：《敵人不投降，就消滅他！》我還讀過在那個時代他寫的一些短篇小說，都是揭露國民黨反動派統治下的貧苦人民的苦難生活。我佩服他寫得好。現在，他在華東文藝出版社工作。

問：你們很接近，怎麼就只知道這一點點？

答：是的，這一點點。

問：你不要耍花樣，假裝糊塗。

答：我用不到這一套。

問：（拍案大吼）：他是國民黨『中統』特務分子，又是『胡風分子』，你假裝不知道！

又是重重一悶棍，我真吃不消這兩悶棍。鎮定一下，思考一下，再思考一下，把靈魂召回來。我告誡自己：用不到發慌，因為一、你們審查邵浩然、斯寶昶的歷史，為什麼要作為審查我的一個內容？無非想嚇倒我，唆使我去瞎咬他們罷了。二、我知道邵浩然、斯寶昶兩人同胡風根本沒有關係：也不曾在胡風編的刊物上寫過文章，甚至擦不上邊。要說他們是『胡風分子』，這是可笑又可恥的伎倆。他們至多同我一樣，思想上是站在胡風一邊罷了。三、毛澤東指示：凡是『胡風分子』都有重大的罪惡歷史。你們審查我，不就是先給我套上這頂大帽子麼！我如果聽信你們的鬼話，豈不是中了你們的圈套，讓你們把我當猢猻來耍麼！不，我決不能上這個當。邵浩然是錚錚鐵骨的硬漢，對你們絕望了，就用死來抗議，這同許人俊一樣。記得在一九五〇年，我聽過邵浩然的一次關於文藝問題的講座，那是省文聯召開的，題目是《馬雅可夫斯基》，說到了馬雅可夫斯基的自殺，是由於他的理想破滅了，現在邵浩然覺得自己的理想也破滅了，不得不走上這條自絕之路。四、你們挖空心思要我對無辜的好友們進行揭發，你們的惡毒用心，已昭然若揭，我咬定牙關，什麼也不說了。

答：不必再問了。

問：不回答麼！好，你們這些黑幫分子，一個也跑不了。你以為今天被你滑過去了，但是，明天你還是滑不過去的。我奉勸你一句，還不如趁早投降好些！

答：這個我知道。

問：你既然知道，那好，今天晚上你就好好回憶、思考，好好交代，揭發這些人的罪行吧！

猶如做了一個惡夢！一瞬眼，果然一切都煙消雲散了。一切污蔑不實之詞統統被推倒。邵浩然依然是進步學生、中共地下黨員；斯民依然馳騁在中國文壇。往事如煙，讓它隨風而逝吧！」（見《邵浩然紀念文集》）

以上的記述，幾乎復原了「胡風案」和「肅反」時的審問場景，可謂是帶來了現場的感受，它是「惡夢」麼？它又如何不是「惡夢」呢?!那麼，「革命吃掉了自己的兒子」，這是為什麼?!

2

名導演史東山自殺之謎

一九五五年，著名導演史東山忽然自殺殉命，其情由迄今不大為人所知，為敘述明白起見，我們不妨從頭說起：

史東山（一九〇二—一九五五），原名匡韶，著名電影編導和戲劇導演，浙江海寧人。史東山早年因家庭貧困，遠赴北京、天津和上海在電報局當報務員，後進上海影戲公司任美工師，這家公司是但杜宇一九二〇年創辦的，此前但杜宇和張光宇主辦上海晨光美術會時史東山就參與過，及影戲公司開辦，他又參加進來了。史東山很快就熱愛上了電影事業，他辛勤工作，熟悉並掌握了與電影有關的各項業務，也開始在一些電影中擔任角色，他還嘗試寫作劇本，逐漸地，他成為電影界的一個多面手。在他二十二歲時，導演並拍成他的處女作《楊花恨》。一九二五年，影戲公司瀕臨破產，老闆使出渾身解數以挽救危機，當時公司亟圖拍出一部賣座的影片來恢復號召力，於是公開徵求劇本，史東山便將自己剛寫出的《柳絮》去應徵，獲選後公司還叫他擔任導演，果然他一炮打響——史東山這個名字從此也被人們所熟悉了。當然，在二十年代的大上海，史東山無法不受半殖民地文化和市民審美情趣的影響，他早期的作品有忽視內容、表現唯美的傾向，當時他也認為電影這一藝術形式主要就是體現色彩、線條、動作、音樂等等的美感的，即「無論『天然』的美或『人造』的美，都能在銀幕上有條有序地再現出來」，這雖然距現實主義尚有一定距離，不過史東山追求電影藝術的審美特點如注意光線、圖案等等，甚至幾乎苛求地注意每一個細節，「無論一顰一笑，一舉手一投足，都加以細密的研究」，有著細膩流暢的藝術特色，這為他後來藝術成就的形成卻不無幫助。大革命前後，史東山受時代的感染和影響，開始扭轉創作傾向。一九二七年他創作出《王氏四俠》，雖然他試圖表現反對強暴、申張正義的思想，無奈形式上仍然是「浪漫派古裝武俠片」，大大沖淡了原有主觀的積極意圖，此時史東山自己也對影壇上瀰漫的粗製濫造、一意迎合市民低級趣味的風氣深惡痛絕，但他苦於找不到出路，只好暫時退出影壇，返回到從前所從事的美術工作去了。

一九三〇年，史東山「東山再起」，他加入進聯華影業公司，開始接受左翼文化運動的影響，並成為左翼電影的一位開拓者，同時，時局的動盪也讓他心中蘊藏的愛國主義和民主主義精神噴薄而出，他與蔡楚生等編導了反映「一二八」抗戰的影片《共赴國難》，他自己也拍出了進步影片《奮鬥》，這都標誌著史東山發生了顯著的變化，他從唯美主義走向了現實主義。一九三三年，史東山加入中共電影小組影響下的中國電影文化協會，此後他又進入藝華影業公司，編導了反映婦女問題的《女人》、描寫工人生活的《人之初》（由魏鶴齡扮飾中國電影史上最早出現的工人形象）、揭露商業社會醜惡與墮落的《長恨歌》、揭露官場黑幕的《狂歡之夜》等，又與田漢合作完成《青年進行曲》，這一系列接觸社會問題、有著鮮明時代色彩、兼具思想價值和藝術價值的進步影片受到觀眾的歡迎。

抗日戰爭爆發後，史東山輾轉後方，他參加了周恩來直接領導的國民黨軍委政治部第三廳，這是相仿於大革命中「紅都」武漢時由鄧演達領導的總政治部，其中集中了一大批傑出的知識份子和文藝工作者，在它的第六處（藝術處）中，史東山負責中國電影製片廠的籌備，陽翰笙回憶說：那時的史東山「嚴肅認真、富於正義感」，他編導了第一部反映抗日題材的影片《保衛我們的土地》、歌頌農民投身抗戰的《好丈夫》以及以動員民眾抗戰為宗旨的、與田漢再度合作的《勝利進行曲》，此外他還導演了曹禺、陳白塵、于伶等的話劇，此時史東山也進入了他的藝術創作巔峰時期，他致力於把斯坦尼斯拉夫斯基的演劇體系引入中國。抗戰勝利後，他與進步電影工作者同國民黨展開曲折的鬥爭，恢復了聯華影業社（後為崑崙公司），並很快拍出了他的代表作——《八千里路雲和月》。這部劃時代和中國電影發展史上里程碑的電影，具有史詩的氣魄，它以強烈的批判精神鞭撻了國民黨的腐敗，它借劇中人物的道白說出廣大人民對國民黨政府的憤慨：「這個世界，都像你們這樣搞下去，還成世界？明敲暗詐，強奪民產，人人在切齒痛恨你們，個個敢怒而不敢言」、「這是人的世界，永遠這麼不拿別人當人，永遠這麼人吃人，這個世界是永遠不得太平的！」它還用巨大的藝術激情和感染力熱情鼓勵人們：「你要看今天已經有了比以前更多的人懂得爭取他們自己應該有的權利，那些腐敗的不合理的東西是不會存在得很久的了」！它還謳歌了進步青年和文藝工作者，今天我們回顧它，可以說它是抗戰後第一個在銀幕上表現偉大的中國人民抗擊侵略和暴政的一部作品，廣大觀眾受它的影響和鼓舞，振奮了長期受壓抑的心靈，增強了同反民主勢力鬥爭的信心和力量，因而它在上演後受到觀眾的極大歡迎，甚至從此成為中國電影舞臺上長演不衰的經典影片，但史東山自己也由此遭到國民黨的祕密通緝，被迫遠走香港。

史東山在國統區的表現，或者說可以反映其性格的一點片斷，其同鄉、詩人的徐遲有一段回憶，非常逼真地詮釋了史東山其人。他說：「我的記憶中保留著史東山一個最美好的鏡頭。那是皖南事變後，張治中以政治部長身份到『中製』（即戰時的「中國電影製片廠」）視察。我們大家坐在編導委員辦公室內等著。一會兒他來了，一進來，那個反派小生何非光穿了一身軍裝，發出一聲口令：『起立！』大家只好都起立立正了。都起立了，但史東山沒有起立。他懶懶地斜坐在椅上，摸著他的小鬍子，微微笑著，跟張治中略一頷首。我頓時覺得這個史東山真是一個少不得的有骨氣的人。他的形象立刻高大了。相形之下，何非光就是一個他本來擅長扮演的『反派』角色，一個孱頭了。但張治中還是不錯的，他和史東山作了頗為隨便的交談，有點『惺惺惜惺惺，相見恨晚』，他理也不理那個何非光」。史東山給徐遲的這個深刻的印象到了剛解放時又讓他聯想起來，那時他們都到了北平，也都是文藝界知名的人物，不過，「國統區」和「解放區」的界限已經很分明了，史東山和徐遲都是從「國統區」來的，自然會敏感地體會到一點不同，而「電影界的大導演史東山」卻「表示一種眾醉獨醒的神氣而又很不快活」，這讓徐遲馬上想起當年史東山對長官的張治中老大不敬的樣子，即「大家起立了，史東山巍然不動。他自坐著，好像倒是他接見張部長，真是一個人物！」現在呢？「現在他公然表示不快活，對許多做法，他不同意」，比如喊「萬歲」，甚至徐遲也忸怩著「覺得怪彆扭的，還喊不出口」，因為「從來也沒有喊過『萬歲』」，所以，「直心肚腸的，非常坦率的人物」史東山更不會同意這些他陌生的做法了，這讓徐遲「很驚訝」，因為他當時「還不懂得」。不久，徐遲說：「慢慢地我逐漸地明白了一點兒他的思想感情」，但他和史東山已經多少有一些不一樣了，此前徐遲讀了毛澤東在延安文藝座談會上講話，以為是「當代最輝煌的文學理論」，是「時代頂峰的指導性作品」，這不僅是他一個人的感受，當時許多他身邊的人也都認同這種觀點，比如也是詩人的袁水拍，從此就放棄了抒情詩的創作改而創作民間風格的山歌了，於是，徐遲說：「我那時並不同意史東山」，他還以為「人的思想改造確實是很不容易的。」確實，史東山太有個性了，他的傲骨讓他很難適應解放後已經趨於大一統的文藝格局和風氣了。

新中國成立之初，史東山由香港抵北平，除了作為委員參加政協和人大之外，他還被委任了相應的職務：文化部電影局藝術委員會委員和技術委員會主任、中國戲劇家協會常務理事等，他的才華也得以盡情綻露，他編導的《新兒女英雄傳》不久就獲得了國際的承認，第六屆卡羅維・發利國際電影節授予他導演獎，此後他又與蔡楚生合拍了大型紀錄片《反對細菌戰》，他寫的《電影藝術在表現形式上的幾個特點》也出版了。然而，正當史東山邁向他和藝術高峰時，一九五五年二月二十三日，他突然自殺了。這位終年僅僅五十三歲的傑出電影工作者的意外去世從此成為一道「謎」，當時如《大眾電影》等宣佈其逝世的消息，說他「因患肝疾，長期治療無效，不幸於二月二十三日晨在北京醫院逝世」，還說他「數月前還曾往工廠搜集材料，準備寫作劇本，不幸因病中止，而終至與世長辭了」云云。此後許多書籍和辭書提到史東山時也對此都語焉不詳，且大多都說他是「病逝」，或者不無惋惜地說正當史東山處於藝術創作巔峰時「溘然長逝了」云云。那麼，為什麼對他的自殺諱莫如深？他又為什麼要在自己藝術創作的高峰時自殺？為什麼他選擇在批判胡風集團的運動剛剛開始而「肅反」運動即將開始之前自殺？是什麼讓他不惜讓自己的生命中斷？雖然至今其中的詳情我們仍然不太了然，不過我們可以根據史東山在新中國第一場電影論爭——「中國電影向何處去」中的鎩羽，以及接下來不斷的政治運動，想像到史東山的困惑乃至其決絕到赴死。

新中國關於電影的第一場論爭，起因於史東山的幾篇文章，今天看來那正是他眼光如炬的地方，它們也是後來其他幾位電影界有識之士幾篇惹禍文章的先聲：鍾惦棐的《電影的鑼鼓》、瞿白音的《關於電影創新的獨白》等等，經過多少年的撥亂反正的歷史事實證明：正是史東山有先見之明呵。史東山從香港到北平後，相繼在《人民日報》上發表了《關於今後一個時期內電影的主題和工作的據點》、《目前電影藝術的作法》以及在《大公報》上發表的《中國電影的方向》，就新中國電影的服務對象、表現對象（也就是題材範圍）、表現形式以及其藝術樣式和手法等等提出他的看法。當時從毛澤東《在延安文藝座談會上的講話》發表之後，「文藝為工農兵服務」已經成為大方向，甚至成為至高無上的不二法則，剛剛成立的文化部電影局也定下了「電影為工農兵服務」、「塑造工農兵形象」的創作宗旨，後來我們知道這對文藝創作不免帶來一些負面的作用，所以後來由鄧小平親自改變和定奪為「文藝為人民服務、為社會主義服務」（即「二為」）的口號。史東山早在當時就根據他多年的藝術實踐活動對已經盛行的、帶有左傾傾向的文藝方針提出質疑，其實這也代表著許多文藝工作者（尤其是來自國統區的文藝工作者）普遍的困惑，如解放後在上海主持文藝工作的夏衍回憶說：「熟悉工農兵的不會寫電影劇本，會寫電影劇本的不瞭解工農兵」，於是他也時常被問詢到「一個很難回答的問題」即「除了工農兵之外，文藝可不可以為小資產階級服務的問題」，當夏公「滿不在乎」地回答了「可以」之後，他受到好心人的委婉的勸告。史東山當時也曾在一封信中說：「上海同人對今後創作方向十分拘謹」，即「大家把毛主席當初在延安針對著當時的情況所指示的原則機械地理解了」，於是他在文章中提出：1、「假如我們把文藝為工農兵服務理解為止於歌頌」，這是不是「未免簡單狹隘」？2、對工農兵之外的「同盟軍」，是不是也要「應加以鼓勵、表揚」（即給予表現）？這所謂「同盟軍」就是中國新民主主義革命作為革命動力之一的民族資產階級、小資產階級，他們在中國堪稱是「汪洋大海」般的存在，不表現他們可以麼？所以就在史東山的文章發表後不久，上海的《文匯報》就此開始了「要不要寫小資產階級」的討論。史東山也在上海影劇協會上發言，主張對毛主席的《講話》應給予「發展」和「擴大」的理解，並且認為文藝表現中國革命的四大革命動力（無產階級、農民階級、民族資產階級、小資產階級）就是毛澤東的文藝方向。顯然，他的這種看法在當時是被教條主義者們視為大逆不道的。3、至於電影的表現藝術樣式、表現手法，史東山雖反對沒有正當內容、空洞、純粹噱頭、封建性趣味等等，在此前提下卻又反對任意限制表現形式，也就是反對行政干預藝術，要求尊重藝術家的創作特點和觀眾的欣賞習慣，主張藝術表達的多樣性。

史東山不愧是一名優秀的藝術家，他是建國以後最早提出和要求在文藝上要尊重其固有特點的人，因為他有他長期積累的藝術實踐足以說明之，難得的是他還有作為一名藝術家的良知和勇氣。但是，如人們可以想像到的，迅速地，他在政治上和理論上受到了猛烈的抨擊，他成了新中國文藝界最早的一個「異類」，從此他受到了歧視和排斥，比如他原來曾被內定為新成立的北京電影學院的院長，這自然不能做數了，因為他居然試圖去對抗毛澤東的文藝方向麼。有批判者說：「由於史先生並沒有瞭解毛主席文藝方向的根本精神，沒瞭解《講話》中的重要內容，又急於要『發展』、『擴大』其文藝方向，實際就是站在小資產階級或資產階級立場上來曲解之。」「立場」站錯了，人就是錯了，史東山陷於深深的苦悶中。

今天我們回顧起來，新中國成立以後，開始愈演愈烈的左傾罡風是從哪裏刮起的呢？即風從何處而起？正是這不久的電影界——那也就是後來胡喬木所稱：是三個「非常」即「非常片面、非常極端、非常粗暴」且帶了一個極其惡劣的大批判先風的一九五一年對電影《武訓傳》的批判，史東山的文章和講話，正是發表在它的之前。而且，在史東山所從事的電影界、在他任職的電影局，已經有一個不甘寂寞的女人的陰影在活動了，她在長期的黨內束縛和壓力下，甚至在眾人一種不無鄙視的冷眼下，早就積聚起了已經足夠的反抗能量了，而偏偏是這個婦人，性格又極度乖戾，報復性十足，曾經在她充當上海灘上的二流演員時，她曾經向已經大紅大紫的史東山導演懇求提攜，史東山卻厭惡她不斷的緋聞事件和搶鏡頭、爭排名的惡習，夫婦二人對她就是不屑與之為伍，他哪裏知道，就是從那個時候起，她已經種下了報仇的種子了。至於電影界為何是歷次政治運動的重災區，就也與它的藝術表演特點有關係，如夏衍所說：為什麼一些小說改編成電影後就蒙受了特別的「關注」？其實「理由很簡單，領導上不一定看小說，而拍成電影，那就逃不過領導的關注了」。

在《武訓傳》被公開批判之前，鑒於該片公映後受到許多報刊和許多人的讚揚，毛澤東為《人民日報》親自兩次改寫社論，認為它「說明了我國文化界的思想混亂達到了何等的程度！」他質問「一些共產黨員自稱已經學得的馬克思主義，究竟跑到什麼地方去了呢？」與此前後，周恩來一再表示自己負有責任，夏衍也做了檢討，周恩來還召集沈雁冰、陸定一、胡喬木等開會研究，決定電影工作的中心問題是要加強思想政治領導，為此成立了中央電影工作委員會，並提出電影批評的標準主要是看大的政治方向，而不是去過分強調藝術性。雖然周恩來等試圖把對電影《武訓傳》的批判約束在解決思想問題而不是政治問題上，也就是「對事不對人」，周恩來還要求上海方面不要開鬥爭會和批判會，對孫瑜、趙丹等也不要求其勉強檢討，但在實際上這一運動卻開啟了對來自國統區的文藝工作者不信任和歧視的風氣，從此包括電影在內的文藝創作也不再把追求藝術性作為要求，只求政治過關即可，即它直接導致的後果，是「一九五〇、一九五一年全國年產故事片二十五、六部，一九五二年驟減到兩部。劇作家不敢寫，廠長不敢下決心了，文化界形成了一種不求有功、但求無過的風氣」。從那以後，史東山還能堅持他的美學追求和文藝觀點麼？如果「執迷不悟」，請聽：「有些人從今不如昔的看法出發，竭力反對思想領導，反對行政干涉，反對選題計畫，反對電影事業的計畫化，有意識地把解放以前的電影工作者說成是十分自由，毫無拘束，這也是有意混淆黑白」（夏衍：《中國電影的歷史與黨的領導》），從夏公這篇寫於後來「反右」時的文章中，我們是不是可以聽到一點弦外之音？就是夏公本人，如其後來所述，也有許多難言之隱，「說實話，要是沒有恩來和陳毅同志，我是逃不過一九五七、一九五九、一九六四年這些關卡的。」然而事情還沒有到「反右」。一九五五年胡風一案已被內定，此前由於史東山與胡風有過交往，他的許多文藝思想與胡風也有相似之處，比如表現工農兵「不止於歌頌」，不是與胡風的「精神奴役創傷」難脫干係麼？於是，在史東山面前可以有兩條不同的出路——「高尚是高尚者的墓誌銘，卑鄙是卑鄙者的通行證」，江青兩次夜訪老相識史東山，當然她已經是「一闊臉就變」的人了，隨同她一道造訪的是幾個帶槍的衛士，據說訪問的目的是要他揭發胡風——實際上就是脅迫他檢討、檢舉。那時，「聰明」的人，大可以去學上交私人信件並且很快就在《大眾電影》（一九五五年第十二期）撰寫了《匪首胡風投向電影界的集束手榴彈》的舒蕪，借此擺脫干係，（其實也只是一廂情願而已）不「聰明」如史東山呢，說：「不」！可是這一聲「不」是要有代價的！史東山為人剛烈，他不誣人，也不自誣，最後以死抗爭！！！

據說與藝術家們關係密切、當然同史東山也有許多來往的周恩來和郭沫若在史東山去世不久後為其追悼會送了花圈，這到了後來的「文革」中就受到了質疑和追查，成為居心叵測者收集、整理周總理的「黑材料」之一。據茅盾一九六七年八月二十一日的日記中所記，當時北京電影製片廠有人來調查史東山「因政治原因自殺」的情況，提及史東山死後的公祭時為何周總理和郭副委員長也獻花圈？當年為史東山主祭的茅盾（時為文化部部長）表示自己不知情，囑來人可向當時的電影局局長王闌西（其與陽翰笙、田漢、蔡楚生四人曾為陪祭）去瞭解。又據瞭解史東山的梅朵等人回憶：史東山的一生不是趨炎附勢和隨波逐流的人生，他一直走著一條獨立的路，即人格獨立和追求藝術的自己的路。他曾那麼堅持反對題材決定論和機械的階級劃分論，這在五十年代左傾罡風開始興風作浪的時候，作為一個來自「國統區」的文藝工作者，是要有多大的勇氣呵。「在黑暗的舊社會，他勇於鬥爭，絕不屈服於反動派的壓力。在人民當家作主的新社會，則以全部誠心對待，絕不說一句假話、做一件違背良知的錯事，為了民族，為了人民，他把一切獻了出來，直到最後獻出了自己的生命」。那麼，究竟為什麼要讓史東山需要把「自己的生命」獻出去？梅朵先生接下來有這樣一段可以讓今天的我們理解的話：當時他們都在五十年代的電影局工作，不過，「應該說，我們並不是真正理解他，也沒有真正從他的性格中吸取生活的力量，因為當時就在運動的壓力下，他昂然高舉自己的生命進行抗議的時候，我們卻匍匐在權勢的面前，檢查自己的所謂錯誤」。好一個「昂然高舉自己的生命進行抗議」！！！當別人多少年之後才意識到、甚至「驚覺到我們這些一直以唯物主義自居的人，原來已經走到了唯物主義的對立面！這就是公式主義、本本主義、教條主義，也就是唯心主義」時，我們可以明白史東山為什麼早早就「獻出了自己的生命」了！那就是：史東山為了捍守自己的人格尊嚴和藝術追求，在左傾批判面前甘當異類，甚至不惜以生命的輕擲來作驚天地泣鬼神的抗議！「我抗議」，那是西方左拉等知識份子的道義和譜系，也是中國知識份子史東山們的精神和傳承。

也是在史東山赴死之後，開始了中國知識份子處境的逆轉，其中一些精英也先後採取了史東山的選擇（這還有如沈從文等未遂者）：與其苟且在世如螻蟻似的求生，不如以生命為抗議。「胡風案」時的史東山、「三反」時的盧作孚（民族資本家和企業家）和周文（作家），以至「反右傾」時的楊剛（記者、「周辦」主任、《人民日報》副總編輯）。後者，後來胡喬木於一九八三年四月三十日致信鄧穎超，回憶當年楊剛的不幸逝世「確是黨的一個沉痛的損失」，周恩來也曾為此親自打電話向胡詢問情由，並「批評」了未能及時寬慰楊剛的胡喬木。楊服安眠藥而死是在當時「反右傾運動」的緊張時期，她因遺失了一冊筆記本而「惶恐不安」。為什麼呢？又其死後，「因為她的死很難對外解釋，所以似乎沒有報導。」和

「反右」時的張若茗（教授）、俞鴻模（出版家）等等，再到「文革」時的大面積非正常死亡，這是一張令人痛心和扼腕不已的名單。當年郭沫若稱道史東山是「虛懷若谷的謙沖，開門見山的真率，條分縷析的緻密，休休有容的誠懇」，具備這樣一種美好人格和性格的傑出藝術家，我們怎能不萬分挽惜他的猝死和早喪，然而，「他的早早離開，使他不能充分展示他那大海激蕩的藝術生命，但是，就他留下來的作品，也已經讓我們進入了他那高遠開闊的精神境界。他那顆透明的知識份子的心，永遠照耀著我們」。

3

從獲得新生到毅然赴死
——紀念一位共和國領袖的夫人

一

林伯渠是中國革命著名的「五老」之一，他也是中國革命「大本營」的湖南人士，我以前讀過一本《林伯渠傳》（紅旗出版社一九八六年出版），書中記錄的林伯渠一生中的婚姻情況是：其早年，在家鄉有一妻子，即在湖南臨澧教書的妻子伍復明；後來林在大革命中赴莫斯科中國勞動者共產主義大學學習，再後在符拉迪沃斯托克蘇聯遠東邊疆中國蘇維埃黨校任教，當時曾準備接來妻女，但由於辦理護照找不到保人和發生中東路事件而未遂，其妻遂攜兩個孩子返回家鄉，大概從此就天各一方了。林回國後，又到了蘇區，此後與范樂春（福建永定人，曾任縣蘇維埃政府主席、閩西省蘇維埃政府土地部長、中央蘇區紅軍優待工作局長）結婚，此後紅軍長征，范樂春因正在「做月子」，便被留在了蘇區，後於打游擊時病逝於閩西。林伯渠的第三次婚姻，是在陝北，該書寫道：林「一九三七年與李俊在延安結婚，後因李堅持離婚，從一九四一年起他便單獨生活，好長一段時間，他繫的褲帶是根麻繩子，睡覺沒有枕頭，枕著自己的衣服。」奇怪的是此書後來竟不提朱明一字（朱明在一九四五年五月與林伯渠結婚），很有可能是後來朱明犯了事，不便寫她了。再後來我閱讀《宋慶齡書信集・續集》（人民出版社二〇〇四年出版），其中一九六〇年六月十三日記有：「我很傷心地告訴你，原陝甘寧主席林老，上個月二十五日去世了。他患有心臟病，現埋葬的這裏的八寶山革命公墓。看到他的妻子一路上用虛弱的雙手捧著他的骨灰盒，而我們在後面走著，這情景真是感人。」

朱明，一九四五年五月與林伯渠結婚，據說此後於「文革」中因不堪迫害自殺身亡，但究竟是怎樣的「迫害」，沒有任何文字記載，我因研究黨史，對此關注已久，直到不久前，才瞭解到其中的隱情。這要從一本《王芳回憶錄》說起。王芳曾任國務委員兼公安部部長。解放後，杭州是毛澤東最喜歡去的地方，當時王芳擔任浙江省公安廳廳長，肩負保衛工作重擔，成了毛主席的「大警衛員」。在「文革」中，他又因經手偵破「十八號案件」——一樁揭發江青的匿名信的案件，因此熟知了江青的醜史，後竟被江青點名押解北京、武裝看管審查達七年之久；後經毛主席親自批示，王芳這才獲得自由。

王芳口述的這本《王芳回憶錄》（葉永烈參加整理，浙江人民出版社出版），其中描述了所謂「十八號案件」的全部過程。那是一九五四年三月下旬，江青收到了一封匿名信。匿名信是從上海發出的，由浙江省交際處長唐為平轉交江青收。江青收到匿名信後，非常惱火，神情顯得有些緊張和不安。原來，信中主要寫的是她三十年代在上海的一段風流之事和被捕變節的歷史問題，內容非常具體。據此判斷，寫信人對江青過去的歷史十分清楚，也深知黨內上層的情況，江青推斷此人必是黨內高幹或文化界名人，或是他們的夫人。隨即江青命令王芳調查，但在兩人談話中間，江青獲知王芳認識揚帆（即殷楊，解放後曾任上海公安局局長），而毛、江在延安結婚時，曾遭到黨內一些幹部的反對，揚帆當時就奉新四軍政委項英之令，曾搜集過她在上海的材料，並寫信報告給延安的黨中央，報告最後還直言不諱地寫道：「此人不宜與主席結婚。」，然而，這份報告落入了當時任中央社會部部長的康生手裏。後來揚帆為此兩度下獄，最後又成為「潘漢年揚帆反革命集團」的首要成員，乃至被逼瘋。江青又聽說王芳認識上海市委宣傳部部長彭柏山的妻子覃曉晴（浙江省婦聯福利部副部長），而覃曾與江青一起被捕過，知道她的自首情節，頓時對王芳有了戒心。當時正好是解決「高崗、饒漱石反黨集團」的七屆三中全會以後，江青將匿名信事件和當時黨內的政治鬥爭掛起鉤來，一定要將之看作是一個政治事件，由於當時毛主席也默認了江青的看法，隨之「十八號案」的偵查工作也就升級，由公安部部長羅瑞卿負總責，並把重點對象放在三十年代曾在上海文藝界工作過的人員身上。在偵破工作中，偵查對象包括有江青過去房東家的女傭人秦桂貞、東海艦隊司令陶勇的夫人朱嵐（她曾說過對江青不滿的話）、上海市文化局局長賴少其的妻子曾菲（曾菲與居住在上海的賀子珍關係密切），到了一九六一年，終於查明：給江青寫匿名信的人原來是林伯渠的妻子朱明。

原來，林伯渠去世之後，朱明給中央寫信，反映有關林伯渠死後的一些遺留問題，結果兩封信的筆跡一模一樣。朱明承認匿名信是她寫的，並立即自殺。顯然，據說她是在「文革」中因不堪迫害自殺身亡，這是不對的。朱明自殺身亡後，在「文革」中仍被定為「反革命分子」。粉碎「四人幫」後，中共中央組織部對朱明的問題重新進行了審查，並作出結論：朱明「給江青的信的內容沒有錯誤，原定其為反革命分子是錯誤的，純屬冤案，應予平反昭雪，恢復名譽」。

二

說到當年毛澤東和江青的結合，自從延安他們的婚姻開始，一直就有風波，此事亦顯得頗為蹊蹺，即一樁男女好合的婚事，何以會弄得那樣雞飛狗跳。當時，反對者從總書記的張聞天，到從事特科活動的王世英、揚帆，再「一水漣漪」，項英、潘漢年等等，都有涉及。到了江青打破沉寂，從後臺走到前臺，又炙手可熱之後，更是鬧到凡是知道她底細的，都要蒙受不測之禍，如過去上海灘的熟人等等，都沒有好果子吃。甚至，在紅牆之內，領袖們的夫人們，也圍繞這件舊事，或明或暗，也有一場驚心動魄的格鬥。這還讓人想到葉群——一九六五年，中宣部部長陸定一的夫人嚴慰冰揭發葉群，也用的是朱明的手法，以致後來查清後，林彪大罵陸定一和他老婆都是「王八蛋」，並且發誓要把嚴慰冰殺掉十次，等等。這且不說，只說當年的朱明。那是延安整風時期，其時，有一個知識份子群體性的自我懺悔和自我否定的熱潮，這也不妨看作是後來中國知識份子思想改造即集體「洗澡」的先聲，而當時的延安，就可以中央黨校三部的女學員朱明為例。

延安整風時期的中央黨校，現身說法，有兩個例子最為典型，這一是「土得掉渣」的農民出身的竇尚初（一九二九年參加革命，紅四方面軍的團政委，走過長征，時為晉察冀三分區的團長，後犧牲於戰場），一是「大小姐」出身的朱明。竇尚初在整風中自曝活思想，原來人們反映他有「法西斯思想」、「皇帝老子思想」、「戈爾洛夫思想」、以及「超過『三大紀律八項注意』」、「大男子主義」等，都不是捕風捉影，這例子便有看不起領導（北嶽區三分區政委王平、副司令員黃永勝、抗大二分校校長孫毅），「自高自大，目空一切，守舊保守」等，最要不得的，是他在男女問題上還有更嚴重的「小農意識」，據他自己分析，是「過去找老婆是很著急的」，有所謂找對象的「標準」——「一、人；二、活人；三、女人」，甚至還有一種「老婆孩子熱炕頭」的農民的「集體無意識」，即「退伍，找兩間房子，位於果木樹之間，釣魚，找一個歪屁股老婆，快樂逍遙下去！」還說「日本女子最好，溫和馴良，照顧丈夫無微不至」；到了延安，看到「男男女女，三雙兩對」，更加受了「刺激」，以致在整風學習時，「思想上早開了小差」，「心想蘇杭二地的美女，假若到了新四軍，豈不早就解決了嗎？」經過學習，有了進步，認識到「找一個大字不識的文盲，除過禮拜六，其他又有什麼味道呢？」於是，有了新的找對象的「標準」，即「文化水平高些的」、「鄉下的，大腳的，能顛能跑的，合乎戰鬥環境、具有獨立性的女同志」。可是，延安的男女比例嚴重失調，就是黨校，也是「十八比一」，何況「延安是幹部集中地，黨校抗大很多老幹部沒結婚」，而「少數未結婚的女同志，條件大多不適合我們」，但總是經過了學習（批評與自我批評），覺悟提高了，在個人問題上能以黨的利益為至上，至於婚姻，願當「戰後派」了——先是工作，以後再說。不過，竇尚初還是看不慣延安的一些東西，比如當時王實味也說過的話，如所謂「歌囀玉堂春、舞回金蓮步的昇平氣象」等，竇尚初也說：「什麼交誼舞，男女混亂，艱苦奮鬥到哪裏去了，真是烏七八糟！」到了後來王實味受批判，竇尚初忙不迭地懊悔：「《野百合花》我看不懂，小組長一念，我說真糟糕，我也謾罵了黨，看問題沒有站在黨的立場」云云。（《學風學習初步總結》，《延安中央黨校的整風學習》第一集，中共中央黨校出版社一九八八年出版）

另一個例子的朱明，同竇尚初截然相反。朱明自述「出身於剝削階級」，她沒有竇尚初那些來自底層的生活感受和政治覺悟，甚至她還直言不諱地坦承自己在一系列重大政治問題的看法上與黨的觀點相左，如同情蔣介石和國民黨，仇視新生階級，仇視共產黨，懷疑毛主席。為什麼？生活閱歷不一樣麼。她說：「回憶北伐前，我們住在安徽，當時在軍閥統治下，不僅財產要受勒索，就連精神也受威脅，尤其是太太小姐們，不敢拋頭露面，總是坐在家裏。……當時蔣介石軍隊到南京後，我們可高興了，因為我們現有的資財不僅有了保障，就連安徽的財產也被蔣介石解放了。……精神上的威脅，同時也被解除了。」至於「十年內戰究竟是誰打誰，對這個問題我也懷疑。書裏說蔣介石要堅決消滅共產黨，可是我在外面聽說共產黨『搗亂』，想要得天下，不讓蔣介石統一國家，復興民族，所以才打。當時我認為應該打，因為共產黨不安份守己，不讓蔣介石統一國家，國不統一，民族焉能復興？所以應該打。」毛主席呢？「毛澤東同志是中國人民的領袖，開始我聽這句話，也是懷疑的。因為在我思想中一貫認為蔣介石是中國人民的『領袖』。他統治中國，他領導抗日，共產黨也是在他領導下抗日的，為什麼要說毛主席是中國人民的領袖呢？說他是邊區人民的領袖還差不多，因為只有這樣大的一塊地方，大後方的人民，我想還是承認蔣介石是領袖吧。」還有「幾年前讀毛主席《湖南農民運動考察報告》，裏面有一句：『土豪劣紳的小姐少奶奶的牙床上，也可以踏上去滾一滾』。我很反感，我想你們要打土豪分田地就打就分好了，為什麼要去糟踏那些小姐少奶奶們呢？」共產黨呢？「過去我一聽到說共產黨代表中華民族，我就反感。我想共產黨是國際主義者，那裏代表什麼民族，代表民族的是蔣介石，他要復興民族。」

好傢伙，你聽這朱明講的話，真是「太反動」了。像她這種人到延安，顯然不是帶著朝聖的心思的。朱明也實話實說，她是羨慕周恩來、林伯渠，想做一位「特別黨員」，又希望能去大後方開展統一戰線工作，「也坐汽車，也住大飯店」。至於延安，生活畢竟太單調了，也缺乏想像中的激情，「在延安老是風平浪靜的」，「也感覺不出什麼階級友愛」。不過，整風真的要讓人刮目相看，像朱明這種人，竟被活生生地「改造」了過來。

三

通過整風學習，朱明認識到自己的錯誤，她從自己「剝削階級」出身的根子上挖掘思想根源，認為自己之所以「與黨一切都是分歧」與其階級出身有密切的關係。這比如說：「記得小時候聽故事，從來就沒聽過工人和農民的事情，專門是歌頌統治階級的人物，就連外國故事也是一樣，總是講什麼公主、王子的遭遇，飛行船、玻璃鞋等神乎其神的事情。」至於衣食住行等等，也與竇尚初等迥異，所謂「吃飯要慢，要不帶聲音。否則就罵你像餓死鬼，沒有吃過飯的，……說話更要輕聲慢語。尤其是女孩子，要溫存，還要深沉含蓄，所謂輕聲淺笑，不准張開嘴，哈哈大笑。否則就要為你是莽張飛，……連走路你也不能隨便，站也沒有自由，必須要按他們那套去做。比如走路要穩重，不能東張西望，一步一步走，走要端正，站要站得筆直。否則就要罵你小家碧玉，像牽牛花一樣依靠牆壁。所謂大家閨秀，像梅花，像牡丹，不僅要風骨凜然，而且還要儀態萬方。」

這樣由此及彼，朱明明白了她以前所在的階級——資產階級的壞處，所謂「資產階級教育的中心，就是培養大私無公的個人英雄主義。不管科學也好，藝術也好，就是為了這麼一個目的」。那麼，久而久之，階級意識使她與竇尚初等之間有了一個鴻溝，就比如她「從小就很喜歡」的文學。她說：「史達林同志說，文學家是人類靈魂的工程師。這是說無產階級的文學家，資產階級也有雕刻靈魂的工程師。我的靈魂就是被他們雕刻過的。我喜歡反映自然的印象派的東西，什麼月亮怎麼亮，花怎麼香，……可是魯迅的東西，我就不喜歡。……對於舊俄時代的東西，我是喜歡的，如托爾斯泰、屠格涅夫的作品，社會主義的東西我就不大喜歡。譬如《安娜．卡列尼娜》，我很喜歡，覺得很熟悉。《鋼鐵是怎樣煉成的》、《被開墾的處女地》，我就不感興趣。什麼牛、豬，我覺得沒有意思。再說音樂，我到延安後，就很少唱歌，因為我喜歡『山在虛無飄渺間』這樣一類東西。勞動人民的歌聲，我是不感興趣的。」（《從原來的階級中解放出來》，見《延安中央黨校的整風學習》第一集）

延安卻是一座熔爐，它讓竇尚初和朱明能夠有了一致的「興趣」，因為它既能把「非無產階級意識」的竇尚初「改造」過來，同樣，它更能把朱明這樣的「剝削階級」出身的知識份子「改造」過來，而所以能夠如此，就是延安整風運動本身的意義（「全黨範圍內的一次普遍的馬克思列寧主義教育和黨的路線教育運動」），從根本上說，它清除了「非無產階級意識」和「剝削階級意識」等等，這是不需贅言的了。（當然，朱明也經歷了「審幹」運動的嚴厲，她曾說：「自殺吧，又覺得太懦弱了，還是到前方去堵槍眼痛快！」由此可見一斑。）不過，筆者感興趣的是：竇尚初和朱明（以及王實味），這從前是八桿子打不到一塊的人，為什麼在整風時都不由地對「歌囀玉堂春、舞回金蓮步」的現象看不慣，朱明甚至在後來還因為見不得江青的行徑而寫匿名信，又為此犧牲？筆者的初步分析，這一是朱明真的是「改造」到了完全與舊階級分道揚鑣的程度，她有了某種的「精神潔癖」，因此，她也竟容不得江青身上所體現出的那些應該是屬於「剝削階級」的痕跡；這二，說來更是觸目驚心，從遠處說，當年的延安，王實味、竇尚初等不習慣的事物，後來發展得竟成為「異化」產物的體制性障礙，如等級森嚴的級別制度等（如夏衍在回憶錄中說：進城後，他因被稱為「高幹」而「很不習慣」），最終敗壞了革命的聲譽；從近處說，更有偌大一個蘇聯竟一夜之間消失的「歷史悲劇」（借用普金的話）。

4

「高處不勝寒」

——一位「高幹子弟」的回憶錄

一

關心國史的人有兩本書頗值得一讀，一是「延安五老」之一林伯渠的女兒林利寫的《往事瑣憶》（中央文獻出版社二〇〇六年五月出版），一是曾任國務委員兼公安部部長的王芳寫的《王芳回憶錄》（浙江人民出版社二〇〇六年出版），這兩部書，由於作者特殊的身份，以及所憶及的「特殊」往事（前者外界稱是「江青『女官』的回憶錄」；後者也被書界稱為是「抗戰版的『無間道』」），因而極具可讀性，所謂「吸引眼球」，毫不誇張。

關於高層人物的回憶，一向是最能吸引讀者眼球的讀物，而在「宏大敘事」之外，它如領袖生活、家事等等，也是被廣大讀者十分看好的書籍。不過，當年共和國領袖的子女、身邊的工作人員（如警衛、祕書、翻譯等），他們所寫的書籍已有殆盡之勢，而且似乎也已過濫了，往往流為泛泛之談的「大眾閱讀」的讀物，因而現在書肆上有關這一方面的書籍，似乎已輪到共和國領袖的晚輩們（如毛新宇、孔東梅等）成為寫作的主體了，可惜他們畢竟不是親聞親歷，在史料上未必能有突破，也就姑妄看之可也。此外，研究這些回憶篇什的書籍和文章，更是不盡如人意，所謂深度解讀和詮釋等，現在更有待時日。於是，在領袖題材的出版資源將告罄之時，林利、王芳他們的回憶就顯得份量頗重：作者身份的特殊性、其視角的獨特性、以及其題材的某種揭密性，等等，都會讓讀者眼睛一亮。

二

林利的父親是中共元老的林伯渠，而林老也曾是中國民主革命的元老（孫中山同盟會的「資歷」），後來是著名的「延安五老」之一，戰爭年代與周恩來等專事國統區的革命工作，身任要職。不過，在他身邊曾經發生過的往事，可能會讓許多人所料不及，也就是在他身後，他的夫人居然自殺了！這樁幾乎從未被人提及的往事，在《王芳回憶錄》中有了最新的披露。原來，曾任國務委員兼公安部部長的王芳在任浙江省公安廳廳長時（即在他是「毛主席的『大警衛員』之時。毛澤東喜歡杭州，曾長居此地），曾經手偵破過一樁神祕的「欽案」——「十八號案件」——一封揭發江青的匿名信的案件。

在我的印象中，似乎當年延安的毛澤東和江青的結合，自從他們的婚姻開始，一直就有風波，此事亦顯得頗為蹊蹺，即一樁男女好合的婚事，何以會弄得那樣雞飛狗跳。當時，反對者從總書記的張聞天，到從事特科活動的王世英、揚帆，再「一水漣漪」到項英、潘漢年等等，都有多人涉及。到了後來江青打破沉寂，從後臺走到前臺，又炙手可熱之後，更是鬧到凡是知道她底細的都要蒙受不測之禍，如過去「上海灘」她的熟人等等，都沒有好果子吃。甚至在紅牆之內，領袖們的夫人們也圍繞這件舊事，或明或暗也有一場格鬥，比如林伯渠遺孀的朱明就因此走上了不歸之路，至於其中的具體情節，雖有王芳等的片斷回憶，也迄今還沒有完全曝光。此外，當年東海艦隊司令陶勇的夫人朱嵐也曾說過對江青不滿的話，因而也被列為懷疑作案對象，而知悉江青舊事的，幾乎無一例外都處境面臨尷尬，如因工作才知道了江青舊事的王芳，後來竟被江青點名押解至北京，被武裝看管和審查長達七年之久，後經毛澤東親自批示，才獲得了自由；這又如王觀瀾夫婦等。這樁所謂撲朔迷離的「匿名信案」，除了江青之外，還有針對林彪夫人葉群的案件，如一九六五年陸定一夫人嚴慰冰揭發葉群，也用的是朱明的手法，以致後來查清後林彪大罵陸定一和他老婆都是「王八蛋」，並且發誓要把嚴慰冰殺掉十次，等等，這些舊案，如果置於一歷史場景下來研究和考察，應該是不無意義的課題。這且不說。

三

林利的《往事瑣憶》，沒有提及發生在她家裏的這樁舊案，甚至對林伯渠也提的不多，原因是她在父親身邊生活和工作的時間很少。所謂「亂世男女」，林伯渠的婚姻經常發生變化，林利是他早年家鄉妻子的伍復明所生，後因兩地暌隔，遂天各一方。此後林老在蘇區、在陝北，又有幾度婚姻，其中的朱明，早些年我在寫《女界舊蹤》時有所涉獵——那是在延安整風時期的故事了，當年在知識份子思想改造的熱潮中，如果以「準小資」在坦白內容的廣泛性、自我鞭撻的嚴厲性而言，都能以當時是中央黨校三部女學員的朱明為例。

林利這本書中所憶及的「特殊」往事，是她到了延安之後的故事，如赴蘇聯學習（共產國際黨校），那些與她同窗學習的「老幹部」的故事（如「乾媽」的蔡暢、張聞天夫人的劉英、賀龍夫人的蹇先任、李六如夫人的王美蘭、毛澤東夫人的賀子珍、鄧小平以前夫人的金維映以及馬明方、楊志成、劉亞樓、譚家述、盧冬生等），以及她「最要好的朋友」孫維世的故事。以上的往事，以林利特殊的身份，當時能夠接近領袖的夫人們——那多少是有點「神祕」的，然而，當我們讀了她寫的回憶，卻不由倒吸一口冷氣，原來「高處不勝寒」，她們的經歷是那樣驚心動魄。這比如賀子珍，其中有一段情節，即「關於她的婚變的情況我們原來都一無所知。一九三九年的一天晚上，大家坐在俱樂部大廳聽翻譯讀報，其中一段是塔斯社記者在延安採訪毛主席的報導。其中這樣寫道：『夜深了，我們告辭，毛澤東和她的妻子送出來，在月光照耀的山坡上，我們邊走邊談……』大意如此。我們不禁大為震驚。全場，包括賀子珍同志在內，都沒有料到這種情況。大家沉默著，賀也不作聲。她非常鎮定，直到讀完報，大家散去，她也沒有流淚，沒有悲訴」等等，以及「她作風潑辣，性格剛直，說話急躁，不顧對方反應就大聲爭執，後來竟被院方視為有精神病，被送進精神病院」等。再有金維映，竟是「結局最慘的」，原來卻「聽說她在中央蘇區時就擔負過重要的工作，長征中路過少數民族地區時，為了做統戰工作，她和一位女酋長喝血酒，拜把子。——茅盾的《子夜》中寫過一位黨的女地下工作者阿金，就是以她為原形。」最後也進了精神病院，「只見她身穿一件灰色呢質外套，頭髮卻被剃光了」，乃至蘇德戰爭爆發後「下落不明」。此外，「和她差不多同樣情況的還有一位劉群先同志，原是博古的夫人。」苦難的歲月，苦難的故事。

四

林利的《往事瑣憶》，還有林彪的故事。關於林彪，拙眼所見的其傳記的全部版本，都沒有林利所回憶的內容，如當年共產國際黨校軍事班的全體中國學員等，曾計畫由他率領從蒙古進入中國，再回延安。不料國民黨封鎖了邊界，以致中央中央公開向蔣介石通知，說明林彪因平型關戰役負傷去蘇聯治療，又是黃埔軍校的學生，也是蔣的學生，要求允許他回國並提供交通工具，這才由國民黨派飛機接他。此外，還有林彪的一段「小插曲」——他在蘇聯的婚姻破裂——事與孫維世有關，即當時有妻有女（剛剛出生）的林彪，竟與「老搭檔」劉亞樓都在追求孫維世，由此一水漣漪，種種悲劇因是而起。

關於孫維世，林利說：首先要澄清一個事實，原來在那個年代，孫「正值十九、二十歲的花樣年華，不僅風華絕代、光彩照人，而且性格開朗，聰穎，活潑，傾慕她的大有人在是很自然的。但她本人並不在意，有時開開玩笑，甚至『惡作劇』一番，當然都是善意的，結果大家一笑置之。從根本上說，她對這些歷經考驗的紅軍同志是尊重的，從未和哪一個人有特殊的密切關係。至於林彪，維世開始時不僅把他當作一位紅軍英雄，而且認為是自己的校長（抗大校長），是很尊敬的。一次，在七部，林彪從食堂端飯回屋子。維世見了，趕忙跑過去，接過飯來，恭恭敬敬替他送進房裏。她卻完全沒想到，這位比她年長十來歲的校長會追求她。孫維世最初大約也未覺察到林彪的意圖，後來知道了，她也像對待別的追求者一樣，以調皮詼諧的態度應付。」不曾想，到了後來，「關於維世，也有一些流言蜚語，我認為全是嫉妒和封建意識的表露。而且男性是主動地追求她，在別人口裏，卻把她說成『罪魁禍首』。幾千年來中國歷屆封建王朝的覆滅，往往歸罪於女子，說她們是亡國的禍水。沒想到在先進的人們中也有這種落後意識。在七部、八部時，聽到一些男同志口中說這樣一句話：『長江後浪推前浪，世上新人趕舊人。』意思是說更換妻子似乎是一個很順理成章的事情。我非常反感。我想，男人有什麼特權使用這種誣衊女性的話語！後來我見到，確實有這種情形，影響還相當大。」等等。由親歷者的回憶，其所憶及的這些往事，就不能簡單地以「瑣事」看視，在我看來，由於厚重的歷史和傳統的積澱和傳襲，那些與革命隊伍不和諧的音符，如果不加以警覺，甚至是放大的話，不免會形成諸如「文革」之類的「大合唱」，那麼，壓垮革命大廈的，可能就是那根最後的羽毛或稻草了。

五

林利的《往事瑣憶》，還講了她所親見的蘇聯的內部情況，如肅反等。或者，由於作者的特殊身份和她諳於俄語，在她擔任領導人出訪時的翻譯期間，她還親聞了蘇聯猜忌中共「走南斯拉夫道路」、「走富農路線」以及對中國人的傲慢，如尤金到浙江大學參觀，在與教師座談中間，有教師向他提出問題，他竟不屑一顧地說：「我只能用馬克思主義的語言同你們說話」，那意思是說對方的語言是非馬克思主義的或反馬克思主義的，其鄙夷之情溢於言表。這些回憶都有一定的歷史價值。當然了，林利的《往事瑣憶》，最吸引人的，是她對江青的回憶，江青可是曾在毛澤東面前說過：林利是她的一位「知心的朋友」的喲，於是林利的回憶就難能可貴了。如江青在蘇聯、杭州的幾次養病過程，期間暴露出其性情中的跋扈、任性、尊卑觀念的濃厚；她在蘇聯熟讀《御香飄渺錄》，關注那些描寫西太后生活起居、言行舉止的內容，而她最喜歡的外國文學作品又居然是蘇聯小說的《第四十一個》；她為史達林的去世而嚎啕大哭；她強烈「反對蘇修」的由來（江青的病痊癒後，蘇共領袖幾位夫人為之宴請祝賀，出席的有馬林科夫、莫洛托夫、赫魯雪夫、米高揚的夫人，但這次會晤卻令她不愉快，因為席間馬林科夫夫人問她今後打算做什麼，並問了她的學歷。當知道她學歷不高時，就以俄羅斯人粗魯率直的口氣說：那就留在蘇聯學習吧，就到我們的電力學院來學習吧。因而江青的自尊心大受挫折，一時氣極了）；對劉少奇成見的來由（史達林宴請中共代表團，同時還邀請了江青，劉少奇事前囑咐江青說話要謹慎，以致讓她十分惱怒；以及她是如何「發現」《清宮祕史》是一部「賣國主義」影片的）；以及江青給作者講述的過去的「私事」，如所謂「遇見了毛主席，這才開始有了真正的愛情」；懷疑上述「匿名信」是上海的賀子珍所為等等。無疑，這都是極具可讀性，可以填補一些讀者的想像空間，也是能滿足不少好奇的讀者的「窺視慾」的了。此外，書中還寫了「康生『湊』上來」、「文革」初期關鋒的密友吳傳啟和林聿時貼大字報「保潘批陳」（哲學所所長潘梓年、常務副所長陳冷）等。

一九六八年三月，林利以「蘇修特務」的罪名鋃鐺入獄，原來，她竟又以特殊的身份獲得了所謂「裏通外國」、為「特務」辯護（「蘇修特務」的李立三夫婦、陳昌浩的蘇聯夫人、以及涉嫌的趙洵、歐陽菲等）的罪名，從此有又一段她獄中的生活。那是一段怎樣的歷史歲月？那是一段怎樣的生活？它又讓人不由地想起英國小說家狄更斯在《雙城記》中的句子：

這是最好的日子，也是最壞的日子；
這是智慧的世代，也是最愚蠢的世代；
這是信仰的時期，也是懷疑的時期；

這是光明的季節，也是絕望的冬天。
我們面前好像樣樣都有，但又像一無所有；
我們似乎立刻便要上天堂，但也可能很快便入地獄。

5 呂振羽鎩羽不出的祕聞

《書屋》二〇〇四年第十一期李冰封先生的文章《「呼天辨誣董狐筆」》，就一九六三年年初發生的「呂振羽被拘捕案」發覆，得出「『文革』的準備階段當始於一九六三年」的結論，因為當年所以要拘捕呂振羽，似是為了坐實「劉少奇在南京談判期間充當內奸」的口實，然而由於呂的拒絕作偽證，「以及許多黨員和群眾在獄中表現出的各種高尚的行徑，很可能延長了『文化大革命』的準備階段，從而推遲了『文化大革命』發動的時間！」這一說法此前似還沒有人想到過，不過，它又確實不是無的放矢、空穴來風，因為其中一些史實上的線索是可以聯繫起來考慮的，比如何以毛澤東曾經視劉少奇為其接班人，此後卻又下決心要搞掉劉少奇，等等，都應該有一個較長的時間來醞釀和積累，這中間一九六三年就似是毛、劉關係發生微妙變化的一年，當然，若要將之與「呂案」對接，似迄今為止也沒有相當有說服力的證據，這也就是李文最後所說的：「不過，這要詳細研究過一些專案的審訊紀錄及各種相關材料後，才能確定」，而在相應的「硬材料」曝光之前，如李的這篇文章，我們只能根據某些已知的史料，作「有一分證據，說一分話」的研究，當然也不排除一定限度內的揣度，（因為這畢竟不能作為定論）以期盡可能地接近歷史真相。

早在一九六三年之前，毛澤東就已明確地說明他是準備讓劉少奇接替他的。如一九五六年九月，毛澤東在中共七屆七中全會上講話時說：「中央準備設四位副主席，就是少奇同志、恩來同志、朱德同志、陳雲同志。」「一個主席，又有四個副主席，還有一個總書記，我這個『防風林』就有幾道。」當時的七中全會是為召開中共八大做準備的，毛的講話表明了所以要選舉幾位副主席和總書記，是為了要在黨內建立「防風林」，即其目的是為了避免在蘇聯發生的因為領導人的變動而影響了共產主義事業的大問題。翌年十一月毛澤東出訪蘇聯，期間毛澤東與赫魯雪夫曾說及他不再出任黨的主席的設想，據當時擔任翻譯的李越然回憶：「赫魯雪夫就問他，『誰來接班呢？有這樣的人嗎？』主席講得很清楚，『有！我們黨內有好幾位同志完全可以。』接著他就一個一個地點名，說第一個是劉少奇，第二個是鄧小平。」此後一九六一年九月英國元帥蒙哥馬利訪華，蒙哥馬利在與毛澤東會談時說：「我認識世界各國的領導人，我注意到他們很不願意說明他們的繼承人是誰，比如像麥克米倫、戴高樂，等等。主席現在是否已經明確，你的繼承人是誰？」毛澤東說：「很清楚，是劉少奇，他是我們黨的第一副主席。我死後，就是他。」蒙哥馬利又問：「劉少奇之後是周恩來嗎？」毛澤東說：「劉少奇之後的事我不管……。」以上這些說明毛澤東已經在考慮接班人的問題，而且已經非常明確地提出要以劉少奇來接自己的班。所以會是劉少奇，毛澤東在與赫魯雪夫會談時曾說：「這個人在北京和保定參加了五四運動，後來到你們那裏學習，一九二一年轉入共產黨，無論能力、經驗還是聲望，都完全具備條件了。他的長處是原則性很強，弱點是靈活性不夠。」

那麼，如果說一九六三發生的「呂案」其背景是搞掉劉少奇，又是什麼因素使毛澤東在僅僅兩三年後就遽然改變了意見呢？或者說，搞掉劉少奇，毛澤東是什麼時候下的決心呢？一九七〇年十二月，毛澤東在回答斯諾所問「您是什麼時候最終作出劉必須下臺的決定的」時回答說：這個決定早已醞釀了，最後「決定是在一九六五年一月作出的」，即一九六五年一月中共中央發表了關於《農村社會主義教育運動中目前提出的一些問題》（即「二十三條」），其中第一條就是說「四清」的目標是整黨內走資本主義道路的當權派，「毛說劉在那次會議上當場反對那個第一條。」很明顯，毛澤東說是在一九六五年年初。不過，聯繫「文革」初毛澤東的《我的一張大字報》，這張大字報中又分明提出了對劉的問題要「聯想一九六二年的右傾和一九六四年的形左而實右」，甚至根據一些史實，這張時間表還可以提前，比如繼一九五八年五月中共八屆五中全會林彪當選為中央副主席之後，一九五九年九月林彪又接替彭德懷出任國防部部長並主持軍委日常工作，對此，一九六五年秋周恩來曾與王稼祥有過一次重要的談話，王稼祥回憶說：「那次周總理和我談話，告訴我，近期人事變動很大，黨中央主席的『接班人』，或者是林彪，或者是鄧小平。」這裏，已經沒有了劉少奇。此後到了一九六六年八月八屆十一中全會召開，毛澤東、林彪、周恩來等十一人當選為常委，這次全會沒有重新選舉黨的中央副主席，但林彪副主席的職務會後被人提及，經八大選舉產生的副主席劉少奇、周恩來、朱德、陳雲的職務，會後則不再提及，顯然，這是毛澤東確認了林彪領先於其他政治局常委的政治地位。

據黃崢的《劉少奇十大功績》，劉少奇所以在黨內擁有特殊的地位，是他在歷史上創下了「十大功績」，即「一、領導早期工人運動，為中國共產黨創立初期的發展，訓練、組織了無產階級隊伍。二、扭轉中國共產黨在白區工作中的被動局面，提出一整套正確的白區鬥爭策略方針。三、開創華北敵後抗日根據地，發展華中抗日鬥爭新局面，重建新四軍軍部。四、在中共七大上第一次全面系統地論述毛澤東思想，確立毛澤東思想在全黨的指導地位。五、抗日戰爭勝利後，及時主持制定「向北發展，向南防禦」的全國戰略方針，調動十萬軍隊先機進入東北，並部署在東北「讓開大路，佔領兩廂」，建立根據地。六、主持制訂《五四指示》，《中國土地法大綱》、《中華人民共和國土地改革法》，指導老、新解放區土地改革，為在全國範圍內消滅封建土地所有製作出突出貢獻。七、中華人民共和國成立前夕，受中共中央和毛澤東委託，提出新中國經濟建設的基本方針。八、代表中共中央在中共八大作政治報告，正確分析社會主義基本制度確立後中國社會的主要矛盾，提出黨在社會主義建設時期的基本任務。九、二十世紀六十年代，在第一線主持國民經濟調整工作，為克服國民經濟嚴重困難作出重要貢獻。十、提出關於中國共產黨自身建設的理論。」這其中，尤其是第八、九等，後來可以看出，是毛對劉有所保留甚至是擴大矛盾裂痕的一個潛因。由於毛澤東對中國社會主義革命和建設的思路越來越偏離「馬克思列寧主義與中國具體實際結合」的「毛澤東思想」，而當時曾有許多人看好劉少奇，甚至有人認為「毛主席三天不學習就趕不上劉少奇」，毛澤東則越來越傾向於相信：一九五六年蘇共二十大以後，赫魯雪夫的「非史達林化」和翌年匈牙利事件也在中國引起了負面的反響，這最終在中央、在劉少奇身上得到了驗證他就是「中國的赫魯雪夫」。毛澤東後來在《我的一張大字報》裏指出：對劉，要聯想「一九六二年的右傾和一九六四年的形左而實右」。不久以後，他又坦言決心倒劉是起自發表「二十三條」之時。其時，即由毛澤東掀起的「經濟浪漫主義運動」嚴重受挫之後，劉少奇即已處於兩難的境地：他和中央其他主管實際工作的領導人既要糾正毛澤東的錯誤，又不能絲毫損及毛的威望和形象；此外，既要將經濟調整工作放在第一位，又不能去反對毛澤東所提倡的大搞階級鬥爭；或者，當時黨內的許多領導同志恐怕還有擔心仍然由毛來直接抓經濟工作，同時又不能不確認毛的領導權的用心。對此，劉少奇當時曾力所能及作了最大的努力，即他在自我批評的同時，也維護了「西樓會議」和「五月會議」的正確性，在大講階級和階級鬥爭的同時，又反對「把什麼都聯繫到階級來分析」，並使得毛澤東也勉強同意了「不要因強調階級鬥爭放鬆了經濟工作，要把工作放在第一位」。此後，毛澤東退居二線，由劉等開展調整工作，所謂調整即從毛澤東的烏托邦的「超階段」的一系列體制和做法退回到現實生活的基礎上來，從「大幹幾年進入共產主義」的狂熱幻想退回到「新民主主義秩序」的基點來，而毛澤東對此則持保留意見，直至後來在開展「社會主義教育運動」時兩人的分歧公開化和白熱化。

許多歷史學家後來十分注意這期間毛、劉兩人關係惡化的線索，如英國歷史學家羅・麥克法誇爾就從《人民日報》一九五七年三月三日刊登的一張照片上發現了所謂的「蛛絲馬跡」，他還查閱了這一期間劉少奇的行蹤，認為自該年二月十四日以後，劉就沒有在北京露面過，根據三月新聞媒體的報導，劉當時是在河南省等地視察，他認為「劉的這種態度顯然是做給全國看的。」即當時劉似是並不完全同意毛在最高國務會議上所作的《關於正確處理人民內部矛盾的問題》的講話。當然，這也僅是揣度而已。關於毛澤東和劉少奇的矛盾，其實不僅是發端於「一九六二年的右傾和一九六四年的形左而實右」，這大概還要從新民主主義向社會主義「過渡」時說起了。按理，劉少奇是「紅太陽」升起在延安的第一大功臣，自從他從華中根據地到了延安之後，就成為毛澤東身邊最重要的領導班子成員，當時書記處三個書記也都是清一色的湖南人，此後在整個新中國的成立過程中，他緊密配合毛澤東，發揮了十分重要的作用，也得到了全黨的認可，或者說他已經是不容置疑的排名在毛澤東之後的黨內第二號人物，所以如此，除了那些明顯的原因，（如劉在「七大」上的作用等）據說是當時中共領袖中劉犯的錯誤最少，這個犯錯誤最少，應該就是學習和執行毛澤東思想最好，而毛澤東思想，就是「馬克思主義與中國實際的具體結合」，於是此後毛、劉之間的歷史悲劇，就是一不能按照毛澤東思想辦事又不能糾正錯誤，一堅持毛澤東思想又不怕堅持真理。這比如劉少奇早就說過：以中國的國情，「在我們批判與反對小資產階級的或資產階級的路線時，又必須堅決地嚴密地防止任何急性的左傾冒險主義的傾向，即是過早地和過多地在國民經濟中採取社會主義的步驟，超出實際的可能性和必要性去機械地實行計劃經濟，因而使我們失去農民、小生產者的擁護。」由此他與毛澤東等積累的矛盾，也就積重難返，在因為「人禍」而發生的上世紀六十年代初的「經濟困難」時期，毛澤東被迫退居二線，如《不列顛百科全書》中的「毛澤東」辭條所述：「可以確定毛澤東和劉少奇之間從這個時期起產生了嚴重的分歧和競爭，劉少奇此時已接替擔任了中華人民共和國的主席。雖然二〇年代和三〇年代他們對革命的方針在某些方面有不同（劉少奇的觀點更正統些，他強調城市無產階級的作用），但在四〇年代初期他們之間顯然建立了有力的政治聯盟。在一九四五年的中國共產黨第七次代表大會上，正是劉在報告中歡呼毛澤東思想是黨的一切工作的指南，一九五八年他又在迅速發展經濟的問題上全力支持毛。可是他並不同意大躍進所特有的分散和缺乏協調的那種經濟發展。到一九六〇年他開始支持比較正統的蘇聯型的模式而與毛發生了衝突。」以至於最後毛澤東當面訓斥劉「有什麼了不起，我動一個小指頭就可把你打倒！」

二

那麼，這又與歷史學家的呂振羽有何相干呢？我以為：如果說後來一九六三年的「呂振羽被拘捕案」，其背景是「文革」準備階段的醞釀，那麼，呂所以會是這肇端的導火線，是因為他早在延安時，就已經有給人以口實的「托派」的罪名了。

呂振羽（此前他的身份是北平中國大學教授、北平自由職業者大同盟書記等）曾於三十年代華北事變後得南京國民政府鐵道部勞工科科長諶小岑的來信，尋求通過他來覓得渠道促使國共開展和談，呂在彙報中共地下黨組織後，受命辭去中國大學的教職，赴南京探查國民黨方面係由何人在發動和主持這萌芽中的國共祕密接觸和談判，最終探明係宋子文主持其事，呂遂報知中共周小舟，中共北方局又報知中央，經中共中央批准，遂派周、呂與南京方面聯繫。後來劉少奇曾回憶說：得到呂的彙報後，劉曾致電毛澤東請示，並建議由周、呂前往談判，「毛澤東同意了」。後來在這一祕密活動過程中，呂也被發展為中共黨員（一九三六年三月入黨），他並且還到了根據地。一九四二年二月二十日，毛澤東為中共中央書記處起草了一份致劉少奇及華中局的電文，其中提及：「除呂振羽、賀綠汀外，其他高級文化人亦望調抽一批帶來延安從事學術研究，他們在蘇北游擊環境無研究學術可能，不如來延安成就較大。」當時毛澤東急需劉少奇赴延安為七大做準備工作，於是毛的電文還建議：「護衛少奇的手槍班須是強有力的，須有得力幹部為骨幹。」此後呂隨劉少奇抵達延安，此前他曾是劉少奇的政治祕書，後由華中赴延安參加七大籌備工作後，遂身兼劉少奇的學習祕書和馬列主義研究院特別研究員，不過，讓他沒有想到的是，他在延安碰上了已在延安大紅大紫的陳伯達。正是由於陳伯達，繼王實味之後，延安文化人中著名的歷史學家、馬列研究院特別研究員的呂振羽也在中央黨校的「搶救運動」中被「咬」成了「托派」。

原來陳是呂在北平中國大學教書時的學生，當時中國大學國學系主任吳承仕思想追求進步，先後聘請了一批左翼學者講課，如呂振羽（化名呂一清）、曹靖華、齊燕銘以及陳伯達（化名陳志梅），呂是講授「社會科學概論」，陳則是講授「先秦諸子」。不久，呂發現陳與「托派」有往來，兩人在史學觀上又有分歧，比如中國歷史上有沒有奴隸社會？在三十年代著名的「中國社會性質問題」論戰中，當時凡是認為中國沒有奴隸社會的，就被視為是「托派」，如以陶希聖為代表的「新生命派」和李季等的「托派」，他們主張人類社會歷史的發展未必有共同規律可尋，且中國社會和歷史極為特殊，如歷史上中國就沒有經歷過奴隸社會，即自原始公社制解體之後中國就走上了一條「亞細亞社會」的道路，或者說遙自西周之後，中國就已經進入了「特殊的商業資本主義社會」，而當時呂振羽是堅決主張中國歷史上是存在過奴隸社會的，也即史達林的「五大社會形態說」適合於中國，倒是當時的陳伯達曾附和「托派」認為中國「特殊」而沒有經歷過奴隸社會。不過，後來呂振羽對這場似乎並沒有贏家的爭論開始有了一個比較寬容的看法，即在六十年代之初，主張中國古史分期是「魏晉封建論」的尚鉞受到批判，呂則認為：「在第二次國內革命戰爭時期，我們和托派、新生命派、食貨派作鬥爭的時候，曾經出現過這種見解，當時托派、新生命派持魏晉封建論，但是我們不能認為今天說魏晉封建制的也是托派、新生命派，如果這樣扣帽子，人家就不敢講話了，那就會妨礙科學的發展。」陳伯達後來十分忌諱自己曾經有過的「托派」嫌疑，於是對知情人的呂振羽銜恨在心，他依仗自己當時在延安的特殊身份和地位，「惡人先告狀」地四處散佈呂是「托派」的流言，並脅迫他人「揭發」，結果整風時有一對王某夫婦被逼供交待呂係托派，後來王某又翻供了。原來此前的一九三三年秋，王某在北平一所中學教書，他是中共地下黨員，得到過呂振羽的關懷和指導而編寫中國史講義，後王又介紹北大和清華歷史系的張鳳閣、劉立貞與之相識，呂也曾設法將王某和劉立貞從蘇州反省院救出。呂振羽受到審查後，他襟懷坦白地向黨組織寫出了自己的傳記，說明和檢查了自己的過去，但對關於「托派」的指控，他則斷然拒絕。由於這些干擾，呂在延安的三年竟無所作為，後來他要求前往東北工作。一九六三年一月六日，呂振羽突然被神祕地拘捕，估計當時呂振羽不會不明白這其中的奧妙，所以，他在失去自由的第三天，即在文天祥死難的六百八十週年之際，寫下「矢忠抨奸垂懿教，一死未許污清名」的詩句。顯然，呂的遭到軟禁，其原因除了他曾參與國共第二次合作談判的機密因而受到「潘漢年案」等牽連（或者還有借此指控劉少奇的因素）之外，恐怕當年那個「托派」的罪名也是其中一個因素，後來在「文革」的獄中，呂振羽憤而高喊「打倒托匪陳伯達」的口號，也是因此深受刺激帶出的。

一九八〇年一月，呂振羽被正式平反。七月十七日，這位長期被幽禁、又在「文革」中被關入秦城監獄長達八年、遭到八百餘次車輪審訊的馬克思主義歷史學家，離開了人世。

6

鄭振鐸長空冤魂

一

這是一場讓人心碎的空難。讓人心碎的還有這次意外事件的前後所發生的一些事情。

一九五七年年底，剛從國外訪問回來的鄭振鐸驚聞老友王統照病逝，他痛心地寫道：「古語說：朝聞道，夕死可矣。這只是消極的一句話，王統照先生是遠在解放之前就已經『聞道』的，在解放之後，他彷彿年輕了多少年，正在積極地為人民辦事，卻不幸死了。我們失去了這樣一位『聞道』的同志，不僅僅是在友情上哀悼他而已，實在也為中國的現代文學界和中國人民的失去了他而惋惜不已！像他這樣的一位成熟的老作家正在揮筆歌頌社會主義社會的時候，正在積極地為工農兵服務的時候，而突然地停止了他的響亮的歌聲，那個損失是屬於整個中國文壇和中國人民的！」難以置信的是，鄭振鐸自己也竟追隨王統照於地下了，那是我們雙倍的損失呵！那是一九五八年。在「大躍進」和「三面紅旗」的一九五八年，對中國人民、中國文化、中國學術界，或者具體而微是文學界、文物和考古界、圖書館事業——，有一個巨大的損失——鄭振鐸先生因空難殉職了。

這年的十月十八日凌晨，從北京南苑機場飛往莫斯科的一架蘇式圖——一〇四客機，在距莫斯科還有五百公里的距離時，於蘇聯楚瓦什自治共和國境內的卡納什地區的上空突然爆炸起火，飛機在解體後迅速下墜，在地面塔臺的對講機中，人們只聽到機長、蘇聯「金星英雄」季托夫發出最後的銳利又淒婉的聲音：「同志們，永別了！」第三天，北京各家報紙都用鑲著黑色邊框的醒目標題報導了這條噩耗，同時公佈了正乘坐在這架飛機上的中國文化代表團全體人員的名單，當時他們是前往阿富汗、阿拉伯聯合共和國去進行友好訪問的。隨即，成立了治喪委員會，成員有陳毅、賀龍、郭沫若、陳叔通、包爾漢、廖承志、張奚若、沈雁冰、丁西林、王冶秋、盧緒章、齊燕銘、劉芝明、陸平、何其芳、屈武、馬寅初、蔡廷鍇、楚圖南、張勁夫、徐森玉、薩空了等，顯然，殉職者中有重要的文化人士以及軍人。不久，北京八寶山革命公墓樹立起了一座墓碑，在碑文下鐫刻著全部十六位烈士的名字，他們是——鄭振鐸、蔡樹藩、馬適安、阿不都熱合滿、譚丕模、劉仲平、林立、姜燕、鍾兆榕、陳重華、蕭武、劉崇富、李福奎、寧開逸、孫瑛璞、陳朔。碑文上寫道：「由鄭振鐸、蔡樹藩率領前往阿富汗王國、阿拉伯聯合共和國訪問的中國文化代表團十人和外交部、對外貿易部的出國工作人員六人，在一九五八年十月十七從北京乘飛機赴莫斯科途中，於十八日，因所乘飛機遭遇到不可克服的氣候原因，不幸失事，鄭振鐸、蔡樹藩等十六位同志全部遇難」。碑文上還說：烈士們「是為增進中國和亞非各國人民之間的友誼、中外文化的交流、經濟合作和世界和平的崇高的任務而犧牲的。他們當中有的長期參加革命，對革命有過卓越的貢獻，或者在文化、學術方面有著重要的成就，有的是傑出的社會活動家，或者是矢志忠於革命事業的優秀幹部，他們對祖國社會主義建設和保衛世界和平事業表現了無限的忠誠和忘我的勞動，直至貢獻出自己寶貴的生命」。這裏提到的老革命，是著名獨臂將軍的蔡樹藩，他是代表團的副團長。蔡樹藩曾作為代表出席過共產國際六大，是陝北工農民主政府的內務部長，當時是國家體委副主任；而「在文化、學術方面有著重要的成就」、同時又是「傑出的社會活動家」的，則是團長的鄭振鐸了，他是這十六人中唯一的作家兼學者，在此之前，為促進中外文化交流，他已經率團訪問過印度、緬甸、波蘭、奧地利、印尼、保加利亞、捷克、蘇聯等。死難者中的另一位譚丕模先生，他也是著名教授和學者（北師大中文系古典文學專業），阿不都熱合滿則是維吾爾族學者。十月二十六日，遇難者的遺體在出事當地火化後，其骨灰由蘇聯軍方的專機護送，飛至他們始發地的北京南苑機場，沈雁冰等前往迎接。當夏衍雙手捧著鄭振鐸的骨灰盒，緩步走出機場，等候的人群早已是悲從衷來，眾人泣不成聲。鄭振鐸——一個身材高大的文化巨人，從此殞落了，正是郭沫若所題的輓詩：「萬里乘風八月槎，驚傳瞬息墜天涯。同行英傑成雄鬼，一代才華化電花」，而那卻又不幸言中了他所曾經開過的一個玩笑：「坐飛機從天上掉下來死掉，大概是一種最痛快的死法」。歷史殘酷的竟是：這不幸言中的讖語，在後來卻似乎應驗了，甚至在隨後十月三十一日首都劇場的追悼大會上，就有一些很不情願走進來的人，因為他們幾乎是剛剛「批判」過鄭振鐸和譚丕模那些「資產階級的白旗專家」。不過，他們畢竟還有幸沒有在此前被打為「右派」，他們逃過了一劫，卻逃不過又一劫，甚至後來不由讓人追想：即使沒有發生這場空難，以後呢？比如與鄭振鐸相稔熟的老舍先生、傅雷先生、陳夢家先生；與譚丕模同事的北師大劉盼遂教授；以及和他們二人一樣致力於從事中國文學史研究和寫作的劉綬松、許政揚、葉以群、李廣田、王重民等等。鄭振鐸、譚丕模和他們會有區別麼？

二

「驚聞星隕值高秋，凍雨飄風未解愁。為有直腸愛臧否，豈無白眼看沉浮。買書貪得常傾篋，下筆渾如不繫舟。天吝留年與補過，九原料應恨悠悠」。茅盾這首悼念鄭振鐸的輓詩準確地描寫出了亡友生前的形象和特點。

鄭振鐸（一八九八－一九五八），著名作家、文學評論家、翻譯家、文學史家、藝術史家、歷史考古學家、藏書家、版本目錄學家、社會活動家。筆名有西諦、CT、郭源新等。鄭振鐸原籍福建長樂，生於浙江永嘉（今溫州市）。他早年考入北京鐵路管理學校，其時正是「五四」新文化運動之際，鄭振鐸感受時代潮流的遷變，開始走上歷史舞臺，他曾作為進步學生代表參加「五四」運動，又與瞿秋白、耿濟之等人創辦了《新社會》，熱烈宣傳新文化思想。一九二〇年十一月，他與沈雁冰、葉紹鈞等人發起成立了中國著名新文學團體的「文學研究會」，並主編其機關刊物的《文學週刊》，又編輯出版了《文學研究會叢書》，從此開始了他一生中絢爛的編輯和出版的生涯。一九二一年他到上海，先後主編有《時事新報》

的副刊《學燈》和《文學旬刊》、並於一九二三年起接替茅盾主編商務印書館的名刊《小說月報》，仍然致力於倡導「為人生」的現實主義文學主張。一九二五年「五卅」運動中，他與葉聖陶、胡愈之等人合編《公理日報》，揭露和抨擊帝國主義暴行，此後一九二七年國民黨發動叛變革命的「四一二」政變，鄭振鐸與胡愈之等七位正直的進步文化人公開致信國民黨元老蔡元培、李石曾、吳稚暉，表示強烈的抗議，此後他被迫遠走歐洲。一九三一年，回到國內的鄭振鐸在燕京大學中文系任教，兼又主編《文學》月刊和《文學季刊》。此後一九三四年他又南下，在上海任暨南大學文學院院長，期間創辦了大型文學叢刊《世界文庫》。抗日戰爭爆發後，在「孤島」極其危險和艱難的條件下，他參與發起了「上海文化界救亡協會」，創辦了《救亡日報》，並與胡愈之、許廣平等人組織起地下出版社的「復社」，出版有《魯迅全集》、《西行漫記》和《列寧文選》等，影響深遠。抗戰勝利後，鄭振鐸又參與和發起組織了「中國民主促進會」，創辦並主編《民主週刊》，呼籲和鼓動全國人民為爭取民主、和平而鬥爭。新中國成立後，鄭振鐸出任文化部文物局局長、文化部副部長，並身兼中國科學院哲學社會科學部常務委員和中國科學院的考古研究所、文學研究所的所長，以及中國民間文藝研究會副主席等職。鄭振鐸一生中，除了文學創作和翻譯等之外，還以畢生的精力致力於研究和編寫中國文學史，他遺有《文學大綱》、《插圖本中國文學史》、《中國通俗文學史》、《中國文學論集》等。在鄭振鐸的學術活動中，中國古典文學的研究佔有非常重要的地位，其中特別是對中國文學史的研究，他給予關注的時間最長，成果也最為豐饒。此前的中國文學史著作，在二十世紀初才成為一門學科，它發端於一九〇一年一個外國人翟理斯的英文本《中國文學史》，到一九〇四年方有中國人自己編寫的文學史，即林傳甲為京師大學堂編寫的教材《中國文學史》，此後在「五四」新文學發軔之初，鄭振鐸已經對整理古代文學遺產、發掘其中民主性的精華有了比較清醒的認識，不似「五四」新文化運動初期的某些人，他沒有採取文化虛無主義的態度，不是絕對化地一味要打倒、要拋棄古典文學。此後他主編《小說月報》，也曾組織有「整理國故與新文學運動」的討論，他還撰文明確表示：「我主張在新文學運動的熱潮裏，應有整理國故的一種舉動」，也就是說，他把「整理國故」看成是新文化運動題中應有之義。在編寫文學史的過程中，他的幾部文學史著作起了開山的作用，比如他一九三〇年出版的《中國文學史》（中世卷部分）、一九三二出版的《插圖本中國文學史》、以及一九三八年交由商務印書館出版的《中國俗文學史》，尤其後者，不僅是他的一部代表作，也標誌著中國「俗文學」學科的正式建立，而此前學術界從未有過此類著述，鄭振鐸所以能獨出機杼、孜孜兀兀寫出此書，是他思想上民主主義的一種反映，即把「大眾的」視為俗文學的第一大特徵，認為「俗文學是發生於民間，為民眾所寫作，且為民眾而生存的」，同時，鄭振鐸還對俗文學的文本進行了研究，指出俗文學是由集體創作、在民間流傳的文學形式，廣大民眾既是俗文學的作者，又是它的傳播者和享受者。他還在一九五七年出版了《中國文學研究》。

然而在「大躍進」和「資產階級學術思想批判運動」的高潮中，他的著作和這些觀點都受到了質疑和挑戰，甚至遭到了否定。即：你們不是寫了幾本文學史著作麼，名氣大的很呢，民間文學史（「俗文學史」）你們也寫過麼，「不錯，他們有時也談兩種文化，特別是常談而且大談文學的人民性，——但是，他們既然丟開了階級觀點，一到具體分析的時候就不能不離開了列寧所指示的人民性原則，因此，在沒有什麼人民性的作品裏，他們也找到了人民性，甚至是高度的人民性。」於是，儘管研究的結論可以相同或相似，但因為你是「資產階級學者」，你的任何努力就只能是「畫虎不成反類犬」，而且說到底，你們那些文學史著作一錢不值，因為「他們對某些反現實主義的作家大講特講，對民間文學的思想性和藝術性卻不肯做詳細的闡述；他們花費巨大的精力去作繁瑣的考證，卻不肯拿出一點力量去發掘民間文學材料；他們把一些沒多大價值的作品捧上了天，卻把一些在民間廣泛流傳並且極有價值的人民創作拒之於文學史大門之外；他們對一些民間創作加工而成的作品用大量篇幅去考證加工的作者，卻不肯多分與一些篇幅去科學地說明民間創作在這些作品中的基礎的決定作用。不把民間文學放在文學的正統地位上，不去充分地說明民間文學的巨大價值，認真地闡述民間文學對作家文學的深刻影響，從而正確的說明民間文學在中國文學發展中的決定作用，就不能反映文學發展的真實面貌，也就只能是資產階級的偽科學」。於是，在魯莽滅裂和敢衝敢拚的「小人物」們和一部分大學生眼光中，鄭振鐸等等「從前被盲目崇拜的資產階級科學偶像也就破滅了」——他們竟會浪言：「我們更加清楚地看到資產階級學者怎樣糟蹋了我國光輝燦爛的古典文學，怎樣通過古典文學的研究來散佈毒素」，比如鄭振鐸的《中國俗文學史》，不就是「一堆混亂的資料」而已麼，而且是「大量販賣胡適那套貨色」的，於是，在當時「一天等於二十年」的「革命浪漫主義」熱潮中紛紛上馬的眾多由「小人物」（高校學生等）編寫的文學史著作（天知道是怎樣寫出來的）和批判論文集中，鄭振鐸受到點名或不點名的批判，對於後者，相對於中國文學史研究的領域來說，那其實正是「禿子頭上的蝨子——明擺著的」，即那些「資產階級學者」，「仍然迷戀於資產階級唯心主義學術思想，頑固地堅守著個人學術的獨立王國。他們的研究成果，和我們的偉大時代就遠遠不能相稱」，也就是說此前「由於他們歷史的、階級的侷限性，並沒有寫出一部真正科學的文學史。」看來，鄭振鐸他們是不行了，「他們的行動也遠遠跟不上時代的步伐。對於拔白旗仍然躊躇猶豫，中國文學史的研究方面還看不出一個嶄新的局面」，於是鄭振鐸、林庚、劉大杰等都成為「小人物」們「插紅旗、拔白旗」意欲超越的過氣人物和鬥爭對象。鄭振鐸虔誠地接受了批判，他認為那是「一帖良藥」，雖然苦口得使他「痛苦」。他被斥為是「為帝國主義的文化侵略服務」、「反動的世界主義」等等。從大學生的批判到文化部、文學研究所的批判，接二連三地展開了，看來他要過好「社會主義」這一關不是容易的了。留在他日記中，有他九月二十四日赴文化部部長、也是老友的沈雁冰（茅盾）處接受「批判」的記載，即「先由我自己檢查，說明自己是一個半封建半殖民地社會所產生的典型的知識份子，有許多缺點」，茅盾、吳仲超、徐光霄、劉芝明、錢俊瑞等給他提了意見，最後他表示「願意大力地改造自己的思想，下決心不再買書，並清理積欠，作為改造思想的基礎。書籍亦是『物質基礎』之一也」。顯然，他要向「無產階級」看齊了。當時，作為文化部的部長，與鄭振鐸一樣曾長期從事過中國文學史研究的茅盾，也格外惶惑了，甚至在「大批判」稍稍退潮之後，他仍然依人之言，以為《光明日報》上批評那些大學生們寫的那幾部文學史「有點不公平」，認為「如說文藝反映階級鬥爭之說就勢必忽略並歪曲文藝發展的特殊規律，如說世界觀指導創作方法的論點勢必把作家和作品的複雜性和藝術性簡單化——等等，我怕這樣下去，要把青年人弄糊塗了」。究竟誰把誰弄糊塗了？他還以為「劉大杰的《中國文學發展史》，是朗宋、泰納、佛里契、胡適等人觀點的混血兒，而書名『發展』，其規律是胡適的文學史觀」等等。長期的意識形態和文學藝術領域裏劍拔弩張的大批判使得大文豪茅盾在內的許多人已經失去了正確判斷的能力，他們只能依人放言，或者是只能在非常有限的範圍內去堅持自己的見解了。

後來，只是由於鄭振鐸的「及時」的「殉職」，才勉強停止了對他的「批判」。對那個「攻鄭」最猛的北大中文系的「瞿秋白文學社」，曾與瞿秋白、鄭振鐸一同從事過文學活動的陳毅憤懣不平，他氣呼呼地跑到北大，厲聲質問那幾個「小將」：「誰讓你們批鄭先生的?!鄭先生現在是死不瞑目呵！」一九五八年十二月，周恩來在一次和陸定一、康生、張際春、周揚、胡喬木、夏衍等關於糾正在文藝等領域因「大躍進」而出現的一些偏差、即所謂高速度發展中出現的偏差的談話時，他特別提出：在大學教授中開展的「拔白旗」運動應立即停止。顯然，鄭振鐸臨死尚受到不應有的衝擊使周恩來深感不安，他強調要注意正確對待知識份子問題，反對要求文藝簡單和機械地配合政治運動和政策的做法。再後來，周恩來一直沒有忘掉鄭振鐸，他曾動情地對人說：我和振鐸、老舍、王統照四個人，都是一八九八年戊戌政變那年出生的。當然，在日漸嚴重的左傾潮流下，他的這些意見雖然起不了決定性的作用，卻畢竟緩衝了局面，此後由於「大躍進」和「人民公社化」運動引發了天災人禍，共和國到了「最危險的時候」，毛澤東引咎退居「二線」，劉少奇、周恩來等主持「一線」，有所撥亂反正，過了幾年形勢發生好轉，就比如中國文學史的研究和編寫吧，在鄭振鐸等前人的基礎上，人民文學出版社先後於一九六二年和一九六三年相繼出版了至今尚有口碑的兩部高質量中國文學史，它們是鄭振鐸生前領導的中科院文學研究所中國文學史編寫組編寫的《中國文學史》，主持和擔綱的是余冠英、錢鍾書、范寧等，另一部是四卷本的高校中文系教材的《中國文學史》，它是由北大的游國恩、季鎮淮、費振剛和中山大學的王起、山東大學的蕭滌非共同主編完成的。遺憾的是，鄭振鐸先生看不到它們了。

三

同許多愛國和進步的知識份子一樣，鄭振鐸是懷著美好地願望和憧憬走進新中國的。他的絕筆之一，是他犧牲前三天給老友張耀翔、程俊英夫婦的一封信，這是他出訪前寫的，信中說：「這幾個月來，簡直是一日千里地在進行『革命』，這個革命的確是最後的徹底地消滅資產階級的個人主義向共產主義飛躍前進的一個大革命。沒有人會不加入這個運動裏的。曾說『一天等於過去二十年』，照現在的飛躍情況看來，簡直是『一天走著一百年的道路』。誰還會比我們先走到『共產主義社會』裏去呢？人民公社運動正實現共產主義社會的萌芽，也就是這個人民公社社會燦爛地盛開著共產主義之花。我們能夠及身地看到並進入共產主義社會，這是多麼興奮的事啊！」在從「理想主義」到「經驗主義」之前，有多少人是這樣熱情和天真地憧憬的，誰又能想到：在鄭振鐸用筆熱烈歡呼的「春天在呼喚」——「這弘壯的歌聲，這社會主義的歌聲，唱出了億萬農民的內心的感情和歡樂。這就是解放了的生產力的偉大表現；這就是無窮大的人民的『原子能』的解放！」沒有多久就因為這種所謂「革命」違反了經濟規律和歷史運行規則，「春天」變成了「冬天」、「飛躍」變成了「災難」，只不過鄭振鐸是懷著理想主義犧牲在不久後的大饑荒、再後來的「大革命」之前，他沒有看到後來的事情。這讓人不免遙想：這是幸事，抑或不幸呢？也就是在他殉職前不久，他還對巴金說：「人民公社成立了，共產主義社會就要實現了，我能夠親眼看見共產主義社會，我個人再也沒有什麼要求了。以後得好好地改造自己，多多地做事情。」這「做事情」，他除了公務，解放後他幾乎是拚力地寫作和出版的——《敦煌壁畫選》、《偉大的藝術傳統》及《圖錄》、《中國古代木刻畫選集》、《中國木刻史略》、《古本戲曲叢刊》（殉職前已出四輯，之後又出一輯）、《中國古代版畫叢刊》（因受批判在其生前未出版，一九六一年始陸續出版）、《中國文學研究》、《鄭振鐸文集》（在其死後的一九六一年出版），這幾乎是其他人一生的著作了，

除了盡職盡力，鄭振鐸和許多人一樣，對新社會是熱烈擁抱的，甚至為此他也冷落了一些「有問題」的老朋友，比如沈從文。據陳徒手的描述：鄭振鐸當上主管文物的文化部副部長後，沈從文沒有因事找過他，當時沈在鄭的直接領導下工作於籌建中的歷史博物館，做一個小小的說明員而已。一九五八年三月，鄭振鐸參加館裏工作會議，在會上作了總結，他說：「歷史博物館在午門前面，國民黨時期是灰溜溜的，一天只有三五人入門參觀。而這幾年來，進步很大、很快。」會後，沈從文遇到了鄭振鐸，當時史樹青看到了兩人見面的情景：「沈先生看見老朋友很激動，還掉了眼淚，說：『我現在不搞文藝了，研究文物還不夠，你應該多關心文物。』鄭振鐸說什麼話我忘了，但鄭似乎感到沈先生還是落後分子。」這也不能怪

鄭振鐸，潮流之下，是很難做出準確的判斷出來的。不過，鄭、沈當時的愛好相同，如中國藝術史，鄭振鐸在對美術考古和古代社會生活方面的文物資料進行了廣泛的收集和開拓性的研究，在新中國成立後他還主持了全國的文物管理和圖書館、博物館工作，兼管考古研究所工作，他是新中國文物考古事業的主要奠基人，沈從文呢，只能默默地工作，他們一個顯赫、一個卑微，但同樣做出了不凡的事業，在現在出版的《沈從文全集》中，有幾本文學以外的厚厚的「物質文化史」部分，這不禁讓人聯想：如果鄭振鐸當年不死，他的成績可能會不在沈從文之下吧。

當年鄭振鐸遇難，聽到消息後的沈從文悲痛萬分，一年後他寫道：「西諦去世消息初從廣播中得到時，我和家中人相對呆了許久，不知說什麼好，——直到現在，我還依舊感覺到他還是活在我們朋友當中的一個生命力最旺盛的活人，也可以說他並不死：他的對國家無限熱情，對新的文化事業的無限熱情，他的豁達大度和明朗率真的性格，他對朋友長處的鼓勵和尊重——這一切，給熟人的印象是永遠鮮明有力的。」不過，他也隱隱感到：老友的離去，「有些事情或許再也不會有一個那麼熟人可以商量了」。鄭振鐸是行家，是率真的人，對文化、文物、以及傳統文化的理解，是與沈從文他們有共鳴的，他的猝死顯然是一個巨大的損失，這些損失我們後來可以明顯的看出來。其實，無論是鄭振鐸還是沈從文，他們面對「形勢比人強」的新社會新環境，不由會有一種「昨日之非」、「今日之是」的隔代之感。沈從文從文壇上消失了，當了官的鄭振鐸又如何呢？比如說他曾那麼致力於收集和研究古代的版畫資料，並且墾植了中國美術史上這片被人忽視的處女地，在抗戰勝利以後，他著手編纂《中國歷史參考圖譜》，後來又出版了二十四輯的《中國歷史參考圖譜》，再後來他卻感到不妙了：「《歷史圖譜》問題不少，牽涉的範圍極廣，稍有不妥之處，就會大受批評，故此時最好不再版」。那還是五十年代初呢，到了「反右」後的一九五八年，除了文學史著作，果然他的《中國古代版畫叢刊》等都遭到了批判。

也是從五十年代中葉開始，許多愛國和進步的知識份子、尤其是那些高級知識份子們，受執政黨知識份子政策的激勵和鼓動，開始互相比賽早日加入中國共產黨，以表示他們自己的「改造」的熱忱和決心，鄭振鐸自然也是其中一位。在古典文學研究界，郭紹虞等先生率先光榮地加入了共產黨，惹得鄭振鐸、夏承燾等格外「眼紅」，到紅紅火火的一九五八年，在「大躍進」的熱浪中，全國各行各業紛紛開展社會主義大競賽，對那些高級知識份子而言，「躍進」或「競賽」的一個具體的目標就是獲准加入共產黨，他們紛紛公佈個人規劃，比如鄭振鐸同鄉和摯友的夏承燾先生，他在杭州大學「社會主義大躍進規劃競賽大會」上就隆重宣佈：準備一年成為左派，六十歲時加入共產黨，引得全場喝彩，回到家後他還做《枕上詩》，以詩鳴志：「風逐歌唇起，春隨酒靨深。老夫豈真醉，紅透少年心」。但是很快他們感到：那是不容易的，因為轟轟烈烈的「插紅旗、拔白旗」運動讓他們知道了其間的距離。在中國文學史領域，大批判的鋒芒不僅已經指向了他們，在全國的重點是陳寅恪、鄭振鐸等，在各地方如杭州就是夏承燾、姜亮夫等等了，而且還「瓜蔓抄」似的涉及到了王維、李清照、周邦彥、李商隱、陶淵明、王國維、章太炎等等的死人，在當時，近代以來中國社會形成的激進主義思潮和思維在「大躍進」和「大批判」的時代已經變本加厲成為政治思維的「革命虛無主義」，在文化、文學上則是相應的「文化虛無主義」了。那時自慚形穢的「老九」們只好慚愧有加，不知不覺也以為「知識越多越反動」，開始刻意在思想上和生活上向大眾看齊，他們紛紛要求取消教授頭銜、降低生活待遇，要「脫下黃馬褂」重新做人了。

鄭振鐸的藏書在他死後是化為公藏了，其實這也是他此前很久的願望了。「三反五反」運動中他有一個體會：「有吃、有穿、有住，已經是很夠享受了；且吃得不壞，穿得很暖，住得很舒服，更是享受得過度了。有何德何能，有何功績勞苦，值得如此享受呢？要花用人民多少辛苦得來的『小米』呢？每一月，每一年，要花掉多少位農民之所得呢？必須深刻的反省一下！每頓都有肉吃，是否應該呢？且每餐還不止一個菜，是否應該呢？住的地方，一家占了十多間房，有了書房，還要客廳，是否應該呢？其實，一身所息，不過一榻；工作所需，不過一桌一椅，何必要那麼多的『空間』呢？雖然政府特別照顧，特別優待，居之，於心何安呢？藏書是多的，其實要那麼多書有何用呢？——書多為累，好書是一大惡癖，無非占有心和個人主義在作祟也，還不是等於積財麼？總要設法緩緩的打發了他們去——或捐獻出去，如此，便可以『無書一身輕』了」。這種心思到了後來的「大躍進」時更加濃烈，甚至成為全體知識份子的一種信念，比如鄭振鐸同鄉的夏承燾先生，他甚至還寫起了白話詩，他寫道：「教授教授做久了，暮氣沉沉朝氣少。黃馬褂上插白旗，鏡子照照自發笑。脫下馬褂拔白旗，輕裝前進多麼好」。一九五九年，繼陳垣、梁思成、金岳霖等舊知識份子的代表入黨後，梅蘭芳、蘇步青、夏鼐等也加了了中國共產黨，如果鄭振鐸不死，他大概一定也會光榮地加入到這一行列中吧。當他殉職的消息傳來、周恩來為此難受得通宵未眠時，不無惋惜地說：「振鐸同志要是再晚去世一年，他就是中國共產黨黨員了」。此前因為他退出了他曾參加組建的「民主促進會」、一再請求加入共產黨，但中央考慮到他的國際影響，說服他留在黨外更有利於開展工作。他最終是宿願未償。

中國的知識份子是虔誠的，愛國的，在國家和社會、集體和個人等這些看似矛盾的價值觀的選擇上，他們大多數人是義無反顧選擇了前者。然而這也難免使他們身上保有的獨立性就此逐漸喪失了。在中國知識份子大難的一九五七年，細心的人會發現，鄭振鐸沒有被打成「右派」，他是沒有這「資格」麼？看來當年並不是「一網打盡」的。鄭振鐸的公子鄭爾康在給他父親的傳記裏是這樣寫的：「建國後的歷次政治運動，實際上就是階級鬥爭在推翻『三座大山』以後的延續。他在這些運動中，由於始終地『站在黨的一邊』故而都平安度過了。在『反右』運動中，他雖然對馮雪峰等的『反黨活動』並不瞭解，但他始終單純地保持著與黨的一致。這是由於他當時所學到的革命理論，大多是通過某些領導人的講話、報告、著作以及有關輔導材料等獲得，出自他對中國共產黨的絕對依賴，懷著一顆虔誠地追求思想進步的心，對那些雖被稱作為『馬列主義』實際上卻並不那麼正確、甚至是錯誤的『理論』與『思想』他都毫不懷疑地接受了。」結果也誤傷了一些人，如馮雪峰、陳夢家、陳湧等，他還鼓勵已被打成「右派」的劉哲民放下包袱，「必須堅決地跟隨著黨走！右派分子就因為有了兩條心，故處處點火、鬧事」。不過，「反右」高潮時他在國外訪問和講學，霧裏看花，身在「廬山」之外也枉然地不知其「真面目」，於是他會說「閱報，知科學院繼續開大會，鬥爭右派分子。這是一個受深刻教育和改造思想的大好機會，可惜我沒能參加，大以為憾！」然而，讓他絕難想到和深以為憾的竟是，他自己也幾乎深陷在「右派」的邊緣上，「反右」雖然讓他逃過一劫，接下來的針對「厚古薄今的資產階級學術思想」的批判卻瞄準的是他，他是一桿「大白旗」！

一九五八年十月，鄭振鐸殉職的前後，他所在的中國科學院文學研究所正在開展批判以他為首的「資產階級學者」，那還有王力、呂叔湘、高名凱、王瑤、周谷城、游國恩、錢鍾書等。據《夏承燾日記》：「文學研究所開展第五次「批判」鄭振鐸的「資產階級」學術思想時，正是他殉職之日。噩耗傳來，「批判」才被迫中止了，這也就是錢鍾書夫人楊絳在《我們仨》中所說的：「鄭振鐸先生原是大白旗，但他因公遇難，就不再『拔』了」。當時人們震驚於飛機失事的慘劇，挽惜一代學術巨匠於剛好六十歲治學黃金歲月的匆匆離去，以至當時吳曉鈴當場失聲痛哭。原來由鄭振鐸主編的《文學研究》，這時也趕編了悼念他的專號，可是其中有兩篇批判他的文章卻來不及撤下了。這是多麼可悲、可慘、可歎的日子！冰心後來回憶鄭振鐸，她說：「在四害橫行、道路側目的時期，我常常想到振鐸，還為他的早逝而慶幸！我想，像他這麼一個十分熟悉三十年代上海文藝界情形，而又剛正耿直的人，必然會遇到像老舍或巴金那樣的可悲的命運。」歷史的嚴酷，竟又讓人為他「慶幸」其「早逝」，死者天上有靈，當作何感受？

7

一對明星的殞落
——周璇的日記和石揮的慘死

周璇，這位舊中國蜚聲影壇和歌壇的兩棲明星，這位有「金嗓子」之稱的「歌后」、「影后」，如果和現在紅男綠女們所狂「追」的偶像來比的話，大概就如同鄧麗君、梅豔芳等等了，不過，可能是現在的「追星族」所不知道的，周璇當年的風靡一點也不比鄧、梅她們弱，甚至可以這樣說：如果說現在是有華人處便有金庸、古龍、李連杰、成龍以及鄧麗君、梅豔芳等等的話，當年呢，「金嗓子」的歌聲傳遍了天下，《四季歌》、《天涯歌女》、《夜上海》、《何日君再來》等等，誰的耳朵裏聽得不起繭子來呢？那可是幾乎大半個世紀的風靡呢，而且，在「周璇」這塊金字品牌的打造過程中，凝聚著一大批中國文化界和電影界精英人物的勞作和智慧，如田漢、夏衍、賀綠汀、陳歌辛、黎錦光、張石川、袁牧之、應雲衛、柯靈、黃佐臨、吳祖光等等，因此，也就毫不誇張地說，周璇是中國近代流行歌曲的先驅，也是中國電影史上以表演音樂歌舞片而空前絕後的第一人，她一生有四十三部電影，唱過不少於兩百多首的原創歌曲，其中在她主演過的電影中，她主唱過一百一十四首插曲，我不知道這是否還是一個未曾打破的「記錄」？也是在上世紀之末，人們在紀念電影這門藝術走過了一個世紀、中國的電影走過了九十華誕的時候，把周璇列為中國影壇最優秀的女演員之一，她是繼阮玲玉、胡蝶之後的「影后」（可能也是現在的眾位「帝」或「后」們想像不到的，當年周璇榮膺「影后」的桂冠，她竟登報婉言辭謝了），而她主演的《馬路天使》等，也成為二十世紀中國十大經典作品之一。

如同一個周璇的晚輩同行說過的話：做女人難，做一個有名的女人更難。的確，女人往往和不幸相連，尤其是娛樂圈中曾經大紅大紫過的女明星，她們的經歷往往是傷痕累累的，說起周璇，人們可能馬上會連想到美國的瑪莉蓮夢露，不只是她們的身世和經歷，而且因為她們在身後都留下了許多無從落實的謎案，比如周璇，她的出生和來歷如何？她留在世間的兒子，其生父是何人？那樣名氣的明星，她的財產的去向呢？或者人們最關心和好奇的，為什麼她會發瘋以及凋謝呢？這四個問號，或許也就是周璇的四大懸案，此前坊間的許多書籍上有無數的傳聞和附會，其實有許多是經不住一問的。

《周璇日記》是由長江文藝出版社二〇〇三年出版的，或許可以能解開其中若干個「謎底」吧。這本書附有趙國慶寫的《周璇之謎》，他嘗試回答了那四個「懸案」，這裏我只對最後一個「懸案」說點自己的看法，因為那關乎新中國開國不久的文化環境和氛圍，也是新中國建立和確立全社會的意識形態和文化格局時的一個插曲，它遠遠不僅是一個「個案」的意義了。

如今人們稱娛樂圈子裏的「嚼舌頭」是「八卦」，幾乎每個名女人都免不了要被「八卦」一番，周璇身處那個社會的污濁環境下，她的婚姻和感情經歷也是破碎的。她與嚴華分手後曾寫有《我的為什麼出走》，她泣訴自己的第一個婚姻因「猜疑、誣衊、誹謗」而使她「再也不能忍受了」，她畢竟是新女性，「因為我是人，我有自己的生命和尊嚴。經過思索，我終於選擇了『娜拉』的道路，噙著淚水離開了家，離開了相處九年的丈夫。」那也是當年上海灘上許多新女性的選擇，周璇還從哲學家笛卡爾那裏獲得了生活的哲理和信心：「『達到一個終點，總比停留在迷途中好。生活的行動也是如此。常常不允許自己半點遲疑。』過去我太渾渾噩噩了，對任何事情都從好裏想，但結果卻適得其反。——在生活的道路上再也不能徘徊猶豫，而要爭取儘快達到一個終點，總的一句話，我要奮鬥！」從這一點上看，她超出了阮玲玉。後來她在自己的感情生活中，無論是商人的朱老闆（後二人登報宣佈脫離同居關係），抑或喜劇明星的韓非，還是「兩棲皇帝」的石揮，她都止於「一個終點」，在男權稱雄和男性霸權話語無孔不入的時代，你要做「娜拉」，也只能是魯迅先生寄予「同情之瞭解」的不無悲觀的觀察：「不是墮落，就是回來」（《娜拉走後怎樣》），儘管她已有了「經濟權」（周璇在與嚴華破裂時曾登報泣訴「嚴君重視床頭之金十百倍於床頭之人」），但「可惜中國太難改變了，即使搬動一張桌子，改裝一個火爐，幾乎也要血；而且即使有了血，也未必一定能搬動，能改裝。」魯迅這段著名的「流血」說，在周璇那裏就不僅僅只是遇人不淑，嚴華或者石揮，都是這封建宗法社會傳統和現實裏的男子，「頤指氣使，絕不體諒」的嚴華或者個性孤傲的石揮，只能帶給周璇身心上的痛苦，這彷彿也是女子們的宿命了。

二

《周璇日記》第一頁上寫有這樣的一句話：「把人家的過錯來處罰自己是世界上最傻的傻瓜」。可惜，她並不真正明白它的意思，許多人也是後來才記得革命導師還說過這樣的一句話：「的確，蔑視辯證法，是不能不受到懲罰的」（恩格斯《自然辯證法》）。周璇是於一九五〇年七月回到上海的。很快，她感到了不適。此後她給住在香港的她最好的朋友、作曲家李厚襄寫了一些信，從中可以窺出周璇回到上海以後的處境。一九五一年二月十二日：「近因播音唱了歌，不知道（為什麼）得罪了人，報上挨罵，在任何環境中都有派別，將來拍戲又不知怎麼樣來應付呢！太難了！」三月十四日：「有一點要告訴你，關於唱歌之事暫時要守祕密，上海知道他們會對我不滿，切記！切記！」十月三日，她在信中還提到了「王人美在檢討我過去」，她還說她「吃足了苦頭」，甚至她萌發了尋找退路、比如赴南洋的念頭。其實，周璇的處境還是很不錯的，當時她被熱情動員回來，如夏衍的回憶：「在電影界，特別是在創作人員中間，從三十年代起，我們已經做了大量的統戰工作，有較大的影響，解放前夕，我們就通過地下黨和張駿祥，進行了深入的團結工作」，當然不僅是電影界，周恩來和陳毅等還主張「凡是願意留下來的，愛國的、願意為新中國工作的人，都要團結，都要爭取」，甚至如簡又文、王平陵這些人，只要不走，「也要爭取他們」（《懶尋舊夢錄》），更不要說曾在地下黨直接領導下上海電影界當紅演員的周璇了。不過，人來了，思想可不能照舊了，對周璇這些人來說，讓他們不適甚至會讓他們感到痛苦的，就是「鬼打牆」似的一股陰風——「輕視、歧視、乃至不信任知識份子和思想和作風，在我們黨內有很深很久、也很複雜的基因」，而且上海、香港還是延安和太行山，也是有分別的。再就是新時代了，新問題也跟著來了——「除了工農兵之外，文藝可不可以為小資產階級服務的問題」（同上），你周璇能演什麼？到了蕭也牧的《我們夫婦之間》和石揮導演並主演的《關連長》受到批判，上海又有「好學生」的「柯老」主持，周璇的處境也就可以想見，張愛玲是一走了之，周璇免不了就要「吃生活」——「吃苦頭」，據說在一次自我改造的學習會上，王人美檢討舊社會的電影和音樂，認為統統不好還有靡靡之音，在一旁聽著的周璇於是自我對號、神經過敏，上去給王人美一巴掌，她的暗疾也就真的發作了。

現存她的日記，就是一九五一年九月十三日至十月二十日這一段時間中的若干封，當時她正在拍攝電影《和平鴿》，那是領導特意讓她上戲的，即特意給海外的人看的，旨在證明新中國文藝界的繁榮和海納百川。但不久，在拍攝現場因一個情節觸發了纖弱和敏感的神經，她突然神經錯亂，回家休養後又因與孩子分開，更不幸的是，周璇病情發作時竟被一個「拆白黨」的流氓（一位「美工」）所誘姦，她的病情加重，完全不能自控了，於是被送入虹橋療養院，這些日記就是在療養院寫的。她真是神經錯亂了，比如護士請她簽名，她竟然「在她的簽名冊上，我記下了兩行句子，就是驕傲使自己倒楣，謙虛使人家倒楣。我覺得這句話很對，所以我把它記下來了。」她難道不懂「謙虛使人進步，驕傲使人落後」的名言？不過，她的日記反映其當時的心情和狀態，畢竟很是清醒的，比如她會說：「拋開一切不正常的思想，控制了情感過分的激動，就等於征服最大的敵人一樣。」（十月五日）在某種意義上，還不是契訶夫或魯迅筆下的《狂人日記》所能相比，但是又總是有「不正常」的恐懼感和冤恨的情緒在內，比如她現存最後一天的日記，她寫道：「好幾天沒有記日記了，事情想起來真是太使人害怕，不寫了吧！沒有什麼可寫的。總之做錯了事是一樣的倒楣，可是太冤枉了呀，總有一天要水落石出，等著吧！」（十月二十日）此後，她不再寫日記了。

三

在日記中，她提到了石揮。石揮自一九四〇年到上海後，不久就進入了他的表演藝術的巔峰時期，他是上海灘上幾個話劇團的台柱，《雷雨》、《家》、《正氣歌》、《大馬戲團》、《秋海棠》、《夜店》等等，他演得都是得心應手，一時被稱為中國的「話劇皇帝」，上海成為「孤島」之後，石揮又闖入電影界，他的形象在銀幕上熠熠生輝，《世界兒女》、《亂世風光》、《假鳳虛凰》、《太太萬歲》、《豔陽天》等等，他又幾乎成了中國的「電影皇帝」了。周璇早就看過石揮的戲，也在上海劇藝社演出的後臺認識了他，他維妙維肖地塑造各種人物，成為周璇心目中崇拜的偶像，他亦莊亦諧地回敘了自己的經歷，也深深吸引住周璇，成為她生活中難以忘懷的伴侶，但是兩人各自忙於演戲，尤其是周璇，由於過去不幸婚姻的教訓，使她對愛情築起一道無形的心防。兩人見面時，談話虛虛實實，感情真真假假，在生活中也像在演戲。直到一九四六年周璇去港前，兩人依依惜別中才互吐衷情。在香港拍了兩部影片後馬上回滬的周璇，在《夜店》中，與石揮第一次合作。《夜店》一結束，周璇來不及等到公映，「大中華」就派人要求她速去履行合約。愛情的烈焰使她無法冷靜思考，事業的催促又不讓她慎重斟酌，只得在臨行前和石揮匆匆訂立婚約，匆匆去港。在香港，周璇不斷聽到身邊的人告訴她石揮對她的愛情日漸下降，甚至還有上海版的小報為證，並不斷慫恿她與石揮分手。這一切如一股冷氣，使周璇復燃的愛情火苗漸漸熄滅。周璇回滬後，與石揮的見面是客氣而又關心的寒暄，而且中間還夾雜著一個極力反對他倆的事的徐小姐，徐儼然是周的代言人，斥責石揮的負心，石揮也以刊物上周璇「決不與圈內人配成佳偶」的話作反問。一陣難堪的沉默，石揮最後長歎一聲，雙手拍膝站起，用《飄》影片中白瑞德向郝思嘉告別的動作，一個旋身離去。一對藝術家的戀史，就這麼匆促，這麼短暫，剛翻開扉頁，封底就匆匆合上。

當時周璇和石揮發生的感情，按照娛樂界和媒體的規律，很快他們中間的緋聞被炒得火熱，此時周璇返回上海，一次在療養院對門的新華電影院看《光輝燦爛》，在銀幕上又見到了石揮，於是觸景生情，想到自己與石揮的舊情，回去後她在日記中寫道：「好久沒有看見石揮了，他的演技永遠使人喜歡，好些話都讓觀眾拍手遮了過去，一點也沒聽出來。也不知道他人在上海還是在北京，因他告訴我要同童葆苓訂婚了呢！很使我難過，當然我願意他更能幸福，對於我們的友誼之愛決不改變。總之，只有我自己對不起人家，沒有別的話好說，永遠回憶著，自己難過吧，活該！」（十月二日）這以後，她的病又復發了。一九五七年七月，在經過了六年的治療疾病、即將康復離開療養院時，在一個被人們所刻骨銘心的日子裏，周璇突患腦炎去世。人們在追悼會上發現，參加者中幾乎囊括了中國影壇的所有精英——蔡楚生、于伶、袁文殊、瞿白音、張駿祥、應雲衛、沈浮、陳鯉庭、賀綠汀、黃佐臨、鄭君里、白楊、王人美、金焰、趙丹、黃宗英、舒繡文、劉瓊、魏鶴齡、宣景琳、王丹鳳、黎錦暉——，但人群中卻沒有和周璇曾有過感情經歷的石揮。石揮正是在這之後的不久，從人間「蒸發」了。

四

石揮（一九一五－一九五七），這個天才般的藝術家如彗星一般掠過天際，凋謝在讓新中國蒙受了極大創傷的那個所謂「陽謀」的年代。石揮早年因家境貧寒，輟學後四處打雜掙錢，因為曾在北京真光電影院小賣部做過活，喜歡上電影，後在小學同學藍馬介紹下參加話劇演出，一九四〇年赴上海參加中國旅行劇團、上海劇藝社、職業劇團、苦幹劇團、中國演劇社等，從此正式投身到演劇事業中。石揮富於表演的天賦，他先後在《大雷雨》、《家》、《正氣歌》、《蛻變》、《秋海棠》、《林沖》、《雷雨》等話劇中表演角色，他的戲路寬廣，可以自如地駕馭各種人物角色，又善於從生活中認真觀察和體驗，細心揣摩人物性格，捕捉生動的藝術形象並吸收到表演創作中，大凡其表演的人物，不但生動質樸，感情真摯，洋溢著強烈的生活氣息，又有濃郁的幽默色彩，是一位迅速崛起的獨具風格又極有影響的演員。在表演話劇的同時，石揮又進入電影表演領域，一九四一年他出演柯靈編劇的《亂世風光》中的角色，後來他在文華影片公司工作，先後主演過十二部電影，導演了三部電影，其中最著名的是是他自導自演的《我這一輩子》，劇中他從一個青年扮飾到一個老翁，創造出一個性格鮮明、豐富色調的藝術人物，這在中國電影史上是罕見的。此前他還在《假鳳虛凰》中發揮了他的喜劇表演才能，使這部電影遐邇聞名，又在《太太萬歲》中創造了一位怪誕喜劇中的鬧劇式人物，在《夜店》中塑造了一位心狠手辣的反派人物，在《豔陽天》中扮演了一位主持正義的律師形象，等等。一九四八年，石揮自編自導拍攝了《母親》，此後他根據老舍同名小說而編導、主演的《我這一輩子》是他的成名作，影片塑造了一位正直善良的巡警的形象，通過這位小人物一生的經歷，全劇沉浸在一種濃郁和淒涼的悲劇氣氛中，石揮將劇中主人公的人生滄桑提煉到悲壯的詩意境界上，極具藝術感染力，因而上演後被稱為中國電影史上現實主義的傑作，受到觀眾如潮的好評，成為新中國成立之後最賣座的影片，一九五一年它還被送到國際電影節上去參加展覽，石揮本人也由此成為中國最優秀的導演和演員之一。

新中國成立後，石揮繼《我這一輩子》之後，又主演和導演了《腐蝕》、《關連長》、《姊姊妹妹站起來》、《雞毛信》、《天仙配》、《宋景詩》等影片。這時私營電影公司已經相繼合併為國營電影製片廠，石揮被分配在上海電影製片廠工作，那時他除了處在新的工作崗位需要磨合之外，同時還要面對他所陌生的新的工作方式，如新的體制已經不能容許導演自由選擇題材或劇本了，只能由上級領導下達和分配工作，這樣一來所拍攝的影片就與石揮從前的生活積累和創作經驗、意圖都有了距離，從而限制了他的藝術才能的發揮。不僅如此，他也已經初嚐了新社會中意識形態控制和批判的滋味，如《關連長》這部電影，是石揮在私營文華影業公司時將朱定創作的同名小說改編成電影搬上銀幕的，劇情描寫關連長在率領連隊作戰時發現對方的敵人用孩子作掩護來負隅頑抗，於是他果斷改變作戰方案，以迂迴和以重大傷亡的代價換取了孩子們的生命，同時消滅了敵人，在戰鬥中關連長也壯烈犧牲了。這樣一部電影，內容有似後來美國獲獎大片的電影《大兵瑞恩》，但當時在中國大陸的媒體上它卻受到了猛烈的批判，也就是批評它宣傳所謂「小資產階級人道主義思想」，以「無原則的同情心和憐憫心」代替所謂「革命人道主義」，「嚴重歪曲了解放軍的形象」等等。這是當年電影《武訓傳》被批判後又一電影界國統區電影工作者拍攝的被批判的影片，它也是建國後文化思想戰線開始盛行錯誤的大批判的先例之一，是以庸俗社會學對文藝創作橫加干涉、粗暴干涉的一例。

一九五六年，其時中國和東歐都有改革的呼聲，在電影界中一些人士於訪問東歐後提出改革電影體制的建議，上海電影製片廠也同意讓導演自由結合為創作集體，自己編導和拍攝影片，於是石揮與謝晉、白沉、沈寂等組合為一創作集體，先後編寫出《情長誼深》、《女籃五號》、《霧海夜航》幾部劇本，其中石揮撰寫了後者，內容是描寫一場海難事故中乘客們互相幫助戰勝困難的，然而還沒有拍攝完成，反右運動已經開始，此部影片中因為石揮描寫了一個自私自利的幹部，就被人誣衊為醜化黨的幹部形象，加上石揮平時喜好說笑，此時「他平時說的笑話（指管理製片的電影局的人為『警察局派來的員警』、『咱們拍鏡頭都要經過警察局批准』）也拿來作為罪證」（謝泳《一九四九－一九七六年間中國知識份子及其它階層的自殺問題》），於是成為上影廠的重點右派對象而受到批判。

在無情的、荒謬的批判鬥爭下，石揮在心靈上受到嚴重的傷害，在第二場批判大會後，他就失蹤了。從此沒有人再見到過他，至到很久以後，有人在吳淞口外的大海邊發現了一具男屍，但是因時間已久，屍體已無法辨識，後經公安部門多方查驗核對，判定這具男屍就是石揮。據說，石揮是從上海去寧波的輪船上，在輪船駛離吳淞口時，縱身一躍跳入大海的。但後來謝泳在文章中還說：「石揮的出走曾引起官方的注意，當時曾發過一則內參：《右派分子石揮不知去向》，其中說：『有人懷疑石揮是否會跳海自殺，但經查對上海碼頭售出的船票和寧波收回的船票數字相等，估計石揮已在寧波登岸，但目前尚未找到他。』」（同上）總之，就這樣「失蹤」了。再後來，大右派的儲安平據說也是重蹈了石揮的殉難辦法。

石揮屍骨無存，而周璇在上海萬國公墓的墓穴亦在「文革」中被清除了，如今，她的衣冠塚安葬在上海的福壽園裏。

8 曹聚仁霧裏看花的「北語」

「適之先生：我上回到北京去，朋友們拋給我的問題，其中在關於胡適思想的批判，以及胡適著作被焚被禁的實情。我所看到的實情，和所獲得的結論是這樣：批判胡適思想是一件事，胡適的著作並未被焚被禁，又是一件事。我在北京、上海的書店，找到你所著的各種書，各種版本都有。朋友們藏有你的著作，也不會引起別人的注意。海外那些神經過敏的傳說是不值一笑的。先生是實驗主義的，我從《獨立評論》上讀到你寫給張慰慈先生的信；這封信，我可以照樣抄一份給你，當作我今日寫給你的信。只要把『蘇俄』換上『北京』或『中共』二字就行了。今日之事，也正如先生所說的：『許多少年人的盲從固然不好，然而許多學者的武斷也是不好的』。先生正該組織一個北京考察團，邀一班政治經濟學者及教育家同去作一較長期的考察。我相信先生是實驗主義者的大師，不容你否認這種政治試驗的正當，更不容你以耳為目，附和傳統的見解與狹窄的成見的。今日在海外的文化人，就缺少一種到北京去看看中共的政治措施的勇氣；先生乃是新文化運動的倡導人，喊過『自古成功在嘗試』的口號，那應該和流俗有所不同，面對現實，決不可隨便信任感情與成見了吧！」

三聯書店出版的曹聚仁《北行小語》（二〇〇二年七月版），書中曹在「北行」一共「三語」的「第一語」，即《小語》的序中，抄入了上面一封信，連同它還有一封信中提到的胡適給張慰慈的舊信，那是當年胡適主編《獨立評論》，一反時流對蘇俄取「洪水猛獸」態度的疾視，胡稱：「我是一個實驗主義者，對於蘇俄之大規模的政治試驗，不能不表示佩服」，即「在世界政治史上，從不曾有過這樣大規模的烏托邦計畫，居然有實地試驗的機會。本之中國史上，只有王莽與王安石做過兩次的『社會主義的國家』的試驗。」記得十月革命後，胡適也曾路經蘇俄，對彼的「實驗」也唱過「讚歌」，其實這只是他進化論和實驗主義思想的表示，對蘇俄「有理想、有計劃、有方法的大政治試驗」，他只是同意它有試驗的權利，一如與「我們試作白話詩，或美國試驗委員會制與經理制的城市有同樣的正當」，他宣稱：「這是最低限度的實驗主義的態度」，卻並不表示他就認可蘇俄所「實驗」的主義，他只是不願「附和傳統的見解與狹窄的成見」、反對「許多少年人的盲從」和「許多學者的武斷」而已。一旦胡適明白蘇俄所「實驗」的種種，他的態度就很明確了，假如胡適活到「蘇聯」終於徹底從地球上消失的時候，他一定會慨然於這種「烏托邦實驗」的式微。至於曹先生後來又以胡適的舊信做文章，勸說胡適再行「實驗主義」，即於新中國成立若干年後「組織」一個由海外「政治經濟學者及教育家」等等的「北京考察團」，來做「長期的考察」，一如當年胡適倡導白話文和同情蘇俄「實驗」的「勇氣」和作為，卻已是想入非非的一廂情願了。那封信，胡適只批了一句：「收到妄人曹聚仁的信一封」，（一九五七年三月十六日日記）沒有答覆他。所謂「妄人」（妄，亂也，荒誕不經也），是很鄙夷的字眼了。曹聚仁之「妄」，是他這位早有「烏鴉文人」稱號、標榜自由主義文人（這應該是與胡適取同調的才是）的報人，不止對胡適其人根本不瞭解，也是霧中看花眼迷離——他居然要胡適率團在一九五七年這一共和國非同小可的年份來北京！設若胡適果真來了，歷史會發生什麼故事？這真是太撩人的假設了。

三聯書店以《一個新聞記者眼中的新中國》作為《北行小語》的副標題，其實這個「新聞記者」前面還應該加一個「海外」才是。正如此書封底編者所述：「新中國成立伊始，海外多持觀望、懷疑，甚或敵視、妖魔化態度，謠諑紛集」，此時曹先生多次北上，以他不「反共」也不「親共」而是「知共」的立場，也即「客觀、中立、公正的立場，深入報導大陸的社會巨變」，這就是收入此書中的文字了。應該說，曹先生的文字當時在海外有澄清是非、廓清迷霧的作用的，由此他也受託於大陸方面，比如「雙百」制定之時，向胡適等海外學人傳達資訊，甚至向彼岸高層傳達口信等，曹先生為民族大義是盡過力的。今天讀曹先生的舊作（自然彼時的新聞已成為「舊聞」），不免讓人反思，何以新中國如日中天之勢漸漸委頓了下來，曹先生這本書中的「北行三語」部分，就不能不成為此書中最吸引人的地方。這裏，或許是基於「資訊不對稱」、也或許是曹先生自己霧中看花，很多地方他不免看走了眼，這就如同後來巴金在《隨想錄》中說：要真正認清楚比如什麼是「文革」，就必需自己身歷才是，海外的曹先生畢竟是走馬觀花和隔岸觀花，即使是中國新聞界的斫輪老手、曾經滄海見過大世面的曹先生，有時候落筆，也就不能做到一字一句都如「形容美女的身裁，該凸出的地方凸出，該凹進地方凹進」了。如《我看中共的「八大」》，曹先生是「相信毛主席是超過了成吉思汗的，因為他承認一黨制不一定是最好的制度，也說，在階級鬥爭終了後，也可以容許兩黨的並存的」。真正的自由主義者是懷疑者和批判者，他們一般不輕信任何許諾，這一時期曹先生的一些文章，如《蘇聯氣氛知多少》、《沈從文教授在北京》、《民主人士的處境》等，就沒有查覺出已經有不諧的音符了。此後，曹先生寫反右、說史達林問題、談人民公社、看幹部「下放」和「拔白旗」等等，未免輕易定讞，或先入為主，如果將之與現在已經出版的許多紀實性書籍並讀，如《一九五七年的夏季》、《原上草》、《夾邊溝紀事》、《歷史不再徘徊》等等，就會覺得曹先生的「客觀、中立、公正」其實是有問題的。再如「陽謀」的反右，曹先生怎麼樣看？文集中收有他《談右派》的一組文字。總之是說右派們不免存有「狗抓地毯」的孿性孑遺，而「凡是下意識中對於社會主義的社會生活不相融洽，過不慣的，那就是右派的靈魂」，於是「這一回，毛主席的演講就像經過了心理學家使用了催眠術，把他們下意識中的境界顯露出來了」。不過，右派如章、羅諸氏，曹先生認為「他們並無『造反』的野心」：章、羅，「最多也不過想做一人之下萬人之上的『總理』或『副總理』，輔君行其道」；等而下之，如吳祖光，「也曾有取劇協領導地位而代之的野心」；「至於全國各大學學生，不知稼穡之艱難，不知天之高地之厚，信口胡言，亂說一陣的頗有其人。」好一場驚天地、泣鬼神的反右運動，在曹先生筆下真似乎如他所喜好的京戲一場而已了。再說反右之後，右派勞教，曹先生以為是「和風細雨」，「到後來，所有右派分子所受到的處分都是極輕的」。他報導說：「如海外所關心的吳祖光、丁玲、黃苗子這些朋友，他們都在參加北大荒的墾殖工作，生活得很愉快，進步得很快」，又說吳祖光赴東北是「欣然就道」，且「並非裝出來的」，因為曹先生「親身所見，那的確是使身心愉快的修養」；而北大荒，曹先生竟說「那兒即算不是天堂，也可以說接近天堂了」，真可惜他沒有讀過戴煌先生的回憶。曹先生沒有經過吳祖光等人的「滄海」，所以他在有人問「經過了勞動，有什麼好處」時，可以想當然地「笑道：至少可以把若干都市病如失眠、神經衰弱之類醫好，正如托爾斯泰在《戰爭與和平》中所說的，『他領略到饑時吃，渴時喝，睏時睡，他在這個時期所體驗到的精神上的恬靜』」。（《草木神仙》）設若有不知底細的小輩從曹先生的「舊聞」中領略右派的境遇，他們或許會有一種愜意的體會？一如自稱「我沒有去過幹校」的胡喬木，他讀了臧克家贈送的《憶向陽》詩集後，卻「仍能受到勞動激情的感染」一樣。（《胡喬木書信集》）又如「人民公社」早已是歷史的產物了，那麼，它為什麼退出了歷史？今天的人們大概絕難想到：一九五九年曹先生眼裏的「公社」，竟是「一到農村，魚、肉、雞蛋就充分供應了，一席午餐，六大盤菜，一大碗湯，都是他們自己生產的」。（《從深圳到哈爾濱》）曹先生還從「宋明理學家，一直提倡氏族共產制度，張公藝九世同居，傳為佳話」、民國蔣百里說「生活條件與戰鬥條件一致則強，相離則弱，相反則亡」和一本《馬克思、恩格斯、列寧、史達林論共產主義社會》的語錄書，以為「依今日發展的過程看，全國可能分為三萬個人民公社，平均每社二萬人」，而且他還相信「公社」是「走進共產主義社會的第一步」，且「中國可能比蘇聯還早一步進入共產社會」。他看老舍反映北京落後四合院內的人們如何走上了社會主義道路的戲《紅大院》，認為那「事實的發展比老舍的筆還快一程，那更是海外論客所不能瞭解的了」，（《談人民公社》）卻也正如彼時的大詩人郭沫若隨周揚下鄉采風，回來後痛感詩人已經不再獨擅於「浪漫」了。

從公共知識份子的意義出發，曹先生這樣的報人、記者、學人，他們曾經擁有過獨立性，有過許多不同於流俗的見解，但是在嚴峻的時代面前、在現實政治勢力分裂為兩造的情況下，中間的或說是「烏鴉」色彩的自由主義文人是兩面不討好的，因為他們被給定的是一個非常狹窄的空間，於是在努力追求知識份子對國家和民族應有的作用和貢獻時，他們會往往在「資訊不對稱」或「愛與真」的張力下，喪失清明的判斷，這樣一來，他們的有些文字就不能作為「史家之絕唱」來看視了。這是他們的宿命。

9 他們為什麼沒有被打成「右派」？

一、毛澤東的「右派朋友」

一九五七年六月，也即五十年前，毛澤東聽取了中共中央統戰部部長李維漢彙報「民盟」及民主人士座談會（五月八日至六月三日，共十三次，以及二十五次工商界人士的座談會，共有一百八十餘人發言）的情況，當他聽到羅隆基諷刺現在是「馬列主義的小知識份子領導小資產階級大知識份子」，不禁勃然大怒，他憤然說：「最近這個時期，在民主黨派中和高等學校中，右派表現得最堅決最倡狂。」此後，民主黨派、高等學校也就成了「反右」的重災區。至於「反右」運動的政策，毛澤東還提出：對於「右派」，「除個別例外，不必具體指名，給他們留一個迴旋餘地，以利在適當條件下妥協下來。所謂百分之一、百分之三、百分之五到百分之十的右派是一種估計，可能多些，可能少些。」這就又涉及到了如何估計「右派」的數量。

此前的「整風」，在一系列座談會上，對執政黨的中共提出意見的民主人士，或多或少，有張治中、邵力子、朱蘊山、黃炎培、許德珩、劉斐、王崑崙、鄧初民、張奚若、陳叔通、錢昌照、李德全、翁文灝等，依照「情理」，他們大概都難逃「右派」的「法網」。此外，馬寅初、梁漱溟、傅鷹、梁思成、馮友蘭、王芸生、蕭軍、陶孟和、竺可楨等等的學者、報人和作家，他們或者是早已「臭名昭著」的「死老虎」，或者是在這次幫助執政黨的「整風」中出了名的（即說過一些極其「反動」言論的人），或者在歷史上就是「右派」，或者徑直就憑那個名字就是「右派」的人。奇怪的是，他們居然在這場「反右」運動中平安無事、無恙無災！當然了，這裏的所謂「平安無事」是泛指的，後來毛澤東有過一個講話，他說：「我的右派朋友很多，周谷城，張治中，一個人不接近幾個右派，那怎麼樣呢？那有那麼乾淨的！接近他們就是調查研究麼！」怎麼樣？周谷城、張治中，以及上述人物，他們政治上準確的身份是「左派」還是「右派」，不是心裏有數麼？不過，此之「右派」與彼之「右派」，畢竟是大不相同的，於是，筆者這裏想要說明的，就是這些「右派朋友」為什麼沒有被打成「右派」？

「反右」運動開始後，毛澤東曾向李維漢詢問：「民主黨派對反右派有什麼反應嗎？」李維漢小心翼翼地回答說：「（他們）許多人對反右派表示不可理解。黃炎培、陳叔通、邵力子、史良都找我談過，認為不能因為響應黨的號召，對黨提了意見就作為右派。邵力子還說：得人心很難，失人心很容易。」但是，黃炎培他們一番「不要樹敵過多，要把可能拉過來的人拉過來，而不要把這樣的人推到反黨這一派那裏去」的意見，在當時的氣氛下，李維漢回憶說：已「不可能對這些正確的意見引起重視和研究」了。

「反右」運動爆發前，統戰部長李維漢聽說民主人士黃炎培、胡子嬰等已從外地考察回來，他怕他們在「鳴放」時出現問題，於是趕緊讓孫起孟給他們打一個招呼，叫他們不要亂講話。李維漢後來的回憶是：「工商界座談會開始於五月中旬。這時，中央要反右的方針在我腦子裏已經清楚了。當時胡子嬰從西北視察回來，在會上講了上海一批工人搬遷西北，辦得不好。黃炎培從外地考察回來，也講了一篇類似的話。我看如果讓他這樣講下去，將來要劃為右派不好辦，就宣佈休息，請孫起孟去做黃炎培的工作，保護了他。」對此，當時黃炎培對此還不太高興，說：「別人能講，我為什麼不能講」等等。不過，既然中央統戰部不讓講，那也許有道理吧，於是也就不講了。黃炎培有幸已經打過「招呼」，其子黃萬里卻被劃為「右派分子」，毛澤東曾認為是黃炎培疏於教育子女的過錯，於是曾厲聲對他說：「你們家也分左中右啊！」但所幸有李維漢等的及時打「招呼」，黃炎培才得以「倖免於難」。

李維漢「打招呼」，當時不能講得太明白，如果不明就裏，還是「一根筋」地隨便講話，那也難保不成為「右派」，不過，黃炎培早在民國時代就以「世故」自稱，所謂練達人情、洞明世事，這才有驚無險。但是在毛澤東心目中，黃炎培確已是「右派」了。此後一九五九年八月十六日在廬山召開的中共八屆八中全會閉幕會上，毛澤東在講話時信手拈來點了幾個人的名字，他說：「我喜歡交幾個右派朋友，這是黃克誠說的，周圍要有幾個右派朋友，左、中、右都要，有道理。同章士釗、黃炎培我都談得來，有個比較；連右派都不知道，那怎麼行。在中國社會做工作，沒有幾個右派朋友，我看你首先就不正確。」這個時候，大概是毛澤東也好，黃炎培也好，他們都已忘了當年他們在陝北窯洞中談過的話，如黃炎培發問的

「余生六十餘年，耳聞的不說，所親眼見到的，真所謂『其興也浡焉，其亡也忽焉』。一人，一家，一團體，一地方，乃至一國，不少單位都沒有能跳出這週期率的支配力」，以及毛澤東回答的「我們已經找到了新路，我們能跳出這個週期率。這條新路，就是民主。只有讓人民起來監督政府，政府才不敢鬆懈；只有人人起來負責，才不會人亡政息。」

「反右」運動中，歷史問題也是一道坎，如一九四一年四月「救國會」領導人致史達林抗議信的事件（即當時蘇聯繼與納粹德國簽訂了「友好互不侵犯條約」之後，又與日本簽訂了「日蘇中立條約」，規定相互保證和尊重「滿洲國」和蒙古的「領土完整和不可侵犯」等。這一消息傳出後，當時中外輿論一片譁然）。當年簽字的九人之中，除了李公樸、沈鈞儒已死，其他七人，即張申府、劉清揚、王造時、沙千里、章乃器、胡子嬰、史良，張申府、王造時、章乃器三人成了「右派分子」，而劉清揚、胡子嬰兩人早已分別與張申府、章乃器宣告仳離，沙千里則是民主人士中的「特殊黨員」，史良則與李德全是中央政府中極少的婦女部長，自然，此時她已是「左派」了。

「右派朋友」的張治中，「整風」時也曾怪話連篇，但他的話被彙報上去之後，據說毛澤東因某種個人原因而「隱忍不發」，如此放了他一馬。理應是「右派」或「準右派」的人而受到過毛澤東的「庇護」，還有上海資本家代表人物的榮毅仁（毛澤東曾說：對一部份人批評從嚴，處理從寬，如榮毅仁等）、民主黨派「九三學社」社長的許德珩、《新民晚報》總編輯的趙超構以及「老朋友」的章士釗等。

二、馬寅初和邵力子

一九五七年初，就人口問題提出意見的，除了經濟學家馬寅初，還有就是邵力子，他曾在全國政協會議上就計劃生育問題做長篇發言（後來還就「以黨代政」問題發言），當時他的主張還得到了衛生部長李德全、醫學專家鍾惠瀾、楊崇瑞等的支持。有意思的是，無論是馬寅初還是邵力子，他們後來都沒有被打成「右派」（宋雲彬先生和楊崇瑞、劉王立明女士則沒有這樣幸運了），這對邵力子而言，可能一是他在歷史上以「和平老人」和民主人士著稱，一是當時他曾對章伯鈞等在文字改革等問題上的觀點進行過反駁。也就是說，「反右」開始後，他轉得快，相較之下，原來同是南京和談代表團成員的劉斐就慢了一拍。一九五七年七月九日，毛澤東召見邵力子、陳叔通、黃炎培、章士釗、李濟深、張治中等黨外人士，聽取他們對即將發動的「大躍進」的意見，當時邵力子仍向毛澤東進言，希望毛澤東支持「節育」，毛澤東則說：「人口問題目前還不嚴重，可以達到八億時再講人口過多嘛。」邵力子說就說了，沒有什麼大礙。

馬寅初呢？當時劉少奇、陳伯達等都在公開場合或者指名道姓、或者不點名地批判了馬寅初，「反右」運動掀起之後，他理所當然地被提及，有人說他是「借人口問題搞政治陰謀」，也有人說他的《新人口論》是「配合右派向黨進攻」。然而，他卻是有驚無險，這可能與他有過歷史上坐過牢的「資格」、首先倡議知識份子思想改造，以及在「反右」開始後反對取消高校黨委制的言論等有關。至於後來康生佈置批判馬寅初，說他是「馬爾薩斯的馬家」、「要像批判美帝國主義分子艾奇遜那樣來批判馬寅初」，並在北京大學和全國掀起圍剿馬寅初的高潮，那畢竟是後來的事了。一九五八年五月三日，周恩來曾約請正遭到批判的馬寅初談話。此後，康生主張將馬寅初補劃為右派，中共中央統戰部為此向周恩來請示，周恩來說：「馬寅初是中國第一個經濟學家，是北京大學教授，國內外都有相當大的影響。他是愛國的，坐過國民黨的牢，出來後同我們合作；日本投降後，反饑餓、反內戰的示威遊行，他跟學生一起上街，走在隊伍前面。這一段歷史，是不能篡改的。對馬寅初不能定成右派。」

三、張奚若

民主黨派的領袖之中，「落馬」先後，有陳銘樞、黃紹竑等。「反右」之後，一九五九年七月十日，毛澤東在廬山會議的小組組長會上講話。他說：「張奚若講的四句話：好大喜功，急功近利，否定過去，迷信將來。陳銘樞講的四句話：好大喜功，偏聽偏信，輕視古典，喜怒無常。我是好大喜功的，好大喜功有什麼不好呢？去年一千九百個項目，搞得多了一些，現在改為七百八十八個，不是很好嗎。我還是要好大喜功，比較接近實際的好大喜功，還是要的。偏聽偏信，就是要偏。資產階級、小資產階級、無產階級、左中右，總有所偏，只能偏聽偏信無產階級的。同右派作鬥爭，總得偏在邊。中國人民、中國共產黨沒有一點志氣，還是不行的、還是要偏聽偏信，要偏聽偏信無產階級的，而不能偏聽偏信資產階級。再過十年到十五年趕上英國，那時陳銘樞、張奚若這的人就沒有話講了。這些人希望他們長壽，不然，死了後，還會到閻王那裏去告我們的狀。」顯然，陳銘樞和張奚若的話，使得毛澤東深為反感，甚至引發了他的震怒。也正是這些話，還有羅隆基那句著名的「馬列主義的小知識份子領導小資產階級的大知識份子」等的語言，激發了毛澤東反擊右派的決心。後來，他在一九五八年的最高國務會議、成都會議、武漢會議，以及翌年召開的廬山會議，曾多次提及此事，並反覆引用兩人的語言，不無激憤地說：「任何一個階級都是好大喜功的，『好大喜功，急功近利』是正確的」、「華而不實不好，好大喜功需要」、「『喜怒無常』，是的，我們只能喜好人，當你當了右派時，我們就是喜不起來了，就要怒了」、「『輕視古董，有些古董如小腳、太監、臭蟲等，不要輕視嗎」、「不可不偏，我們不能偏聽右派的話，要偏聽社會主義之言。君子群而不黨，沒有此事，孔夫子殺少正卯就是有黨。」特別是在最高國務會議上，毛澤東更動容地說：「陳銘樞先生說得完全正確，我就是好大喜功，急功近利。我好社會主義之大，喜社會主義之功；急無產階級之功，近勞動人民之利。難道你要我好小喜過，急錯近弊，偏聽偏信，喜怒無常。說的也對，我就是要聽無產階級左派的話，信任無產階級左派，就是不聽資產階級右派的。喜怒無常，正是這樣，你陳銘樞昨天聽黨的話，跟共產黨合作打日本，反老蔣，是左派，我就喜歡你。今天你反黨，反社會主義，成了右派，我就不喜歡你。天底下的事都是無常的，沒有『有常』的，沒有永恆的東西。你陳銘樞成了右派，還要我永遠地喜歡你嗎？我要那樣做，全國人民會不高興。不愛古董，完全正確。如果我愛古董，我們今天這個會，只好到周口店去開，在座諸君，也不能坐小汽車了，只好一絲不掛，拖著長長的尾巴，成群結伴而來。」

說毛澤東「好大喜功」，有陳銘樞，有張奚若，然而兩人後來的處境卻截然相反。陳銘樞因「公然誣衊毛主席」，受到多次揭發和批判，張治中、李濟深、吳茂蓀、蔡廷鍇、蔣光鼐、陳其瑗、甘祠森、朱蘊山、趙祖康、梅龔彬、朱學範等揭發和批判他的「反動言行」，如說毛澤東「好大喜功，喜怒無常，偏聽偏信，鄙夷舊的」（另一「版本」是：「好大喜功，急功近利，偏聽偏信，喜怒無常，不愛古董」）以及「個人修養上的熱而不淡，疾而不舒，燥而難寧，察而難周之失，也難免於影響到察人聽言，決策定計的睿斷，以及在政策措施上的畸輕畸重、失緩失急」，等等。其實，以上這些揭發和批判者之中，也不乏近乎於「右派」的人物，如「民革」中央常委和組織部長的朱蘊山，此前他在中共中央統戰部邀集的座談會上就曾提出「肅反擴大化」問題，並且建議「迅即組織一個臨時檢查機構，會同有關機關方面分往各地認真檢查。」

張奚若（曾任教育部長，後任中國人民外交學會會長）批評中共執政以來有「四大偏差」，即「好大喜功」（追求形體之大，組織之大；將社會主義等同於集體主義，將集體主義等同於大，將大等同於不要小的）、「急功近利」（強調速成，把長遠的事情用速成的辦法去做，結果可想而知）、「鄙視既往」（視歷史為封建予以打倒，一切搬用洋教條）、「迷信將來」（認為將來一切都是好的，所以要求盡速發展）。他還在「鳴放」時說不少黨員知識水平低、沒有執政能力，只好搬教條：以及有的黨員有「天下是咱家打的」觀點，「老子天下第一」，於是「一朝權在手，便把令來行。」……如果這是別人講的，一定是「吃不了兜著走」，可是為什麼張奚若說了卻平安無事？那是因為他是辛亥革命元老，又是被視為一位「特殊」人物的，如抗戰時他是國民參政會的參政員，每逢開會時便仗義執言，批評國民黨蔣介石的獨裁；在新中國成立前的「新政協」會議上，也是他建議取了「中華人民共和國」的國號。其實，張奚若在歷史上卻是極不平常的，如王元化於一九九〇年代進行思想反思，所謂「五四」精神的個性解放、人道、獨立、自由等，是中華民族極可寶貴的思想遺產，當然也是我們應當堅守的文化信念，而另一對的科學與民主，則未能成為「五四」思潮的主流，甚至還有遺存下來「禍水」——「庸俗進化論」、「激進主義」、「功利主義」、「意圖倫理」。言至此處，就不由想起張奚若的文字，如個體自由與國家權威的關係（「反右」時期的「右派」，無一不是在這一問題上犯了「錯誤」的），那是他於一九三五年在「民主與獨裁」討論背景下發表在《獨立評論》的一段文字：「假使國家真是不能作非，政府是的確萬能，那麼，絕對的服從，無條件的擁護，至少還有實際的利益。不過，不幸經驗告訴我們，世上沒有這樣的國家和政府。最簡單的理由就是因為政府是由人組織的，不是由神組織的。政府中人與我們普通人一樣，他們的理智也是半偏不全的，他們的經驗也是有限的，他們的操守也是容易受誘惑的。以實際上如此平常如此不可靠的人而假之以理論上無所不包無所不能的權力，結果焉能不危險。」因此，他強調「個人主義的政治哲學的神髓，——全在承認政治上一切是非的最終判斷者是個人而非國家或政府，全在承認個人有批評政府之權，說得更具體點，全在承認思想自由和言論自由。」（《國民人格之培養》）也就是說：作為一個自由知識份子，張奚若十分注意個體的理性和自由，如果不講這個，一味服從於所謂「公意」或國家，最後只能自食苦果。不過，他也注意到：「中國數千年來的社會中是只有團體沒有個人的，一個人只是家族的一分子而不是一個個人；只是構成社會的一個無關重要的單位而不是一個有獨立存在的個人。──拿現代眼光看，這樣一個人自然是一個不發展的人。不發展的人所造成的社會自然也是不發展的社會。」（《再論國民人格》）說這話的人，就是中國著名政治學家（美國哥倫比亞大學政治學碩士）、清華大學教授的張奚若，他曾著有《社約論考》、《主權論》、《法國人權宣言的來源問題》、《盧梭與人權》、《自然法則之演進》等，當年都曾產生過很大的影響。就像他當年所寫的上述文章，他認為國家有難，首當為國立本，所謂「本」，也竟是培養一種新型的人格──以個體為單位，又以個人的自由和解放作為國家和現代文明的基礎，其中，又以思想解放最為重要。同時，他又認為個人不僅需要在思想和言論上有充分的自由，而且還應該有向政府提出建議與批評的義務和權力，「只有這樣，個人服從國家才是自覺而不是被迫的；只有這樣，一個人才能感受到自己做人的尊嚴和價值，他才能以忠誠勇敢的人格去對待他的國家；也只有這樣，一個國家才能充滿活力，它的國民才不至於僅僅是一種工具。」有這一思想的潛因，此時他的放（浪）言批評就不是不可理解的了，甚至在「反右」前的一九五六年，張奚若還針對「個人崇拜」的潮流，一針見血地批評道：「喊萬歲，這是人類文明的墮落！」能講這些話的人，自然不簡單。

李維漢曾回憶說：後來的一次會議上，毛澤東曾不點名地批評了張奚若。他說：「這話（即所謂「好大喜功」等）講得也對，中華民國成立三十幾年，蔣委員長搞了二十幾年，只給我們留下四萬噸鋼，我們不輕視過去，迷信將來，還有什麼希望！」這時，與會的張奚若便從座位上站起來，他拄著手杖說：「主席，說這話的是我，我向您自首。」毛澤東隨即說：「我知道，你和陳銘樞不同，你是好人說了錯話，我不劃你右派。」又據何兆武先生的《上學記》：當年劉少奇批判張奚若，說：「我們的朋友說我們好大喜功，好大喜功有什麼不好？好八億人民之大，喜八億人民之功，這有什麼不好？」「但因為總要保護些有名的人，所以後來還是保護了他，雖然有些話說得過了頭，也沒有太受衝擊。」

四、馮友蘭等

在「反右」運動中，顯然是出於「統戰」的需要，對一些人進行了特意的「保護」。如毛澤東在一次講話中提出：「對一部份人批評從嚴，處理從寬，如榮毅仁等。」榮毅仁是「紅色資本家」的代表，他在被「點名」之後，隨即表示：「感謝黨在我危險關頭向我大喝一聲，使我能猛醒回頭」，「如果不是這一次黨大喝一聲，我就有可能成為右派分子的俘虜。」此外，還有民主黨派「九三學社」社長許德珩，此前圍繞「取消大學黨委制」，他也有一份。不過，對他的批判（「重大錯誤」、「右傾」等等）總算是「雷聲大雨點小」，此後他安然過關。另外，還有「死老虎」的「北洋餘孽」章士釗，當時他也有「右派」之虞，據說為此他曾給毛澤東寫信，後來毛澤東指示說：章士釗的批評雖然言詞過激，但用意還是好的。於是，也竟無事。最不可思議的是，早被毛澤東教訓「總以採取老實態度為宜」的馮友蘭先生，在一九五七年剛開始就提出一個中國哲學遺產繼承問題的「抽象繼承法」。無疑，揆以常情，謂其為「右派」言論，這就夠了！然而，或者是冥冥之上，天助之也，他竟然躲過了此劫。

原來，早在一九五六年即將「鳴放」的時候，已經參加了「民盟」的馮友蘭應費孝通之請，約請了周輔成、賀麟等談話，以瞭解舊知識份子的思想情況，當時賀麟頗有怨氣吐露，那麼，一邊聆聽的馮友蘭難保不「心有戚戚焉」。到了一九五七年一月，在北京大學召開了一個中國哲學史問題的座談會，馮友蘭提出區分哲學命題的具體意義和抽象意義，結果立即遭到眾人的駁斥，這有艾思奇、胡繩、洪謙、汪子嵩、孫定國、黃子通、楊正典等。然而，馮友蘭的觀點卻得到了與會的朱啟賢先生的支援，此外，賀麟也提出了近似於馮友蘭觀點的一點意見。三月，馮友蘭受邀列席中共全國宣傳工作會議，當時毛澤東還請馮友蘭發言，並說：「好好鳴放吧，百家爭鳴，你就是一家嘛，你寫的東西我都看。」四月十一日，馮友蘭還受邀赴中南海，毛澤東夫婦請客，佳賓就是他與金岳霖、賀麟、鄭昕、周谷城、王名方等幾位大教授，後來在「反右」時，他們都受到了某種「保護」。

一九五七年「反右」運動的關口，馮友蘭正在出訪東歐途中。等到他回國，已是洶洶之勢矣。後來他聽人講，當年他提出所謂的「抽象繼承法」，中共內部的人認為他和賀麟是向馬克思主義倡狂進攻，只是毛澤東聽了，叫他們不要這樣說。於是，馮友蘭先生安然，作為典型的賀麟先生也倖免成為「漏網右派」，而北師大的教育家朱啟賢卻沒有這樣幸運，他成了「右派」。此外，就是名氣不大的人，如中南海內的戚本禹（信訪處）等若干個青年知識份子，由於也給領導提了意見，結果要被劃為「右派」，毛澤東得知後表示：「這幾個青年人不是右派，劃他們右派的人才是右派呢。不要搞中南海的『二王八司馬事件』。」（見黎之：《文壇風雲錄》）

五、梁漱溟和沈從文

「反右」之前，公開和毛澤東叫板，有聲有色，那是仗著和毛澤東曾有「老關係」的梁漱溟。此後，梁漱溟鎩羽，幾乎是噤口不言，但是人們並沒有忘記他。如「反右」正酣時，一九五七年六月至七月在北京召開了全國人大第一屆第四次會議，中宣部部長陸定一在會議上發言，他說：與資產階級右派的鬥爭由來已久，如一九五三年就有人發表過「工人與農民的生活是九天九地之差」的謬論。由此，聯繫梁漱溟和中共在歷史上的恩怨（特別是在一九四六年內戰將爆發時充當「調人」角色之時），如夏衍曾在一篇懷念周恩來的文章中，是這樣不點名地描寫他的：「一九四六年在南京，當國共談判瀕於破裂，全面內戰即將爆發的關鍵時刻，一個民主黨派的負責人背著中共代表團，背著民主黨派中的左派，向馬歇爾提出了一個極端不利於我黨我軍的所謂『調處』方案。當周總理看了這個『民主人士』交來的文件之後，平時總是春風滿面的總理，在他濃眉下的那雙銳眼發出了忿怒的光芒指著那個背信棄義的『朋友』大聲地說：『過去人家說你是偽君子，今天我說你是真小人！』」於是，我們大可以設想：這一次，還能放過他梁漱溟麼？於是，在「鳴放」最熱鬧的時候，如梁漱溟、俞平伯等都曾接到過有關方面邀請他們參加座談會的通知。

不過，梁漱溟早在一九五三年已和毛澤東在政協會議上吵過一架，俞平伯則因《紅樓夢》研究被批判過，或許有人以為他們會借此吐吐怨氣，誰知他們兩人都不肯參加會議，於是，任你說破嘴皮，兩人就是不去，動員者無奈，也只好作罷。

還有一位，即也是「死老虎」的沈從文。一九五七年四月，《文匯報》記者上門採訪沈從文，當時還表示要代他「鳴不平」。什麼「不平」？就是開國之初他被郭沫若罵了一頓之後逐漸從文壇上消失的「不平」。然而沈從文卻表示：「改行是自己決定的，有什麼不平？」是他真的心「平」了麼？那倒未必。比如說吧，對當時走「紅」的一本文學史教材，即王瑤的《中國新文學史稿》，沈從文對其中對自己的評論就滿不高興，以為是「一種混和謊言和誹謗的批評」；他還遺憾年輕的學子無從看到自己的作品。不久，北大新聞系的學生也上門來採訪，沈從文卻更加不悅了——他在介紹信上看到自己竟然與舊派的小說家陳慎言、京劇演員「小翠花」（于連泉）並列在一起，他的自尊心受到了打擊，於是他拒絕了採訪。兩次拒絕採訪，少了多少「故事」！此後，「反右」陣陣炸雷聲中，沈從文也正好赴青島休養，他從旁觀得真切，所謂「丁玲、陳企霞反黨集團」、「章伯鈞、羅隆基聯盟」等等。沈從文一邊關切家人和熟人的情況（他的長子沈龍朱正讀「大四」，結果因「右派」被開除學籍，此後轉作鉗工），一邊似乎大智若愚地發現：丁玲、陳企霞……，「個人主義一抬頭，總必然會出現或大或小的錯。從上次文代會中發言態度，我就感覺到不大對頭，好像還缺少對於黨的整體觀念體會」云云。自然，沈從文這回「平安無事」。這年十月，人民文學出版社還出版了《沈從文小說選集》，開印竟是兩千四百冊；不久，中國古典藝術出版社也出版了有他參加撰稿的《中國絲綢圖案》，接下來他又表示：自己弄出成績（古代服飾整理和研究）之後，「再來請求入黨」了。「桃色作家」的沈從文，繼續在做他的研究了。另一個例子，是史學大師陳寅恪。汪榮祖在《史家陳寅恪傳》中說：「百花齊『萎』後，北京領導人說此乃『陽謀』，以『引蛇出洞』。此種說法實為表明一切按原定計劃行事，但真相是否如此，學者們多有疑問。且不論毛澤東的真正動機何在？寅恪不曾，也不會中『陽謀』，他的身體和興趣都不允許他參加政治運動，因而亦未被『打成右派。』」

六、「擦肩而過」的僥倖者

翁文灝，此前同衛立煌一起，已被毛澤東視為是「有愛國心的國民黨軍政人員」，遂與龍雲、梁漱溟、彭一湖等區別開來，後者只是「養起來，讓他們罵」。翁文灝此前在「民革」召開的座談會上曾大談「整風十分必要」，及後，聰明的翁文灝忽然發現：「風氣已大變，鳴放之風已根本停止」，於是，他不再輕易發表意見（見《翁文灝日記》），由此躲過一劫。甚至，還有許多人根本就是「徐庶進了曹營——一言不發」麼，當然，他們也就因為「沉默是金」而無恙了。如顧隨先生一九五八年的一封信中說：「去歲反右，尚是事外人」云云。

關於一向有「王者師」氣象的哲學家馮友蘭為什麼沒有成為「右派」，也有另外一種說法，即當時北大哲學系已內定把他劃為「右派」，關鍵麼則是尋找一個由頭，於是北大黨委找他徵求意見，馮友蘭卻木訥不言，結果遂與「右派」「擦肩而過」。可是，他的連襟張岱年先生卻沒有這樣的幸運了。又據程紹國的《林斤瀾說》（其中有一節《天可憐見——林斤瀾與「右派」擦肩而過》），作家林斤瀾也早已在「名冊」之中，當時和他同輩且稔熟的作家中已「有數不清的右派」，如汪曾祺、鄧友梅、劉紹棠、叢維熙、邵燕祥、唐達成、王蒙、葉至誠、高曉聲、陸文夫等等，然而林斤瀾居然「唯獨『漏網』」，何以之故？原來，當時北京「文聯」祕書長田家一定要把林斤瀾打成「右派」，原因竟是林斤瀾接近沈從文卻不回應和尊從田家的文學主張，於是就成立了「林斤瀾專案組」，可惜一番折騰，仍讓林斤瀾逃脫了，因為「專案」的結論竟是此人「沒有材料」。不同於這一說法，鄧友梅認為：「一九五七年那場風暴，林斤瀾逃脫了。我認為這要歸功於他的女兒。坦白的說，當時某位有權勢者想把他打成右派的熱情很高，——他僥倖逃過此難，得感謝他的女兒和醫院。正是召開『鳴放大會』那天他女兒出生了。過了幾天開第二次會，醫院偏巧又給小孩開錯了藥，差點造成事故。而參加這兩次會的人，大部分被打成了右派，其『反動言論』，都是這兩次會上的發言。」汪曾祺則以為是林斤瀾的「性格」解救了他，即「斤瀾的哈哈笑是很有名的，這是他的保護色。……斤瀾這種使人摸不著頭腦抓不住尾巴的笑聲，使他擺脫了尷尬，而且得到一層安全的甲殼。在反右派運動中，他就這樣應付過來的。」

人們說：性格決定命運。這大致是不錯的。當年北京市委宣傳部長楊述（韋君宜的丈夫）囑咐北京當紅的四位青年作家林斤瀾、鄧友梅、劉紹棠、叢維熙「帶頭鳴放」，結果鄧友梅、劉紹棠、叢維熙與另外一個王蒙都成了「右派」，林斤瀾卻「忌走極端，亦忌稀泥」，完身而退。其實，這倒並非是他有什麼「政治智慧」之類的東西，所謂「可遇而不可求」，簡直說，就是——「運氣」。這又如《文匯報》老總徐鑄成在回憶中所說：「反右」以後，《文匯報》已是滿坑滿谷的「老右」，「其中『北辦』原有記者十餘人，除了三人倖免牽及外，幾乎一網打盡」，而原任副總編的郭根在當初「號召大鳴大放，曾一再動員他提意見，並邀他參加市委宣傳工作會議，他始終沒有說一句話，真像沒嘴的葫蘆一樣，拿他沒有辦法，只能任他逃出了羅網。」這就是「性格」使然，靠了木訥，成了「漏網右派」。

七、王芸生

說到「反右」運動時各大媒體的報紙，當時受到沉重打擊的有《文匯報》、《光明日報》、《新民晚報》等，然而過去以「右」著稱的《大公報》卻表現得十分沉穩，其主持者王芸生在「鳴放」中的表現也並不是特別積極，人們說他過去對國民黨政府是「小罵大幫忙」，此時呢，根本就沒有了「小罵」（也就是報人擔當的「扒糞」功能），於是，自然落得個平安無事。至於黨報的《人民日報》，也由於社長鄧拓把得緊（正是「死人辦報」），沒有在報上胡亂「鳴放」（從五月八日起，奉命也刊登了許多「鳴放」的意見），相比較而言，損失就小得多。不過，《大公報》社長王芸生因為畢竟參加了「鳴放」時期的「新聞工作座談會」，他和老報人陳銘德、張友鸞（《新民晚報》等）以及《大公報》的蕭離都有發言，當時王芸生說：「東風吹了，春水皺了，以新聞界應有的敏感性，是應該鳴放起來了。」於是他首先提出幾個問題：如宣傳的片面性（所謂「報喜不所憂」等等，他問道：「西施的臉上難道真的連一點點黑點也沒有？」他甚至質問在場的《人民日報》負責人安崗：「你是報導鞍鋼的專家。鞍鋼出的重軌就有廢品，運出去幾千里再退貨，造成很大損失，為什麼看不見報紙批評呢？」）、報社勞動生產率太低（他還挖苦說：「記者不記、見怪不怪、編者不編、司空見慣。」）顯然，他的話也算得上是很重的。於是，「反右」開始後他也受到了嚴厲的批判，並且眼看就要被劃成「右派」，有一天，中共中央宣傳部部長陸定一打電話給《大公報》中共黨組負責人，說：「不要給王芸生劃右派了」。社內的一些激進群眾聽到此事，還去中宣部「抗議」，指責說：為什麼不讓給王芸生劃右派？對此，王芸生自己也感到頗為納悶，直到一九六〇年，他才從楊東蓴那裏得知，原來是毛澤東發話說：「《大公報》的王芸生就免了吧。」事後，王芸生的兒子王芝琛以為：其父之所以能夠「倖免於難」，依據王芸生自己事後的揣測，是毛澤東所以保他乃是因為重慶談判時他與章士釗曾建議毛澤東實行「三十六計，走為上策」；以及一九四四年六月「中外記者參觀團」訪問延安時，毛澤東於席間曾對《大公報》記者說：「只有你們《大公報》拿我們共產黨當人。」王芸生的女兒王芝芙則提供了另一種說法，即在「大鳴放」時，王芸生因在文化部學習哲學，因此免以在民主人士座談會上發表「右派言論」。然而，此後在新聞界的批判會上，王芸生卻並未得以免受炮轟。就在王芸生即將被劃為「右派分子」的時候，《大公報》舊人的曹谷冰奉命來「宣旨」（「反覆向其交代」）：「只要在那些問題上做些檢查即可過關。」（至於哪些「問題」，文中並未交代）王芸生感到突然，欲詢問之，曹谷冰以不知內情而不語。後來王芸生在大會上做檢查，如此這般，終被人攙扶護送而出，「事情就算完結了」。但是此後王芸生卻惴惴不安：自己是《大公報》的靈魂，「如何被輕易放過了？」後來，中共與王芸生之間的聯繫人楊東蓴告訴他真相，即王芸生的過關乃是領袖的示意。然而，王芸生聞之卻甚為不安，並且感到「內疚」。為什麼？他為自己在檢查中「不得不涉及到老朋友」而內疚，「從此悶悶不樂」，由此患上了糖尿病，此後更不過問報社（即新《大公報》）的業務，只是與曹谷冰二人研究和總結老《大公報》的歷史，編寫英斂之時代和「新記」時代的《大公報》歷史而已。至於這部書稿，王芝琛認為：這是其父「一生中最大的違心之作」。不過，或許就是這些「違心」的文章或者講話（《文匯報》受到批判後，王芸生曾在新聞工作座談會上表示：「在真理和大學問面前，應該作總的否定。剩下的一些東西，只是些零零碎碎的技術。」一句話就全部否定了過去的辦報經驗），他才倖免於「難」的吧。當年《大公報》記者劉克林之子劉自立（與王芝琛合編有《一九四九年以前的〈大公報〉》，並撰有《一代報人王芸生》）後來還說：王芸生的無恙，仍是當年毛澤東說過一句關鍵的話，即：「徐鑄成的《文匯報》，儲安平的《光明日報》，兩家『民辦』報紙已成『右派』，《大公報》就放他一碼吧。」這或許已不可考矣。

八、受到「庇護」的人

「反右」運動，其勢洶湧，所謂大勢所趨，似洪水滔天，席捲而去。應該說，既然是「大勢」，結局就是可知的了；不過，凡事有經有權，一切事物，一旦具體化之後，就會呈現出不同的結果，比如「反右」，由於不同的人來處理，就會導致不同的結果。至於已經成為「死老虎」的右派之後，其具體情況也容有不同，如被人譽為一向「尊重人才」、尤其對知識份子刮目相看的「王鬍子」（其曾言：「沒有知識份子的參加，革命的勝利是不可能的」云云。）——王震將軍，在擔任農墾部長時，把中央各部委嫌棄而不要的「老右」們一股腦收羅來，僅僅一個北大荒，就接納了一千五百餘人，其中大名鼎鼎的文化名人，有丁玲、艾青、聶紺弩、丁聰、吳祖光、尹瘦石、黃苗子一批人，這要擱到後來，可能就要被叫做「招降納叛」了。當然，這裏主要說的是「右派或者不是右派，這是一個問題」的時候。

老革命、老作家黃秋耘在他晚年那部奇特的《人到黃昏》的小說兼回憶錄中，他依據自己的經歷，頗有感慨地說：當年的政治運動，往往是欲罷不能，也往往有歷史上的經驗之談，如西漢有廷尉曾說：「治獄之吏，皆欲人死，非憎人也，自安之道，在人之死。」黃秋耘則以為：「歷次政治運動中主持運動的領導人的心理狀態大都類似於此，即寧左毋右，深文周納，以苛刻為明，因為『深者獲公名，平者多後患』」，至於對被審查的對象，則更是「正言者謂之誹謗，遏過者謂之妖言」。當然，這也有不同的例子。如當年專家學者（當然也就是「右派」成群了）濟濟一堂的文化部文物局，在「反右」中居然沒有一個「右派」，這就是局長王冶秋保護的結果了。當年文化部下達給文物局的「右派指標」有三個，而此前因「鳴放」有了問題的是謝辰生、陳明達、顧鐵符三人，但王冶秋卻為之多方開脫，以致負責文化部「反右」領導工作的副部長陳克寒對王冶秋甚為不滿，但也只好把王冶秋訓斥了一番了事。又如後來北京中國人民大學的李新先生寫回憶《反「右派」親歷記》，開篇就說：當年「若沒有吳老（即校長吳玉章）的幫助和保護，我必定被打成了『右派』，那麼後半生的我將不是現在這個樣子」了，然而「他雖然救了我，卻救不了許多他愛惜的人才。甚至連他的一個外孫女婿，因為不在身邊（在河北工作），被打成了『右派』，他也救不了。」此外，出於某些因緣，有沒有人「罩」著，結果是很不一樣的，如「反右」時章伯鈞遭到批判，農工民主黨的張申府先生在會上說：「伯鈞過去一直是左派，現在怎麼成了右派？」這樣一句話，使得張申府也被劃為右派，好在此前周恩來入黨的介紹人是張申府，有人以為「由於周恩來的關照，申府先生的『右派』帽子，後來很快摘掉」了，後來在「文革」中，也以「不戴帽的右派」來看待。（章立凡：《歷史塵封的哲人——記張申府先生》）其實，當年如周恩來，也有出於無奈的時候，比如他本來欲加以「保護」的聶紺弩、周穎夫婦以及吳祖光、蕭乾等，最後還是被劃為「右派」。據蕭乾夫人文潔若回憶說：周恩來「反右」時曾有意要保護蕭乾、吳祖光，他在中南海紫光閣接見文藝界人士時特意點了兩人的名，並稱之為「同志」，然而後來吳祖光的專案組聽說後，恐怕又要翻案，立即貼出了吳是「右派」的海報。（見《最後的文化貴族——文化大家訪談錄（第一輯）》）

蕭乾曾說：「周總理並不是認為右派劃得越多越好的人。」這又比如中共前任總書記的張聞天，或許是由於自己的經歷，他也以尊重和愛護知識份子出名。一九五七年七月，奉周恩來總理之令，張聞天主持外交部「反右」運動領導小組會議。當時他認為：對於即將被打成「右派分子」的人來說，這要涉及到他們的「政治生命」，為慎重起見，須重新審查。此後，張聞天主持處理外交部的「反右」運動，他反覆強調要特別慎重，不要把一般認識問題定為「反黨反社會主義」，可劃可不劃應盡可能不劃，實在不行，就劃成「中右」或「嚴重右傾」，如國際關係研究所副所長陳翰笙，可謂老資格的黨員的學者了，就被當作「黨內民主人士」雪藏了。張聞天還十分挽惜地表示：外交部的所謂「右派」，多為「秀才」或「有能力的知識份子幹部」（如他曾經提到的外交學院的王紹坊等以及喬冠華、龔澎夫婦手下的關在漢、浦山、曹棉之、李肇新等），後來在他的干預下，許多「右派分子」和「中右分子」被從勞改農場調了回來，重新安排了工作；至於其中的「著名人士」，他建議給予「冷處理」（拖過運動的高潮），並加以適當的保護。由於張聞天的這番努力，結果外交部這一知識份子成堆的部門，其「右派」的比例相較類似的機關要少得多，也是因此，當時外交部的「反右」遭到了非議；過了三年之後，張聞天「右傾機會主義分子」的「罪狀」之一，就是所謂「包庇右派」。另一個例子是中共北京市委書記的彭真。還在新中國成立不久，建築學家梁思成和和陳占祥提交了一份《關於中央人民政府行政中心位置的建議》，此即著名的「梁、陳方案」，他們建議保留北京舊城，另外闢地新建一個首都的政治中心，顯然，他們的建議大得反感，並立刻被否定了。到了一九五七年，陳占祥被打成「右派」，而梁思成卻因為有彭真的保護，得以免遭厄運。

另外，「死老虎」的作家蕭軍，也是得到了彭真的「關照」，也免於成為「右派」。

至於知識份子成堆的「作協」，張僖在《隻言片語——中國作協前祕書長的回憶》中說：「反右鬥爭時期，中國作協領導運動的主要是黨組成員，總支書記、副書記，再加上各個支部的書記和各單位的負責人。當時劃定右派的程序是這樣的：先由各個支部提出某人的材料，然後報到作協黨組討論、拍板。各個支部的書記或者負責人的問題則由上級來定。而有些在社會上有影響的作家是否『劃右』，就不是作協黨組能決定的事情了。有些事情周揚同志可以說了算，有些時候他說了也不是太管用。」因此，不幸「落網」的，有艾青、蕭乾、羅烽、白朗等；此外，「丁玲在被劃成右派以後，因為她是全國婦聯的執行委員，聽說鄧穎超、康克清還都委婉地說了些好話。但丁玲還是被劃成了右派。」現在看起來或許是更不可思議了——「當作協宣佈丁玲同志為右派的時候，丁玲同志自己也舉起了手，表示同意對自己的結論。」當年周揚、邵荃麟等還是「庇護」了一些人，如「舒群同志本來是要被劃成右派的，但周揚堅決不同意。周揚說：『你們開除他的黨籍都可以，但不要把他劃成右派！』舒群於是沒有被劃成右派，躲過了這一劫難。」又如：「韋君宜和黃秋耘沒有被劃成右派，……在黨組討論劃右派的會議上，邵荃麟同志極力主張不劃韋君宜的意見也起了十分重要的作用。當有人主張劃黃秋耘右派的時候，劉白羽認為不劃韋君宜而劃黃秋耘是沒有說服力的。邵荃麟也表示贊同。」此外，得以解脫的還有徐剛、古立高、葛洛、菡子、瑪金、沙鷗、張白等。韋君宜沒有被劃成「右派」，她還試圖「庇護」黃秋耘和劉紹棠，結果，自己倒有幸被胡喬木所「庇護」了。據王培元在《在朝內一六六號與前輩靈魂相遇》一書中說：當時的人民文學出版社，「韋君宜曾以為《文藝報》社論對黃秋耘和劉紹棠的批評是過火的。她還為《文藝學習》編輯部的一個幹部李興華被劃成『右派』一事，和作協機關領導反右派運動的核心小組組長劉白羽，大吵了好幾次。然而，以雷霆萬鈞之勢開展起來的作協的反右派運動，很快也把矛頭對準了韋君宜。她由原來的『緊跟派』，一下子跌到了『右派的邊緣』。八月十七日，在《文藝學習》編輯部會議上，她被迫做了被認為是『很不深刻』的檢討。她寫的『不屬於口口聲聲歌功頌德的小文章』，也被認為是『壞文章』。從十月十七日到十一月二十三日，作協黨組連續開了七八次會，對她進行批判，後兩次把她和黃秋耘一起批。十月二十四日上午的韋君宜思想批判會，郭小川最後一個發言，講了一個多小時，談得比較尖銳。他在日記裏寫道：『對於韋君宜那種自以為是，不這樣批評一下也不行。』隨後，作協決定停辦《文藝學習》這份受到青年讀者歡迎，印數從一九五四年四月創刊時的十二萬份，一直增加到近四十萬份的雜誌，其主要『罪狀』是組織討論《組織部新來的青年人》，以及發表黃秋耘和劉紹棠的文章等『嚴重右傾錯誤』。由於她在延安工作時的老領導胡喬木出面干預，她居然逃脫了被劃為『右派』的厄運。」

說到命運與韋君宜差幾相似的黃秋耘，當年他被批判為「右傾」，（後來更是在《文藝報》編輯部看好描寫所謂「中間人物」，又創作了「含沙射影」的歷史小說《杜子美還家》等。）所謂「右傾」就是比「右派」好一點，屬於後者的可劃可不劃之列，而「反右，沒有區別對待，就顯示不出政策的威力」，具體到黃秋耘，不劃不是他沒有問題，（即不劃也得受到黨紀的處分，黃秋耘後來被下放勞動）而「作為不劃的標兵，是以表示寬大與嚴肅的結合。」晚年黃秋耘在《人到黃昏》中寫到自己與周揚有段對話，兩人談起往事，黃禁不住發問：「鄒部長（書中的周揚用了化名），有一個問題，在我心裏納悶了很久，總想弄個明白。一九五七年反右派鬥爭期間，起初我總以為自己在劫難逃，一定被劃為『右派分子』，我寫過十多篇被認為『大毒草』的雜文，當時中宣部印發了十本供批判用的『反黨反社會主義言論集』，其中也有我的一本，按照常理推測，凡是榜上有名的人，沒有一個能夠僥倖漏網，為什麼我卻可以例外呢？」

「鄒部長沉吟了一會兒，彷彿有點為難，但到底還是開口了：『唉，事隔三十年，既然你問到了這個問題，我也不妨如實奉告。老實說，對於反右派鬥爭，一開始我就有點想不通。在反右派鬥爭前夕、整風鳴放期間，毛主席一而再、再而三當眾宣佈過：『言者無罪』，後來風頭一轉，又通通以『有罪』論處了。就拿那幾個全國鼎鼎有名的大右派章伯鈞、羅隆基、章乃器、王造時、費孝通等人來說，也只有『言』而無『行』，所謂『或點火於基層，或策劃於密室』，別說查無實據，就算真有其事，也沒有超越出『言』的範圍。『策劃於密室』，不就是三五個人聚在一塊兒發發牢騷嗎？他們並沒有用祕密電臺和外國的敵對勢力聯繫，也沒有煽動群眾用暴力推翻政府。打倒共產黨，那麼，他們的『行』算是哪一種性質的『行』呢？但是，哪怕像我那樣的行政七級的『高級幹部』，實際上既無『言』的自由，也無『行』的自由，柳湜是中央教育部副部長，徐懋庸是武漢大學副校長、曾彥修是人民出版社副社長，又都是有二三十年黨齡的老黨員，部長一級的『高幹』，艾青、丁玲、聶紺弩……都是國內外知名度很高的大作家，只根據他們說過幾句不滿現實的牢騷話，全都打成『右派分子』。全國劃了五十五萬名『右派分子』，占當時全國知識份子百分之十一以上。假如全國百分之十一以上的知識份子都是反對我們的，那麼，我們還有什麼基本群眾可言呢？唉！『誤盡平生是一官』，我既然做了官，就不能說心裏話，不能說真話，只好說假話，否則我自己也會被劃成『右派分子』了。假如我被劃成『右派分子』，被撤了職，開除了黨籍，就會派另一個人來接替我的職務，那位新來的部長肯定會比我更心狠手辣得多，因為他看到了我的『前車之鑒』，那時候，被劃成『右派分子』的人恐怕至少超過一千萬了。』鄒部長又歎了一口氣：『丁夢嵐（小說中黃秋耘的化名）同志，關於你的個案，不瞞你說，當年在中宣部的部務會議上是有過一番爭論的，主張劃的人不少，但沒有很充分的理由，你除了幾篇雜文之外，既無『言』又無『行』。也有更多的人主張不劃，一來你是個有二十多事黨齡的老黨員，而且立過軍功，你們曾經把一批進步文化人和高級民主人士從日寇佔領下的香港營救出來，對那次祕密大營救行動，周總理和國際進步人士，包括第三國際，都給予很高的評價。將功贖罪，在我黨的歷史上是有先例可援的。第二，你沒有立幫結派，搞小集團，就算你寫的文章有嚴重的錯誤，也只是你個人的『單幹行動』，是思想認識問題。所謂『點火於基層，策劃於密室』，對於你來說，這一條是不適用的，所以不該劃。我個人是贊成後一種意見的，表決結果，還是後一種意見占壓倒優勢，所以你就倖免於難了。」

胡喬木「庇護」了韋君宜，這裏，分明又是周揚「庇護」了黃秋耘。當然，胡喬木、周揚他們也有力所不及的地方。如張僖在《隻言片語：中國作協前祕書長的回憶》中所說：「當時劃定右派的程序是這樣的：先由各個支部提出某人的材料，然後報到作協黨組討論、拍板。各個支部的書記或者負責人的問題則由上級來定。而有些在社會上有影響的作家是否『劃右』，就不是作協黨組能決定的事情了。有些事情周揚同志可以說了算，有些時候他說了也不是太管用。在一次會上說到艾青的問題，周揚說：『艾青就是這麼個人，就愛說些怪話，能不能不劃？』可結果艾青還是被劃成了右派。談到白朗，周揚說：『白朗還是寫了許多好的東西，在婦女界也做了很多事情。』會議結束後，劉白羽同志找白朗談話，明確告訴白朗，羅烽有歷史問題，希望白朗能和他劃清界限。不料白朗的態度很強硬，她說：『我和羅烽是一致的……』於是周揚愛莫能助，白朗就這樣被劃成了右派。舒群同志本來是要被劃成右派的，但周揚堅決不同意。周揚說：『你們開除他的黨籍都可以，但不要把他劃成右派！』舒群於是沒有被劃成右派，躲過了這一劫難。」至於前面所說的韋君宜和黃秋耘，張僖說：「韋君宜和黃秋耘沒有被劃成右派，除了上級說了關照的話等等我不知道的原因外，在黨組討論劃右派的會議上，邵荃麟同志極力主張不劃韋君宜的意見也起了十分重要的作用。當有人主張劃黃秋耘右派的時候，劉白羽認為不劃韋君宜而劃黃秋耘是沒有說服力的。」於是乎，艾青、白朗只得入了籍，而舒群、韋君宜、黃秋耘得以倖免。不能倖免的，還有丁玲等。也是張僖在回憶時說：「一九五七年十月十五日中共中央下發過一個《關於『劃定右派分子的標準』的通知》。可是在《通知》傳達之前，各單位已經在劃定右派。在我看來，這個《通知》即便是比較早地下達，就當時的情況來看，也是很難操作的。比如《通知》第一項第一條中的『反對社會主義制度』。什麼叫反對社會主義制度？除非一個人明確地說他反對社會主義制度。許多情況是根據相關的話來分析的，而且分析這些話的人的思想水平、文化水平的不同，也會帶來完全不同的結果。因此這就給各個單位劃右派帶來了很大的伸縮性。當時在作協劃右派，不光是考慮『現行』的問題，也考慮歷史問題、生活作風問題等等，基本上是老帳新帳一起算。比如某人有歷史問題，再加上點現行的言論就夠了。同時還有個和領導關係好壞的問題，在群眾中人緣的問題。丁玲在被劃成右派以後，因為她是全國婦聯的執行委員，聽說鄧穎超、康克清還都委婉地說了些好話。但丁玲還是被劃成了右派。因此，對這個問題，我一直心存疑慮，是作協領導的決心太大，還是丁玲被更高級的領導點過名？有一點是應該肯定的。一九五五年丁玲被打成了『丁、陳反黨集團』這一情況，使高級領導心中的丁玲已經是個『有嚴重問題的人』了。」由此，我們可以大致揣度出當年對「準右派們」，是劃還是不劃，其標準是什麼了。另外，還有一些「土政策」起了作用。如汪靜之，他在晚年的自述中說：此前他在復旦大學受了氣，聽說中學同學、詩友馮雪峰當上人民文學出版社社長，遂設法北上任職。不料，又因與上級搞僵了關係，被迫停職，再轉往作協為駐會作家。「後來反右了，貼了我許多大字報，我以為要劃右派了，但是沒有劃。我問邵荃麟和郭小川，貼了我許多大字報，怎麼沒有劃右派？他們說，查過你的歷史，解放前沒有反黨言論。如果解放前有一次反黨言論，解放後有一次，就劃右派，或者是解放前沒有，解放後有三次，也劃右派，如果是兩次，就算思想錯誤。作協曾開會動員大家批評黨，我發言說給作家的待遇太低，不滿意。這算一次。人民日報開一次會，有十幾個作家參加，我又說了一次，這樣是兩次。文化部的一次會，有幾十個人，也要大家提意見，我沒發言，要我講，我說我已說過兩遍，不高興說第三遍了。邵荃麟、郭小川說，那次你如果發言，就是右派了。」（《沒有被忘卻的欣慰》）此外，具體單位的領導人之外，還有更高層的領導出面為某些人士緩頰。如黎之在《文壇風雲錄》中說：「周恩來、鄧小平非常關心知識界的反右運動。他們知道這場運動不可避免。鄧小平及時地向《文藝報》打招呼……六月八日《人民日報》發表社論後，周恩來同康生約請了部分文藝界代表人物座談，讓大家對反右有思想準備。」周恩來還說：吳祖光「還不能說是右派言論」。當然，其效果可能並不見好，至於康生，那就更不用說了。經周恩來保護的人士，還有言慧珠等。這還有胡耀邦。當時的團中央，宣傳部部長項南、中國青年報社社長張黎群等都有被打成「右派」的可能，但卻被胡耀邦（團中央第一書記）保護了下來。相反，黨外的傅雷先生等，以及黨內的陳沂、潘復生、古大存等，就沒有這樣幸運了。據周而復的回憶：當年在上海，柯慶施要劃傅雷為右派，周而復（市委宣傳部副部長兼作協分會黨組書記）根據中央的政策，認為傅雷屬於「可劃可不劃」的範圍，恰好周揚赴上海聽取彙報，柯慶施同意了「二周」的意見，於是市委派柯靈通知傅雷可以過關了。沒想到，正當傅雷高高興興做了檢討，準備卸下「包袱」，柯慶施卻變卦了——他獨斷乾綱，拍板把傅雷定為右派！

還有的例子，更是驚心動魄，如古人《剃頭歌》所唱的：「聞道頭須剃，而今盡剃頭。有頭皆可剃，不剃不成頭。頭自由他剃，頭還是我頭。試看剃頭者，人亦剃其頭。」當年南京軍事學院一位中尉助理員王文昌，署名「少校政委」，給《八一雜誌》投去一信，內容是反映其老家也是老解放區的山東農村的生活狀況，其言論則有似梁漱溟此前的「九天九地」之說，結果被彭德懷定為「毒箭」，人也被查了出來，於是劃為「右派」。不曾料想，未數年，廬山之上的彭德懷元帥也被打成「右派海瑞」了！不過，要說到「反右」時的軍隊方面，可能情況不同於一般中央和地方，畢竟是「槍桿子」，說有「右派」，那就得有「右派」，如將軍階銜中的少將陳沂（總政文化部部長。將軍而從事意識形態工作的「文化」，難保自身），以及由其領銜而下的一批穿軍裝但拿筆桿子的軍中文化人——比如說一個總政創作室，「右派」之多令人咋舌，公劉、白樺、徐光耀、艾炎、何孔德、沈默君、樊斌、吳占一、徐孔、寒風、黎白、林予、韓希梁、劉侖、張祖武，等等，幾乎一網打盡。另一方面呢，要說沒有，也就真的沒有，志願軍司令員楊勇說：「我們志願軍裏都是左派，沒有右派！」曾擔任解放軍總政治部主任、總幹部管理部部長、監察委員會書記的羅榮桓元帥更是一言九鼎，他在解放軍政治學院放話說：「不能因為說了一兩句錯話就成了『右派』，如果是這樣，即因為對某個問題有意見或說了一點錯話，就成了『右派』，那麼，以後誰還敢講真話？」可不怎的？「反右」運動之後果真是萬馬齊喑，人不說真話了，共和國就到了「最危險的時候」，羅元帥遵循「實事求是」的原則，看不慣林彪把學習毛澤東思想庸俗化，於是後來只管民兵工作而已，到一九六三年就病逝了，如果活的長一些，難保不會有意外的事情發生。

九、「保險係數」較高的自然科學學者

「反右」，主要是針對知識份子，尤其是高級知識份子的學者。這裏，有從事自然科學研究的學者與從事社會科學研究的學者以及人文學者的不同。前者，其研究的內容一般來說是沒有什麼「階級屬性」的；後者，則因為他們面對的是人世社會，則麻煩得多，比如一些學科，如社會學、法學等，後來竟因此被取消，至於其中的一些批判型知識份子（CRITICAL INTELLIGENTSIA）或學者更是大倒其楣，他們不得不在各自

的生命歷程中一再領受托爾斯泰所謂「在清水裏浸三次，在血水裏浴三次，在鹹水裏煮三次」的「淨化」。

「反右」前的「整風」中，不分學科，各類知識份子都提了許多意見。如科學院，也傳出了許多尖銳的聲音：語言學家羅常培說：「重理輕文，社科規劃無人管」；化學家袁翰青則抱怨「分工太細」；地球物理學家傳承義認為形勢是「上下不通氣，黨內外有牆，領導接觸少」；化學家傅鷹、物理學家吳有訓、生物學家童第周、社會學家陶孟和、氣象學家竺可楨等都提出了許多意見，並且甚至是嚴厲的批評。後來到了「反右」運動高潮時，絕大多數說過「錯誤言論」的社會科學和人文學者被劃為「右派」，而自然科學家由於建設國家的需要，很多卻得到了善待，如一九五七年九月，鄧小平在一份中共中央關於科學界反右派鬥爭的文件上批示：「特別是對於那些有重大成就的科學家和技術工作人員，除個別情節嚴重非鬥不可者外，應一律採取堅決保護過關的方針。」（中共中央《關於自然科學方面反右派鬥爭的指示》中還說：「要區別社會科學和自然科學的不同情況，區別對待。」）即使是必須批判吧，也要有所區別，如「對有較高科學成就的，不可輕易劃為右派」，「必須劃的」，則可以分別採取「鬥而不狠」、「談而不鬥」，或者竟是「不劃不鬥」（對在日內瓦會議後爭取回國的歐美留學生）等措施。由此可見，執政黨在歷史上形成的「鬥爭經驗」，甚至就是「兵法」吧，也在這次「反右」運動中有爐火純青的展示。這典型的例子，如此前「民盟」中央有一個「科學規劃問題」小組，其成員有五人，即曾昭掄、千家駒、華羅庚、童第周、錢偉長，他們曾在《光明日報》發表了《對於有關我國科學體制問題的幾點意見》。當時還有一個所謂「六教授」（即曾昭掄、錢偉長、費孝通、陶大鏞、吳景超、黃藥眠），他們也有一個類似的主張。結果在「反右」時，他們都受到了猛烈的批判，那篇《意見》也被定性為是「一個反社會主義的科學綱領」，這幾人中，社會學家費孝通和吳景超（其中特別是曾發表了《知識份子的早春天氣》的費孝通，更是大名鼎鼎。毛澤東曾說他「找了二百多個高級知識份子朋友，……他在那個圈子裏頭出不來，還有意識地組織這些人，代表這些人大鳴大放。他吃虧就在這個地方。」不過，對他的處理似乎也特別「法外開恩」，據《費孝通先生訪談錄》，此後毛澤東居然請他到中南海的游泳池旁邊談話，毛澤東對他說：「不要緊，右派有什麼關係。教授還是教授，可以工資降一降。」此外李維漢也請他吃飯云云）、文藝理論家黃藥眠、陶大鏞成為「大右派」，其他幾位教授之中，曾昭掄、錢偉長，雖然一個是化學家，一個是物理學家，但因為他們都已經是在教育系統工作了，於是曾昭掄（高教部副部長）和錢偉長（清華副校長）都被定為「右派分子」，毛澤東還說：「比如錢偉長，恐怕教授還可以當，副校長就當不成了。」而科學院的數學家華羅庚、生物學家童第周只做了檢查，並沒有被打成「右派」，而那又是科學院領導張勁夫、杜潤生等保護的結果。

此前「五教授」意見書中曾有一句「外行不能領導內行」的話，這如果是指科學院，可以被認為是針對張勁夫等中共派來的領導，不過，張勁夫卻沒有借此發難，反之，據說當時張勁夫曾親自向毛澤東建議，他說：科學家是國寶。因此，他向毛澤東提出：在「反右」運動中給科學院以特殊的政策。據說毛澤東當時都吃驚於張勁夫竟然敢於提出這個要求。（邢小群《天才需要什麼樣的土壤——〈東星北檔案〉隨想》一文中說：「一九五七年，張勁夫冒險進諫，使中科院一批海外歸來的自然科學家沒有被打成右派。」）當然，這是僅止於自然科學家而已，不過，已是難能可貴的了。當時，張勁夫不僅要了政策，還擬出具體的保護名單，這樣直接保護了一些人。如當時瀋陽分院已經將葛庭隧內定為「右派」，張勁夫得知後馬上到瀋陽把他從名單上劃掉。（他還曾勸說科學院文學所的黨委書記唐棣華不要和已經是彭德懷「反黨集團」的黃克誠離婚，而當時其他單位的領導，已在紛紛勸說沒有被打成「右派」的家庭成員要與已被打成「右派」的家庭成員離婚，這如文化部領導勸說女演員新鳳霞與其丈夫吳祖光離婚、副總理的謝富治勸說「老戰友」谷景生將軍與其妻子范承秀離婚，但他們都不肯離婚。）至於當時的其他部委，以及地方的領導，大多不敢公然提出這些要求，而張勁夫居然在知識份子成堆、同時問題也最多的科學院提出這一要求，無疑那是要有相當的勇氣的。後來毛澤東果真對科學院的科學家實施了網開一面的政策，此外生物學家談家楨等雖然也受到批判，也沒有受到更大的衝擊。此外，在反右運動中，此前負責反映「鳴放」情況的人也因對象的不同而有不同的境遇。如此前受理了丁玲、陳企霞對一九五五年「丁、陳反黨小集團」申訴的李之璉（中宣部祕書長、機關黨委書記），因對丁、陳做了重新的定案，後來在反右運動中丁、陳成為右派，他也遭到了清算，當時中宣部副部長周揚曾在批鬥他的大會上疾言厲色，咄咄逼人，於是「一池漣漪」，連帶李之璉也入了「籍」。然而，此前曾積極反映科學家「鳴放」意見的中宣部科學處處長于光遠，在反右運動中有人認為他主持的科學處不應該反映那麼多科學家的意見，因為他們是代表了資產階級知識份子，而于光遠不啻是右派的傳聲筒，也應該被劃為右派，但周揚卻在大會總結發言時用很巧妙和策略的語言，沒有給予他過多的具體指責，於是「高高舉起，輕輕放下」過了關。

十、傅鷹

說到自然科學家，整個一場「反右」運動，最讓人難以猜測的是——最應該成為「右派」的人，除了民主人士的張奚若，再麼就是化學家的傅鷹，然而他們都有幸沒有入「籍」。

傅鷹是北大化學系教授、院士，也是一位愛國的科學家，當年他是激動於人民解放軍毅然還擊了英國紫石英號軍艦的挑釁而從美國回國，服務於祖國的。但傅鷹又是一位性格鮮明、語言率真的人，所謂「光棍眼裏揉不下沙子」，他看到、聽到了什麼不合理的事情，他就要說，甚至是「我抗議」。早在一九五五年九月，他在《化學通報》發表了《高等學校的化學研究——一個三部曲》，文末他說：「我以公民的資格請求你們聽一聽一個化學工作者的意見，哪怕有許多偏見，消除一些不合理的狀況，創造一些有利的條件，使從事於研究的人省去一些開會、填表、寫訂單、為經費著急、應付外行人指摘等的時間，而將其用在實驗室中來培養我們的下一代。」結果，這被認為是對共產黨有不滿的情緒，受到了批評，當年已不再是「無冕之王」——新聞記者的范長江（時為國務院文教辦負責人）也在北大演講時點了他的名。一九五七年整風開始後，中宣部的內部刊物《宣教動態》發表了他在「大鳴放」時的一些「離經叛道」的言論，題目就是赫然《傅鷹對黨和知識份子的關係提出尖銳的批評》，其中的一些小標題也讓人不免「觸目驚心」——「年輕黨員如同國民黨特務」、「我最討厭思想改造」、「學校裏的衙門習氣比解放前還重」

等。老實說，如果是別的人講的這些話，不打成右派才見鬼，然而他的這些言論被毛澤東看到了，毛澤東還對傅鷹的這些尖銳的意見作了兩次評價，於是，傅鷹因有幸被毛澤東「欽點」，得以奇蹟般地與「右派」擦肩而過。後來中宣部科學處的龔育之回憶說：傅鷹是有幸的，「主要由於這兩篇批示，傅鷹受到了保護，沒有被劃為右派。」不過，「可惜中宣部的這個反映和毛澤東的兩次直接講到傅鷹的批示，沒有能夠在實踐在起到保護知識份子的作用。」（《我的第三個上級——于光遠素描》）那麼，毛澤東當年是如何評價傅鷹的言論的呢？毛澤東的兩次表態，這一是一九五七年五月十六日毛澤東為中共中央起草《關於對待當前黨外人士批評的指示》（收入《建國以來毛澤東文稿》），其中有：「自從展開人民內部矛盾的黨內外公開討論以來，異常迅速地揭露了各方面的矛盾……黨外人士對我們的批評，不管如何尖銳，包括北京大學傅鷹化學教授在內，基本上是誠懇的，正確的。」這一是毛澤東在此前一天所寫的《事情正在起變化》中所說：「多數人的批評合理，或者基本上合理，包括北京大學傅鷹教授那種尖銳的沒有在報紙上發表的批評在內。這些人的批評目的，就是希望改善相互關係，他們的批評是善意的。右派的批評往往是惡意的，他們懷著敵對情緒。善意，惡意，不是猜想的，是可以看得出來的。」傅鷹說過哪些「尖銳的」「批評」？時為中宣部文藝處幹部的黎之後來回憶說：「我當時想，如果能把這個發言公開印發，會少劃好多右派。」（《文壇風雲錄》）原來那是傅鷹在一九五七年四月北大化學系召開的兩次座談會上的發言，的確是「驚世駭俗」。幾個小標題中還有：「黨對知識份子的脾氣還沒摸對」、「黨和知識份子關係緊張是黨員瞎彙報的」等。他還說：「（『三反』等）運動中偏差的大小與離北京的距離成正比」、「現在所謂『改造』，就是要人在什麼場合，慷慨激昂說一通時髦話，引經據典，馬、恩、列、斯」、「解放以來，教授沒有地位」、「現在是長字輩吃得開」、「當長，什麼人都可以。擺一塊木頭，在那裏，它也能當長。但木頭不能講課。當長等於穿一件衣，穿了脫了，都無所謂的。長與學問不成正比，常是成反比的。做學問的人，就不是當長的料」、「人們有什麼不好的思想行為，總說成是資產階級影響，這是不公平的」、「自然科學自然而然就是唯物辯證法」、「石油學院的老幹部有一條公式：我是老黨員，你是群眾，所以你是錯的」、「×××中央候補委員，號召學蘇聯就是要教條的學」、「中國知識份子有氣節傳統，不會阿諛奉承」，等等。他還指名道姓，反駁了范長江在北大演講說他「反對黨的領導」等。如上所述，他講的這些話，別人說了，可能就是「右派」了，不過，由於他也說了中共「認路比我認得好，我自然跟著他走。但是，黨到現在對知識份子的脾氣還沒有摸對。知識份子的要求就是把我們當自己人」、「我一生的希望就是有一天中國翻身，現在這個希望實現了，所以我擁護這個政府」這些話，毛澤東認為他是「善意的」「批評」，全不似章、羅他們的語言（即「惡意的」「批評」），所以，儘管有人以為傅鷹若不是「右派」，北大或者全國也就沒有「右派」了，（據說當時的北大黨委書記陸平就是這樣認為的。再如當時中共北京市委宣傳部長楊述也曾對妻子韋君宜說：「傅鷹那樣老罵街的都不劃，還劃學生？應當劃傅鷹！」）毛澤東仍對他給予了充分的肯定，後來有人說，這不但使傅鷹沒有被劃為「右派」，甚至使許多北大的教授也因此而「倖免」於「右派」。

當然，除了毛澤東的兩次「欽點」，傅鷹作為一個自然科學學者，也是他「倖免」的原因之一。此後，傅鷹不僅沒受到處分，相反，他還被升為北大副校長，又當選為第三屆全國政協特邀委員。據說在「水淺王八多」的北京大學安排傅鷹去當副校長，這是當時中宣部「大閻王」陸定一的建議，他是以從前抗戰時根據地政權「三三制」的模式來做一個「示範」，以緩解反右運動後知識份子與執政黨的緊張關係，即在高校領導的行政職務安排上，共產黨員、資產階級「左派」、資產階級「中間派」的代表各占三分之一，則北大的校長人選就增加了副校長四人——翦伯贊、魏建功、王竹溪、傅鷹。其中，翦伯贊是「左派」，傅鷹是「中右」。那麼，什麼是「中右」的概念呢？原來，此前一九六二年廣州會議周恩來、陳毅等提出知識份子「摘帽」的問題，但不久之後，毛澤東又在中共八屆十中全會上重提了「階級鬥爭」，後來對此在全國文教會議上發生了爭論，陸定一反對廣州會議上的提法，他稱知識份子政策發生了一「左」一「右」的偏差，一九五七年至一九六〇年「拔白旗」等為「左」，此後的廣州會議為「右」，而中國的知識份子不外乎有兩種，即按其世界觀劃分，為「資產階級的」或「無產階級的」，前者呢，又有「左派」、「中間派」、「中右」（自然還有「中左」、「中中」等）之分，畢竟不是自家人，而「中右」，已經接近於右派了。所以，儘管傅鷹在反右運動中化險為夷，此後他卻時常遭到各種批判，北大黨總支的領導對他採取了「政治上孤立、業務上搞臭」的方針，認為他比「中右」還壞，是一個「沒有戴帽子的『中右』」。（要知道「左派」、「中間派」、「中右」等等的命運，可以從一份檔案中領略一二：一九六〇年教育部曾下發了一個文件：凡在高校職稱評定當中，只有「左派」和「中左」可以提升職稱，「中中」可一半給予提升，「中右」、「右派」則不能得到提升。）

10 陳銘樞的前世今生

一

一九五七年那場風暴後不到十年，一九六五年五月在民革中央小組一次關於越南問題的學習會議上，陳銘樞以發言激動，突發心臟病去世。後來想：陳先生真是福份，以他的歷史經歷和一九五七年全國著名大右派（所謂「六大右派」之一）的要案，以及他在民主黨派中引人注目的性格，在又一場更劇烈更殘酷的風暴來臨前夕由上帝之手給他一生劃上一個句號實在是圓滿且福氣，正如大儒熊十力聞其死而予以蓋棺論定的：陳銘樞，其一生言動大概算是糊糊塗塗，怎麼講？陳遇事衝動，而實無多留戀，其人又與人無少長貴賤，一律以自然待之，乃無城府、無分別，其來似有因，其去亦極自然。又過了十餘載，人們終不能忘懷這位中國現代史上集文韜武略於一身的儒將、佛將、詩人將軍，陳邇冬先生說：「未能忘卻陳真公」，這「未能忘卻」，在我來看就是感於他「黨外彭德懷」的敢於直諫的傲骨，以及套用古人「三不朽」標準，這「立德」有大氣淋漓的秉賦率真，敢言人之不敢言，心中有儒佛兩家，也就底氣十足，於是岸然自守，高標絕響；「立功」，陳先生曾是民國軍政大員，做過廣東主席、行政院代院長和交通部長，卻又有若干這一陣營的「最早」的紀錄：最早暗通中共以及最早學習和接觸馬克思主義，他並非一介糾糾武夫，「黨國」五巨頭之蔣、汪、胡、孫、陳，陳先生雖然叨領坐末，他卻是有著一定政治頭腦和理論修養、又與左翼文化人結交並以之構成其思想庫的「黨國」元老，以如此的身份書寫歷史，就有北伐驍將和抗日十九路軍的英名、福建政府的慷慨悲歌、「神州國光社」的歲月山河、遊歷蘇聯的日子以及反蔣和成立民主黨派、走「中間道路」重組國家、接受中共領導並組織安排國民黨軍政人員起義事宜（陳儀、程潛、趙祖康等）等等的功勳；「立言」，陳先生即是儒將和佛將，自著《佛法十講》等外其「立言」方式是資助文化人形成團體和規模，若支援扶佐中國出版史上開闢「社會史論戰」的「神州國光社」，其後則有《現代佛學》的問世等，說將軍與出版，陳先生是個饒有興味的話題，而其書法、詩詞，又是餘事爾。可惜，這些都是明日黃花矣。陳先生後來遇到的「坎兒」，這一是一九五三年為「佛友」梁漱溟說幾句公道話引出一身麻煩，再就是一九五七年的雷鳴電閃了。

二

其實，陳先生是以失意心情迎來解放的，可以想到他的沮喪：以「人民政府」標榜的「閩變」創始人，當最後果然出現了人民政府時卻沒有他的一席之地，他由傷感而飲泣淚下，後來雖然補選上了他，畢竟是勉強的。陳銘樞嘛，稟性太倔強，加上歷史上一些是非和民主黨派中具體的人事磨擦和歷史積怨，其人被冷落也是可以想到的。成人是忌諱天真的，在社會上打交道要靠博弈術，率性而行的人往往吃虧，陳先生是從舊社會過來的，整個人已經定型了，不擅轉圜，又過於自信和不計得失，難免與時流相悖，有些舉動也就出乎人之預料，比如他迭次上書毛澤東要與之討論佛學，主張佛法高明又與辯證法相容相通，則不妨「佛學治國」，這就與不久前逝世的徐梵澄先生當年強邀其師魯迅習佛一樣其效：魯迅漸有面色，而毛澤東亦婉轉批評之。不久，是其「佛友」的梁漱溟發難，所謂「九天九地」等，毛澤東大怒，斥為「野心家」、「偽君子」、「用筆桿子殺人」的「殺人犯」。梁的「囂張」以及後來陳先生的魏徵式敢諫，兩個人的初衷都如其後來的「反省」：借著有進步的包袱——梁是與毛有北大師生和延安長談的老本、陳是與中共有長久良好關係的交情，故而愛之也切，自視儼然為其諍友、益友，遂「狂妄自大」云云。陳先生以同路人身份參政，先在民主黨派中負氣，後經毛澤東的勸說在中南行政委員會當副主席，又不知曉察言觀色的官場作派，遂與主席的林彪不睦，陳對若干中共幹部輕視民主人士不滿，又提出反對官僚主義和改變重工輕農等，又做了一些不慎的事，乃大得忌諱，其手下也以其人之糊塗懵懂而嗔怪不已，最明顯的就是為梁漱溟辯護，甚至要毛明確其問題的性質：是政治問題還是思想問題？毛倒是留有餘地，「梁漱溟是反動的，但我們還是把他的問題放在思想改造的範疇裏頭」，當然，不是批判他一個人，而是「借他這個人揭露他代表的這種反動思想」，於是陳先生命運轉折，仕途蹭蹬，其人也成了一個箭垛和靶子，他自己反省「錯誤」，是「小資產階級狂熱性」與「個人英雄主義」作，以「黨外布爾什維克」和「自命不凡、標新立異、脫離群眾和領導」有以致之，等等。

一九五四年，陳銘樞調京，原擬擔任國防委員會副主席，未果，後來勉強補選為人大常委，終是閒職，陳先生深感失落。其時也，風氣已悄悄變化，開國之初的「謙虛謹慎，戒驕戒躁」等等已隨勝利者的一路凱歌高奏而淡去，原來以為至少同路人的袞袞諸公亦漸次看清自己的角色安排，唯獨陳先生難除舊習，雖說因為梁漱溟說了幾句公道話而得咎心有餘悸，依然是骨鯁在喉不吐不快的脾氣，這就註定他以不擅轉圜和權變將不斷受挫。過了若干年，到了共和國多事之秋的一九五六年前後，先是新中國果然欣欣向榮，各項建設成就令人矚目，執政黨意欲擺脫蘇聯模式開闢自己的道路，言路亦漸次開通，有「雙百」方針等，陳先生原就是以儒帶兵和處世的，傳統士風左右其人，於是以愛之者切遂責之者也切的舉動重現，先是得統戰部徐冰之囑視察高級知識份子情況，如實反映其政策有待落實以及肅反有偏差、中共基層組織驕傲自滿等，言之不盡，又通過中共相識的李雪峰，以祕密報告形式向中共書記處上「萬言書」，這也就是他後來終成大右派之一因果的「反黨萬言書」。陳銘樞自有不妥處。以二手的材料難免失真遂自行調研，又不按常規先向人大和政協報告卻以為直接反映意見可少犯錯誤徑向中共轉述問題，在民主法制的制度保障匱乏的情況下，這是很犯忌的，結果也證明了這一點。更嚴重的是他上書的內容，除了反映高校非黨知識份子與學校黨團組織的隔閡、肅反後受衝擊的知識份子的苦悶情緒等，陳先生心情沉重，描摹了一付不知從何時而起的瀰漫社會的「陰氛漫布」景象：「我積長久歲月，默察無數具體情況，這種陰氛漫布歸結為——年老一輩世故更深，趨避愈巧；年輕一輩者則竟相揣測，迎合意圖。雖情隱未張，而風氣已成而日弊，將見憤悱之志日窒，投機之形彌張，來日殷憂，莫大於此」。

陳先生目光如炬，看得真切，如實說來，恰中肯綮，又見其肺腑洞然，後來種種更不幸為其說中，不久後的彭德懷遭貶、林彪當道，莫不是後來幕天席地之此風氣使然，「上有好焉，下必甚焉」，西坡言猶在耳終已不可同日而語矣，於是讓人做海瑞的其實是最見不得海瑞的，（且後悔提倡之）於是讓人敢於堅持真理而什麼什麼「不怕」之類也以缺乏民主法制的體制安排成了「引蛇出洞」迫害忠良的陷井，於是也就萬馬齊喑到了共和國的「最危險的時候」。陳銘樞見微知著，他痛慨的，還是原來相與並肩的黨派和同儕。民主黨派，也不知何時而起，敷衍成風；諸老中間，原來就有以上海灘做不倒翁為世故祕訣而獨擅的，講究做人處世的「圓」，於是，一旦一人賈禍，則群起落石，冷嘲熱諷、挖苦詬詈、詆毀攻訐，不一而足，陳先生是親嚐其中滋味而深得三味的了，他依稀看到他本熟悉的一群：那是陪都時代報界喻為「三種人」的「衙門人」、「法利賽人」（即偽君子、犬儒、鄉愿之類）以及市儈之屬，所以以陳先生的性情，他在「民革」中央竟無人能稱為知己甚至鮮少有人與之接談。眾人唯唯諾諾，而統戰部「喜歡軟熟，疏遠生硬」。畢竟我們有一個長達數千年的封建社會，那板結化的小農自然經濟、臻於極致的封建專制的政治關係、嚴酷又家國同構的宗法血緣家族的社會結構以及以地理障壁和文化中心主義帶來的封閉隔絕，它的土壤上是開不出現代民主和法制的花來的，恰恰，又以之去反對所謂資本主義，即以舊新難分的不平等不公正（等級、門第、資歷、身份、尋租等）、人身依附、人治等等「滅資興無」，這也就是人們常見的歷史上的弔詭節目了。對那些仕途官場上的「厚黑法則」，多年後，以放言著稱的老報人和雜文家趙超構先生在政協上也有一番痛慨的話，良藥苦口，他對執政者說：古人所謂交友之道，有「益者三友」、「損者三友」，今執政黨宜與正直者、誠實者、見多識廣者交友而不與歪門邪道、當面奉承背後搗鬼、花言巧語誇誇其談者交友，而作為諍友關鍵在交友一方的誠懇虛心而非葉公好龍，尤不可取「匿怨而友其人者」（表面周旋，實怨恨之）的態度。知無不言、言無不盡；融洽和諧、生動活潑，這樣一種政治局面才是他們理想並翹盼的。

三

一九五七年那年，陳銘樞闖了大禍。陳銘樞既以諍友自詡，瞧不上同儕以舊社會一套來逢迎應對，在中共開始整風時便放下戒備，參加幫助整風。五月八日的座談會上，他根據從章伯鈞處傳達的毛澤東天安門上談到的民主人士有職無權（如高校黨委制的問題）和報紙上有人建議撤銷學校黨委的看法，結合其所視察，主張改變學校領導「一條鞭」（黨、團、工會等）分權為設立校務會和教授會等，以為學校與機關不同，學校工作應更多依靠師生，黨員也應向黨外人士求師求友。他還以報載的發言摘要遺漏了他「黨員應向非黨人士求師求友」的內容而特地在《人民日報》上發表了《向非黨人士求師求友》的全文。十三日的座談會，他聽了馬寅初反對取消學校黨委制的發言後，又一次重申了其分別機關黨組與學校黨委的看法：前者可保留，後者則當取消。此話自是不妥，是陳為高校黨內外某些隔膜和緊張的負面「霧裏看花」而有所建議的，他不知道，這就是「反黨」呵，不過當時毛澤東指示「要硬著頭皮聽，不要反駁，讓他們放」，不識世故懵懂如陳先生也就再往陷井深處「勇敢」地跳。這次座談，張奚若講了「四種偏差」：好大喜功，急功近利，鄙視既往，迷信將來，後來陳銘樞接著話頭於十八日給毛澤東上書，直接批評毛「好大喜功，喜怒無常，偏聽偏信，鄙夷舊的」。這四句話與張奚若所言相仿，深為毛澤東所反感甚至憤怒，也正是這些帶有刺激的話，加上羅隆基那句「馬列主義的小知識份子領導小資產階級的大知識份子」等的話，使毛澤東下定了反擊右派的決心，後來他在一九五八年的最高國務會議上和成都、漢口以及翌年廬山會議上多次重提此事，引二人之語，他耿耿於懷又不無激憤地說：「我是好大喜功的，好大喜功有什麼不好呢」？「我還是要好大喜功，比較接近實際的好大喜功，還是要的」，「任何一個階級都是好大喜功的，『好大喜功，急功近利』是正確的」，「華而不實不好，好大喜功需要」；「『喜怒無常』，是的，我們只能喜好人，當你當了右派時，我們就是喜不起來了，就要怒了」；「『輕視古董』，有些古董如小腳、太監、臭蟲等，不要輕視嗎」？「偏聽偏信，就是要偏」，「不可不偏，我們不能偏聽右派的話，要偏聽社會主義之言。君子群而不黨，沒有此事，孔夫子殺少正卯就是有黨」，「資產階級、小資產階級、無產階級、左中右，總有所偏，只能偏聽偏信無產階級的」，「還是要偏聽偏信，要偏聽偏信無產階級的，而不能偏聽偏信資產階級。再過十年到十五年趕上了英國，那時陳銘樞、張奚若這些人就沒有話講了。這些人希望他們長壽，不然，死了後，還會到閻王那裏去告我們的狀。」「希望他們長壽」，這還有龍雲，他「多活十年好，否則到閻王處還造謠」。

陳銘樞先前一封「萬言書」再後一封致毛信，右派等等也就水到渠成，在劫難逃矣。他之所以披肝瀝膽上書毛澤東直陳其作風，是聽聞毛將辭去國家主席，並自云「好大喜功」等，為彼襟懷所欽佩，遂效古人上書諍諫，以毛為漢文帝之虛懷，以己為汲黯之戇，這就有了許多不中聽的刺耳話：毛，「個人修養上的熱而不淡、疾而不舒、燥而難寧、察而難周之失，也難免於影響到察人聽言、決策定計的睿斷以及在政策措施上的畸輕畸重、失緩失急」等，因而「有時尚不免為喜怒所乘，在一個浪潮之下，輕於挫傷高級幹部的自尊心和他們的固有地位。」同樣，「有時候被狡黠者乘您喜怒之際，俟隙淆亂黑白，投其所好」，又「有時尚不免輕信幹部的虛偽彙報與教條主義的分析方法，未經鄭重細緻的研究即作過激的決定」等，而其所接觸之黨外人士，「仍多趨附之輩，耿介不苟者實屬寥寥，至於能犯顏敢諫者，我尚未見其人」云云。至於「鄙夷舊的」，或「輕視古典」，是說毛「對古典文學尚存有不尊重之處」。陳銘樞終是隔膜和不能理解毛澤東提出他不再擔任下屆國家主席的特殊含義，出於好意，陳希望毛暫息仔肩，以深入體察民情，並由而提高修養，暫且由劉、周等處理第一線事務。後來證明，圍繞毛澤東的有關議論，如他「不僅接受個人崇拜，而且還提出了一些個人崇拜的理論」，則當時對毛澤東而言，陳銘樞上述的言論是尤為犯忌的，因為毛在一九五八年成都會議上已經提出兩種「個人崇拜」以及兩種「反個人崇拜」了。十六日，陳銘樞又在座談會上接著茅盾和劉清揚的話題，再次提到幹部使用的標準，「德、才、資」，「若單就抽象的政治進步而定為德，就會失之毫釐，差之千里」，他是反對空頭政治的。至於整風中的批評，談的多的都是缺點，他以為也是「好現象」，因為以「單提缺點怕影響幹部的威信這一點，恰巧與延安整風以來的事實相反，人愈能揭發缺點並認真修正錯誤，愈能在群眾中提高威信，反之則降低威信。這已是共產黨員久已行之有效的一個真理，用不著懷疑。黨之所以偉大也就在此」。至此，陳銘樞的「毒」已經放的差不多了。

四

前此一天，毛澤東作《事情正在起變化》一文，當然陳先生當時是看不到的。六月九日，《人民日報》社論《要有積極的批評，也要有正確的反批評》對陳銘樞「光說缺點不說優點才合乎整風精神」的議論提出反批評，大概此時陳先生才猛醒過來，他上書毛澤東申訴，要求諒解和寬恕，當然已經晚了。接下來是各種場合下的批判，歷史與現行，一筆筆清算，尤其是那封「污蔑」領袖的上書，陳先生領受如潮的抨擊，頓時驚惶失措，忙不迭地悔恨交集，自恨自悔孟浪荒唐，罷了，重新參禪研經，閉關思過。他的幾項職位隨之被撤免，但總算是寬大處理。他陷入深深的悵惘和懊悔中……。陳先生真的會從此學乖？多少人不是都如此了麼？一年後，陳先生出關，漸從不敢見人的孤獨抑鬱的陰影下走出來，參加學習和參觀，書法作畫，他大概以為事情終是過去了吧。那是遭受報應的年代，也是中國人口急劇減員的年代，還是那幾個人，忍不住放言了——羅隆基說共產黨說唯物，實際最唯心；龍雲說整人整得人心喪盡；陳銘樞呢？

「大躍進」導致的市場供應緊張，要是過去發生這種情況，早就該「下詔引咎」了。陳先生是改不掉稟性了，他反省自己「不知天高地厚，妄自尊大」，於是「得意不得，一得意就犯政治錯誤」，又好「衝動」，當然在莽撞中也不乏清醒處，如他看出來「他們實行的不是列寧主義而是史達林主義」。其時全國上下忙於對付天災人禍，陳先生的又一次孟浪也就無關大礙了。斯後，毛澤東決定自處二線，陳先生得張治中先生傳達，感其人之偉大（「比史達林偉大」），又說盛名之下難免個人崇拜，此舉堪稱適時，毛雖個人修養不甚理想，終望其為古今完人。於是又想到年前的事，反右自與毛個人不無關係，彼時陳上書敢諫雖系封建思想（以為毛會嘉許其愚忠），然縱有不當處也無關宏旨呵，等等。

陳先生沒有活到以「文化」命名的「大革命」。此前他於反右時曾赴香山自我了斷，事不遂，以其事佛而有此拙舉，曾為梁漱溟先生所嘲笑，但你可以想見他此後若不死將可獲如何的「報應」。不過，這都算不了什麼了，「我欲仁斯仁至矣」，晚年的陳先生沉潛佛學爐火純青，那是他人生的絕頂處。這位少小師從歐陽漸、化大乘無界犧牲為積極入世思想（即「菩薩行」）的一代佛將，也是不斷轉識、破執，把「一鞭一條痕，一摑一掌血」的修養功夫視為人生最警策的規律的信徒。他不是下野政客般取佛門為清靜地的慣舉，他終是要在踐履上過招佛法的，發願「要從血淋淋的世間踐履中印證佛法的理論，才成為他自己的真實認識」，於是他自然是「平生最是服從真理的人，決不欲也不能把它來歪曲或附會作迎合潮流的不誠實的人」，甚至他還以為此等認識和抱負也就「頭腦上的包袱比其他的知識份子輕得多」，也就「很容易接受馬列主義的思想方法」。如是，陳先生終得「仁」矣。

11 浦熙修驚鴻照影

引言：《浦熙修：此生蒼茫無限》是一冊關於浦熙修圖冊的書名，這是李輝主編的《大象人物聚焦書系》的一種，作者是浦熙修的女兒袁冬林。仔細讀了這本圖文互動的書，驀地想起：先父的遺物中也是有浦熙修書信之類的東西的。為什麼自己能想起來了呢？那該是刻骨銘心的了：先父在醫院彌留時，收到浦熙修追悼會的邀請函，但是他已經不可能去參加了，那應該是無限觸悵的。此前還有一段往事讓我銘記不忘：「文革」末期的一九七二年或一九七三年，先父不顧國難未平和自己的處境，竟自費帶著我上京，到大名鼎鼎的北大（彼時「梁效」何等威風）等高校去求索教學改革的經驗，記得那時見了王瑤、林庚等先生，此外偷閒還拜訪了不少「舊雨」，當然，這其實是一番「訪舊半為鬼」的經歷，著實是「驚呼熱中腸」的，這中間讓我最難忘的就是在全國政協所在地不遠的地方——父親先前在《文匯報》的同人、摯友浦熙修的宅子前（大概原《文匯報》駐京辦事處也在不遠吧）探問，探詢的結果卻是鄰人的一句：「她已經死了！」就在一剎那間，父親的眼睛忽然失神了，他連聲歎氣，可以看得出來，他是十分沮喪和悲哀的。浦熙修死於一九七〇年四月，她的追悼會是在一九八一年八月補開的。此前的三月十九日，有關方面給家父寄來參加追悼會的請柬，但此時的家父已經沉痾難起，兩個月後，一九八一年十月，父親也去世了。在地下，他們可以相見了。

一、蒼茫中的老報人

先父和浦熙修相識於《文匯報》，他們對《文匯報》也有共同的感情。

《文匯報》是一張在中國晚近歷史上有報格的報紙，它幾度被強權扼殺，又幾度復活，它在歷史上曾標榜「不偏不倚，無黨派色彩」，「以言論自由為最高原則，發表社論，力求大公無私，一方為民喉舌，以民間疾苦向當局呼籲，一方發揮輿論力量，啟迪民智，以促進憲政之實施」，而且表示這種報格是「過去如此，今後亦然，同人矢志保持『富貴不能淫，威武不能屈』的高尚報格」，於是在戰時和戰後的中國語境中，其命運就有如其他民間報紙的《大公報》、《新民報》等，於暮色蒼茫中飽經風雨。浦熙修原先在南京《新民報》當記者（一九三六年加入）。她之所以成為一名有名的女記者，是她認定「一個記者的條件，除了基本的知識外，需要有熱情、良心、正義感，並且要有吃苦耐勞為社會服務的精神」，後來在戰後的政協會議期間她聲名鵲起，那時她寫了許多漂亮的人物訪談記，並被稱為是後方新聞界的「四大名旦」之一。所謂「四大名旦」，就是四位「女記」——合該是女中的「無冕之王」了，她們是彭子岡、浦熙修、楊剛、戈揚（前三人還曾被稱為是「三劍客」）。說記者是「無冕之王」，不是沒來由的自炫和誇大，當年浦熙修一紙揭發國民黨高層腐敗的報導，如黨國要人的眷屬帶著洋狗從香港飛渝的報導，讓標榜「三民主義」的國民黨大跌顏面，丟臉後的國民黨索性用拳頭去對付那些所謂的「無冕之王」，就在「下關事件」中，浦熙修被飽以老拳。雷潔瓊回憶說：當時「為了想保護我，她全身趴在我的身上」，結果她「受到打擊更大，幾乎暈過去了」。繼之，《新民報》也被查封了。但浦熙修卻有了一番新的認識：「這次挨打，提高了我的政治認識，我認識了共產黨不能放下武器的道理，我也認識了武裝革命的意義」。此後，徐鑄成在香港創辦《文匯報》，浦熙修開始作為南京特約記者為之撰稿，不想又被國民黨當局所逮捕，鋃鐺入獄。坐了整整七十天監獄的浦熙修正如她被捕前所寫的文章的標題《南京政府的最後掙扎》，她的光榮入獄正是「最後掙扎」的一個節目。於是，當「掙扎」告盡，浦熙修在周恩來關懷下和羅隆基全力營救下光榮出獄，隨後，她出現在新中國的開國大典上，在周恩來介紹之後，毛澤東親切地對她說：「你是坐過監獄的記者」，那無疑是最高的稱讚了，與她相識的人們則親切地稱她為「浦二姐」。

家父的「報齡」比浦熙修稍晚幾年。取《徐鑄成回憶錄》中的記錄：一九四〇年，「我在香港又與（邵）飄萍夫人湯修慧先生見面。她以民族大義為重，毅然拋開《京報》館及所有產業，隻身到港，——她有一長婿郭根，青島大學畢業，中、英文均極有根底，但為人吶吶謹厚。湯先生向我介紹，我即延入《大公報》，頂蔣蔭恩兄缺，編輯要聞。」此後一九四一年，徐兼任《中國評論》總編，「由郭根負責編稿工作。」太平洋戰爭爆發後，香港淪陷，徐、郭逃出香港，在桂林開館（《大公報》桂林版），復又因豫湘桂戰役國民黨軍隊潰敗而遷往重慶，由徐主編《大公晚報》，「先期到渝之郭根任要聞編輯」；「某日，忽以主標題未按（曹）谷冰意製作，立以『不服從上級命令』之罪，宣佈開除。」至戰後的一九四六年，徐鑄成也退出《大公報》復歸《文匯報》，跟隨其到《文匯報》的有原《大公報》的郭根、金慎夫等，改版後且由郭根任總編輯，編輯部中還有黃裳、柯靈、劉火子、李龍牧、梁純夫、金慎夫等。「到了是年底，郭根辭去總編輯職，自願赴（北）平當特派記者」；「去北平後，他寫了不少有關學生運動出色的報導。」

在戰後的中國，《文匯報》不啻是一面旗幟，當然它是標榜「民間」、也即捍守市民社會的公共平臺的，如其靈魂人物的徐鑄成所說：「一張真正的民間報紙，立場應該是獨立的，有一定的主張，勇於發表，明是非，辨黑白，決不是站在黨派中間，看風色，探行情，隨時伸縮說話的尺度，以鄉願的姿態，多方討好，僥倖圖存」；至於《文匯報》其他的「中堅幹部」也「都有這種共同的認識」，比如它特約記者的浦熙修，郭根以為：「這就是促成《文匯報》起來的最重要的因素」。當然，這樣一張的報紙，其後來的命運可想而知。上海解放後，由於中共上海市委宣傳部長夏衍、副部長姚溱尚能「體諒老知識份子心態，遇事推心置腹，披瀝交談」，《文匯報》的老報人還算「心情舒暢」。其時，郭根復任總編輯，此後因故離去。

二、一九五六年《文匯報》復刊前後

一九四九年新中國成立後，浦熙修重新投入新聞工作，那時《文匯報》又一次獲得復刊，她由中共黨員欽本立推薦，擔任了《文匯報》駐北京辦事處的記者，後來則是「北辦」的主任。此外，她還曾是全國政協委員、民盟中央委員、全國婦聯委員等。這期間，她還曾三次赴朝鮮前線採訪，但這時的《文匯報》畢竟不如從前了。一九五三年，《文匯報》改為公私合營的報紙，此後它彷彿失去了先前的光彩，在黨報的《解放日報》、經濟類的《新聞日報》和市民讀物的《新民晚報》間，它似乎找不到了自己的位置。到了一九五六年春天，它竟一度停刊，變成了一張《教師報》，浦熙修喪氣地給家父寫信說：「文匯改教師報已確定，從地方報紙來到中央，註定是三日刊的命運」，「我現在不求什麼了，只想把文章能夠寫好」。不久，在「早春天氣」中，《文匯報》再次復刊，那是中宣部的張際春副部長首先宣佈給浦熙修聽的，此後浦熙修擔任《文匯報》副總編輯兼駐京辦事處主任。這時，徐鑄成已與鄧拓協商《文匯報》復刊後的人員安排，擬讓已在《人民日報》的欽本立、上海電影局劇本創作處的柯靈、山西師院的郭根等「歸隊」，而「郭根也寫信給熙修，表示願回《文匯報》」。

這時，家父早已不安心在山西工作了。在不停地政治運動中，他「茫然不知所措」。他急切地期待著回到他原先所熟悉的報館去工作，他把《文匯報》稱作是「娘家」，他似乎還以為辦報是他的長處。浦熙修說：「關於你的歸隊問題，我已向徐老提出，徐、嚴（即嚴寶禮）等都表示歡迎。問題是在『百家爭鳴』之下，報紙要辦得生動活潑，徐老大有招回文匯老人之意。」不過，儘管浦熙修樂觀地勸慰家父：「一切在發展，一切在變得更美好，」她知道一切都不是從前了，甚至，她還奇怪他為何放著教授不當，「教授有研究的時間，有寒暑假，這不是比什麼都好嗎？」她還現身說法：「我要是你，我早就安心了。我實際上，也是自由主義者，解放初期，曾經那也不幹，這也不幹，但既然幹了文匯，我也就安下心來了。」不想留在高校，一根筋卻要去熬夜做報館的編輯，更何況，現在想去報館，還能那樣隨便嗎？她還不解父親何以會在不斷開展的政治運動中「茫然不知所措」，她勸道：「運動中對於我們這些政治警惕性不高的人，常常大吃一驚是有的，但『茫然不知所措』總還不至於吧？」她甚至樂觀地以為：「在這大發展的形勢之下，只有一切落後於實際的感覺，迎頭趕上是每一個人的最主要的問題。」一九五五年年末，浦熙修來信說：「知識份子改造問題最近在京也提上了日程」，且周恩來在報告中提出了「六不」的問題，即對知識份子「估計不足，安排不當，信任不夠，使用不當，幫助不夠，待遇不足」等，她問父親：「你們那裏有些什麼意見？」浦熙修為「早春」的溫暖氣候所激動和動容，她還為家父設想了種種可能，勸他安心，切不可再犯屢次調動而「無組織」的毛病，當然，如有機會，還是歡迎他「歸隊」的。當時，在徐鑄成擬定的《文匯報》人員名單中，徐自兼總編輯，副總編是欽本立、柯靈、劉火子、郭根（負責要聞、國際）、浦熙修（主持「北辦」）、唐海等，「還決定黃裳等為編委。」

一九五六年《文匯報》的復刊，是在特殊的語境中發生的，它是「鳴放」的產物，用鄧拓的話說，是：「你們《文匯報》歷來就取得知識份子的信任，你們首先要說服知識份子，拋開顧慮，想到什麼說什麼」，這就是「《文匯報》復刊後主要的編輯方針」。這在當時徐鑄成耳朵裏「真有『聽君一夕言，勝讀十年書』之感」，而且中央還「照准」了全部編輯方針和復刊計畫，並且強調：「要讓徐鑄成同志有職有權」。隨之，「招降納叛」的人員調動也如期完成。此前，浦熙修已經告知家父：「在百家爭鳴的方針下，中央已決定要文匯恢復」，而「恢復文匯，必須召回舊人。我們已把你計算在內」；至於復刊後的《文匯報》，「主要的對象還是知識份子，要繼承老文匯（解放前）的傳統，配合今日百家爭鳴的方針，可以對國際上發言。」徐鑄成也在給浦熙修的一封信中提到家父：「至於他的政治上、能力上的問題，你和我都可以負責的」，於是家父又一次回到「娘家」上任，並且是副總編之一。「新復刊的《文匯報》，力求革新，企圖打破蘇聯式老框框，內容主要以貫徹雙百方針為主，多姿多彩」，這就是後來徐鑄成念茲在茲的《文匯報》的兩個「黃金時期」——抗日戰爭後復活的《文匯報》和「早春天氣」中的《文匯報》，而後者於恢復不久就有大手筆的動作，如由范長江建議而翻譯刊登的安娜・路易士・斯特朗撰著的《史達林時代》，並圍繞蘇共「二十大」提出「史達林問題」以及一九五五年「肅反」的遺留問題進行了反思，還發表了鍾惦棐的《電影的鑼鼓》等，甚至在一九五七年三月的全國宣傳工作會議上，毛澤東還表揚了《文匯報》，並說他平常是看了《文匯報》才去看《人民日報》等等的報紙的。然而，曾於兩個時期「復活」後的《文匯報》，「不論內容的充實、生氣勃勃，也不論是編輯部陣容的整齊，都是空前的，可惜都沒有好結果，留下令人難忘的回憶。」（《徐鑄成回憶錄》第三百九十六頁）最後一次又遇上了一場

「陽謀」的罡風，吹去了「早春」，自徐鑄成以降的《文匯報》是滿坑滿谷的「老右」，「其中『北辦』原有記者十餘人，除了三人倖免牽及外，幾乎一網打盡」，這當然就有身為主任的浦熙修。至於家父呢？儘管在職任副總編時他曾寫信給浦熙修抱怨「傳統勢力和包辦代替的作風在編輯部是相當嚴重的」，於是，他的才能被大打了折扣，但是事後他並沒有被打成「右派」，（後來他被稱為是「漏網右派」了）原來「陽謀」中「號召大鳴大放，曾一再動員他提意見，並邀他參加市委宣傳工作會議，他始終沒有說一句話，真像沒嘴的葫蘆一樣，拿他沒有辦法，只能任他逃出了羅網。」因為木訥的性格，他居然沒事！「但他畢竟太天真，到史無前例的『文化大革命』中，再也在劫難逃了。」

三、「章羅同盟」與「女將」

浦熙修因與羅隆基的關係終遭不測之禍。羅隆基是一個深陷於被清流們視為世間最骯髒的兩物——政治和男女之間的人物，和他政治多元化的主張相似，他在生活上毋寧說也是「多元」的。此前羅隆基與張舜琴、王右家的兩度婚姻因琴瑟不諧而失敗，在反對國民黨的民主鬥爭中又得與浦熙修相識和相愛，此後，他在與離婚後的浦熙修保持愛情關係後雖說也有幾個女友如史良、劉王立明等，也只是西方式的社交關係，即「也未超越正常社交範圍」。但對羅的政治表現和他私德的非議在浦熙修耳邊不時鳴響，這也包括了她妹夫彭德懷的看法，（周恩來曾稱浦熙修是「我們的親戚」）而據袁冬林的回憶，自始「三姨及一些黨內老同志反對娘與羅隆基交往」，反對的原因不外是羅隆基為「資產階級政客」和他人品上的瑕疵。這也就是他們兩人終未成為眷屬的原因了。袁冬林後來聽她母親的追敘，即「她在深刻瞭解羅後，發現自己與羅有許多不同之處，雙方都早已無意結婚」了。然而，由於與羅隆基的特殊關係，浦熙修敏感地覺察到在她周圍有「鬼打牆」一般的一種異樣的感受，她不僅不能向從前那樣可以隨時向周恩來等共產黨人傾訴自己的心思，更由於羅隆基，她被人們有意地疏遠了。又由於《文匯報》，她和羅隆基之間更是說不清了。

一九五七年七月一日，毛澤東的《文匯報的資產階級方向應當批判》公佈後，先前由柯慶施在「鳴放」時不斷鼓動「加溫」、繼之姚文元寫文章發難的《文匯報》低下了它的頭顱，它只好連篇累牘地發表《向人民請罪》、《痛切改造自己》、《我們的初步檢查》以自誣，而「右派」的「章羅同盟」在「兩帥之間還有一帥，就是文匯報駐京辦事處負責人浦熙修」也被人們所熟知，而且她還是毛澤東點名的「一位能幹的女將」，其「主要反動言行」是：「1、『匈牙利事件』後，浦向羅隆基供給向黨進攻的材料，反右鬥爭開始，又為羅通風報信；2、浦同羅隆基、徐鑄成等一道把《文匯報》變成反動的宣傳工具；3、浦與樓邦彥、彭子岡、費孝通等合謀寫文章為儲安平的『黨天下』謬論辯護；4、《文匯報》復刊時，浦與徐鑄成等排斥原有的黨、團員及左派。」這樣，「人們說：羅隆基—浦熙修—文匯報編輯部，就是文匯報的這樣一個民盟右派系統」了，這個「右派系統」「替反動派做了幾個月向無產階級倡狂進攻的喉舌，報紙的方向改成反共反人民反社會主義的方向，即資產階級的方向」，尤其是《文匯報》編輯部，「這個編輯部是該報鬧資產階級方向期間掛帥印的」。當然就是由浦熙修「掛帥」了，而且「帥上有帥」，主帥就是羅隆基——浦熙修的情人，這真是撩人的新聞和祕聞麼，循此，對之大批判就不怕沒有材料和「炸彈」。緊接著，七月三日的民盟中央整風座談會上，主持會議的民盟中央祕書長胡愈之責成羅隆基交代「如何通過浦熙修控制《文匯報》」等問題，而此前的「陽謀」真是妙不可言，它證實了——「這種人不但有言論，而且有行動，他們是有罪的，『言者無罪』對他們不適用」。

浦熙修面對這樣一場突如其來的變故，她似乎無法接受這一事實。她本來還想「劃清界限，參加戰鬥」，繼之卻被攻擊為「兩面派」。三人市虎，在眾人囂囂和信誓旦旦存在著一條「羅—浦—編輯部」黑線的情況下，她在精神上徹底垮了下來。在文匯報社黨組、主持「北辦」開展「反右」的人民日報社以及受周恩來、彭德懷、劉仁的委託來幫助她的浦潔修、浦安修的一再勸說下，她被迫交代了羅隆基給她的「使命」，如確定「北辦」的性質和地位、製造大知識份子的平臺、企圖超越和架空中共黨組等，「向黨向人民低頭認罪」，而且，「大家逼娘找出過去的日記、信件，並用上面劃定的政治公式幫她在其中查找『問題』；又將找出的『問題』往這個公式裏套，來說明她的『錯』」，因為「大家深信不疑：這樣做，是幫助她與羅隆基劃清界限站出來的最好方法。在當時『黨是絕對正確的，有錯就是自己的』思維模式下，相信黨勝過相信自己、相信黨勝過相信事實、以信念代替自己思想的娘，一次次地寫檢查交代，真心實意地按照黨的要求『檢討』自己，揭發羅隆基。」此後，也許是輕信、或者只是出於虔誠，以及為了擺脫各自的困境而獲得解脫吧，繼「胡風事件」中舒蕪披露了胡風的私人書信之後，浦熙修和薩空了也各自公佈了羅隆基的一些私人信件，至此，《憲法》中公民「通信祕密受法律保護」已經只是紙上的文字了。在毛澤東為《人民日報》所寫的社論發表後的翌日，七月二日，在新聞工作座談會上，浦熙修被迫把羅隆基給她的信中的若干內容念了出來，當然，都是被認為是通過「祕信」而有「黑幕」的，或者是事關《文匯報》的：「我十分希望他們能夠團結，能夠把文匯報搞好，這事值得他們努力，我絕對站在幫忙的地位」；「表面上我是一股勁，誰又知道我心窩裏的矛盾呢？逢人都說我積極，只有我自己知道，這『積極』與『創造』是不相干的」；「我以為所有跑龍套人都換換班，那就謝天謝地。像我這樣無事忙，絕對沒有時間做一點自己想做的事，真不甘心。」這些信件的片斷刊登在報紙上時，一如當年胡風的書信被加工處理刊登時用了不少注釋，（甚至還有特殊的「按語」）羅給浦的信也被加了注，如「跑龍套人」，就是所謂「指共產黨的領導人」。看得出來，為了坐實毛澤東《人民日報》社論中的論斷，就是基本的事實和邏輯都可以不加理會的，所謂「欲加之罪，何患無辭」，明明是羅隆基把自己森林工業部部長的「冷官」位置比擬為「跑龍套」，一向自視甚高的他不過在信中表露了一點消極的情緒和不甚情願合作的態度，這就被人抓住把柄，曲解為讓共產黨下臺了。不久，《光明日報》又以《羅隆基反共集團的一批祕信》為標題，刊登了薩空了在整風座談會上的發言摘要，其中摘錄了羅與「民盟」若干同人的書信。七月十五日，羅隆基被迫進行「初步交代」：關於《文匯報》，他承認自己與該報的創刊和復刊「是相當關切的」，「這一方面由於十年來我同浦熙修的私人友誼，我希望她把她的事情做好，另一方面，我亦錯誤的認為中國還應該有社會的所謂的民間言論機關。因此我遇有機會就鼓勵《文匯報》不要辦成同《人民日報》一模一樣的報紙。由於《文匯報》徐鑄成一再向我發表埋怨黨組的牢騷，我的確曾一再直接間接向《文匯報》負責人表示過，認為報館不要過於迷信黨組領導，有事到北京來反映」，以及「我與浦熙修是日常見面的，她亦經常向我徵詢有關《文匯報》的意見。通過她我向《文匯報》灌輸了一些不健康不進步的意見，無形中使她的工作犯了右傾的錯誤，間接又使《文匯報》犯了錯誤。」進而他表示：「《文匯報》的右傾，徐鑄成、浦熙修兩人自己的資產階級思想已經承認了他們的責任，但我以往勸《文匯報》不要迷信黨組的荒謬主張，我通過浦熙修經常灌輸右派思想的影響是不能推卸責任的。」二十八日，《人民日報》刊登了羅的一些私人信件，並以赫然觸目的《四十多封密信》為標題，據此，「一個有組織、有綱領、有紀律、有經費的反動集團」也就言之鑿鑿地被揭露出來了。後來，羅隆基對浦熙修的反噬是痛徹肝腸般的痛心，所謂「十年的親密朋友當面絕交」，以及為了自己的政治貞節不惜把「床笫之語」公之於眾，也即浦熙修以《羅隆基是只披著羊皮的狼》為題登臺揭發，所揭發的內容又因兩人的關係不同尋常而更帶了殺傷力，如浦熙修控訴羅隆基系出身地主家庭而對消滅地主的共產黨懷恨在心，甚至這種「刻骨銘心」的仇恨使得羅隆基恨及任何紅色，（浦以自己曾穿紅色膠鞋被羅大罵為例）至於「披著羊皮的狼」，是說他如何虐待勞動人民的女傭、卻又對資本家的鄧季惺施以援手，如是「對勞動人民像狼一樣兇狠，對資產階級似羊一般溫順」，以及「張東蓀案」發生後羅隆基恨鐵不成鋼的表白、羅對中共黨內「高饒事件」的看法、反感於「個人崇拜」、質疑「社會主義大家庭」和「為工農兵服務」的文藝方針等等，在當時，這些都是可以致羅於死地的。此外，關於她和羅隆基的特殊關係，浦熙修也聲淚俱下地予以徹底的了斷：「像狼一樣的羅隆基毫無人性可言，對我也並不好些。一九四九年，我從南京出獄後，想即去香港到解放區，他扔出刀子來威脅我。解放後，每當我一有進步的時候，他就暴跳如雷，例如我要求入共產黨，我要去《光明日報》工作，一九五〇我想脫產學習，他都不知對我發過多少脾氣，最後使我屈服而已」，進而她動情地喊道：「讓這所謂的親密的朋友關係丟進茅坑去吧！我再一次警告羅隆基，你永遠不要想利用我了！」甚至她還餘恨未消地附和別人說：「羅隆基的反黨反社會主義的陰謀是一貫的，他說他的骨頭燒成灰也找不到反黨反社會主義的陰謀，實際上他的骨頭燒成灰，就是剩下來的灰末渣滓也都是反黨反社會主義的。」這也如王爾德的名句所說：「男人與女人之間的關係只有兩種，即愛和恨，而不可能存在友誼。」其實，何止是男人和女人之間的反目，章詒和回顧「反右」的歷史，她認為那些「背叛者」是「唯有實實在在的揭發檢舉，才有可能使自己逃離惡浪狂濤，不致滅頂」，而「當一個人被推至險境，這種無可逃遁的告密、叛賣，也最為驚心動魄」，在這種因素之下，即基於感情的「愛」轉化為政治的「恨」以後，或者「愛」與「恨」相織在一起時，它那客觀上的能量很可能是先前的數倍了。摩羅在《恥辱者手記》中說：「制度沒有規定一位女性必須捏造自己情人的罪過，可有一位女性就曾指控她的情人羅隆基是地主的兒子（在那個時代這本身就是罪過）而且可能是國民黨特務，以便通過出賣情人而解脫自己。」也有許多人在文章中對比殘酷政治鬥爭中的中國和俄羅斯的女性，如茫茫雪原的西伯利亞上，那些一步一步緊緊跟隨在被流放的丈夫身後的那些俄羅斯的女性，以及如盧梭和華倫夫人等的例子，它說明「每一個偉大的男人背後都屹立著一位偉大的女性」，或者如昆德拉的句子：「女人是男人的未來」，女人和男人並不因身材的大小而能在精神上分出高低，其實，事實上卻經常是「女人是脆弱的強大，男人是強大的脆弱」。那麼，中國的女子和俄羅斯的女子卻如何不同呢？當劉清揚和浦熙修們先後「大難臨頭各自飛」時，一九五八年，當帕斯捷爾納克的《日內瓦醫生》獲得諾貝爾文學獎、卻又被蘇聯作家協會宣佈開除之時，史達林的妻妹、女作家阿利盧耶娃舉手表示了抗議！當然，在中國也有這樣的女子，在「胡風集團」的那場「欽案」中，人們要「胡風分子」賈植芳的妻子任敏向與丈夫離了婚的邵洵美的女兒「學習」，任敏卻敬謝不敏，甘願被發配到青海去了；也就是在「反右」中，章伯鈞夫人李健生在「遠看劉清揚，近學浦熙修」的號召中也沒有如法炮製，她以傳統婦人「嫁雞隨雞，嫁狗隨狗」的封建主義婦道自我解嘲，自甘夫唱婦隨成為「右派」了；再到後來，在那幕「永遠開除」劉少奇出黨的鬧劇中，也只有陳少敏一個女子沒有舉手。至於浦熙修，她的女兒袁冬林後來是這樣陳說的：「隨著運動的深入，『交代』、『揭發』的問題越來越多，假的似乎也成了真的，以至於連彭總、三姨對娘的『問題』都很生氣。對在反右中娘的這種表現，現在有個別年輕學者質疑：『浦熙修受到的威脅和逼迫到底有多大？』經歷過那段歷史的人都知道，這決非是受到『威脅』、『逼迫』而『交代』問題這麼簡單。在那個年代，黨的威信很高，娘又是那麼相信黨，當組織與周圍群眾全說你『錯』時，只能自己找『錯』了。聽聽一位新聞界的老人所說的吧：『當她被鬥被折磨得傷心落淚的時候，可能只是覺得自己受了冤屈，誤解了她，卻還沒有意識到是被自己苦苦追求的理想出賣了』」，因而「這不僅是他們個人的悲劇，也是那個時代的悲劇」。這也不失為一種合情合理的解釋。終於，浦熙修現身說法，成為周恩來在人大政治報告中所說的一種典型：「我們希望，經過外力的推動，生活的體驗和自己的覺悟，右派分子能夠幡然悔悟，接受改造。」她在揭發了羅隆基之後表白說：「我不幸墮落為右派分子羅隆基的俘虜，感謝這次聲勢浩大的反右派鬥爭，清醒了我的頭腦，我願意痛改前非，照著周總理的話去做。」一九五九年十一月，她被摘去了右派的帽子，當時她感激地說：是黨和民盟組織使我從右派的泥淖中爬了出來，從而看見了敞開的社會主義大門。此後，她由周總理安排參加了新成立的全國政協文史資料研究委員會的工作，並參加了《文史資料選輯》的創刊。對這種安排，她似乎自我解嘲地說：「新聞記者當不成，當了舊聞記者」。此後的浦熙修，袁冬林回憶說：「開始她不願多見人，活動的圈子也小，甚至在政協開會，見到周總理也是躲著走。當時大多數朋友遭難，還常來往的朋友是費孝通伯伯（因同在中央社會主義學院學習過）、鄧季惺孃孃、郭根（反右前任《文匯報》副總編輯）等。」她還把全部心思都用在了讀書和思考問題上，煙也抽得更凶了。浦熙修可以說「這時真是遵照周總理在一九四六年秋南京臨撤退時對她『多讀點書』的囑咐去做」了，她在給家父的信中說：「借此能夠初步學習一下也是好的」，她還不無調侃地對運動後的父親說：「大概從此你會安定下來了」。也是在這以後，妹妹浦安修也不時來看她，她們彼此的處境和心情都不好，尤其是妹妹，更加內向了，「但她們從不怨天尤人，只默默地各以一顆苦澀的心面對人生」。如果用傳統的女子忠貞觀比照，這一雙姊妹都是「背叛」了她們各自的男人的，只不過浦熙修與羅隆基還只是情侶的關係。自那以後，用當年羅隆基奔走調停國共關係時因無限感慨而引述宋人柳永的詞：「此去經年，應是良辰美景虛設，便縱有千種風情，更與何人說。」禍不單行，羅隆基一人向隅之後，又添了一個彭德懷。

四、羅隆基之後是彭德懷

把羅隆基和彭德懷這兩個名字放在一起是很不妥貼的，他們本不是一類人麼，所謂「物以類聚，人以群分」，截然不同的人生經歷、以及世界觀等等。不過，歷史就是如此弔詭，當他們都被稱為是「資產階級民主主義者」時，他們又有了幾乎相同的命運。

「反右」運動之後，黨內的彭德懷也終於現身說法，兌現了偉大領袖要求大家學習海瑞、敢於提反對意見、敢於「五不怕」的號召：「不怕撤職、不怕開除黨籍、不怕離婚、不怕坐牢、不怕殺頭。」一這裏除了沒有被殺頭之外，他幾乎嘗盡了所謂「不怕」的滋味。最後，他和浦安修離婚了。彭德懷的侄女彭梅魁在《我的伯父彭德懷》一書中回憶說：「廬山會議」彭德懷遭貶後，彭、浦夫婦從中南海遷至北京西郊的吳家花園，顯然，在強大的政治壓力下，浦安修的精神陷於極度的迷惘甚至近乎崩潰，她經常傷心地痛哭，痛哭丈夫闖下的禍要「株連九族」，她本能地害怕。應該說，浦安修和彭德懷在性格上是有很大出入的，不同於彭大將軍的直率和不計後果，「小資產階級」知識份子出身的她是怕事的，所以，當她此前受命上廬山時（當時彭已受到批判），她帶給丈夫的是一本《菜根譚》。無疑，廬山的風波對浦安修來說不啻是晴天霹靂般的打擊，面對這場不虞之禍，她惶惑不安，據《楊尚昆日記》一九五九年八月十二日的記載，也就是毛澤東前一日（八月十一日）作了長篇講話，大談彭德懷是「資產階級民主主義者」並指稱其在歷史上最嚴重的問題：參加「高崗集團」以及有所謂「俱樂部」等，並且還談到彭的去留和辭職的問題，浦安修翌日即與「中辦」主任的楊尚昆談話，談話時間竟達五、六個小時。（「由十時半談到四時」）八月二十八日，她又和「中辦」中南海管理局副局長的羅道仁一起與楊尚昆談話，在這次談話中，大概浦安修的精神幾乎發生了崩潰，楊在日記中寫道：「她的情緒不對！」。經過這場不啻為後來「文革」的預演，她的政治經驗讓她明白了吳家花園的荒涼和淒寂其來有自，她從毛澤東詈言彭與之歷史上「只有三分合作」的話中聽出了份量，她開始有意識地逃避了。在彭德懷最需要親人安慰和理解之時，她做不到，她悲傷、惶恐，她寫信埋怨和責備丈夫「魯莽，是舊軍隊出來的，不懂得尊重毛主席」，人家林彪卻「懂得如何尊重毛主席」，並且「治軍有方，比如『四個第一』、『人的因素第一』、『政治工作第一』、『思想工作第一』、『活的思想第一』」，她要丈夫「認真地老實地向毛主席作檢討」，並表示不這樣「我就不再去你那裏了」。彭梅魁拿了這信轉交給彭德懷，彭德懷看了後奇怪：「這信沒有抬頭，也沒有落款，又是叫你抄寫的，她連個筆跡也不敢落到我這裏，怕成這個樣子」，秉性直率的彭將軍把這信揉成一團扔掉了，他拒絕再看它一眼。浦安修的抱怨讓本來已經忍耐到極限的彭德懷煩燥不已，兩個人開始爭吵，分居。後來彭德懷上八萬言書申冤，正好撞到毛澤東「階級鬥爭一抓就靈」的槍口上，浦安修於是從吳家花園遷出，搬到她擔任黨委副書記的北師大去住了。顯然，彭德懷的態度影響到浦安修狠下心來與他離婚。她給北京市委劉仁寫信，決定離婚。當侄女把這消息告訴彭德懷時，「伯伯聽了後淚水浸在眼裏，這是我第一次看見伯伯在流淚」。彭德懷對侄女說：「浦安修早有準備，我已有預感，凡是經她手買的書，她都像老鼠搬家一樣地拿走了，錢也拿走了一半。她的致命弱點就是明哲保身，但求無過，膽小怕事，自私自利，她不會振作起來了，太脆弱了。」一九六一年年末，一次在吳家花園吃過晚飯，彭、浦以及彭梅魁三人在場，彭德懷把一個梨切成兩半，粗心粗氣地對浦安修說：「你要離婚，今天就分梨。這個梨子我吃一半，你吃一半。」彭德懷三二口就吃完了一半的梨子，浦安修也拿起另外一半梨子，悄無聲息地慢慢吃完。經過一陣沉默，走到客廳，彭德懷指著地上的一堆東西，對浦安修說：「這是我清理出來的，有的是你的，也有是給你的，你一起拿走」，接著幫她拿到院子中，浦安修悶聲不響搬上車，走了。彭梅魁後來談她對浦安修的認識：「對伯母我有這樣一種感覺：她太軟弱，怕別人對她有看法，其實是扭轉不了的，也是躲避不了的，怎麼做也沒有用，這裏有深層次的社會原因與歷史根源，但我還是同情她的。」此後，彭德懷赴「三線」前見過一回浦安修，再後來就是「文革」中北師大批鬥大會上最後一面——他們兩個人的生離死別了。在那次所謂聲勢浩大的萬人批鬥大會上，浦安修被作為陪鬥，慘遭毆打，昏倒在地，旁邊的彭德懷大聲呼叫：「我和她早就分手了，她是無辜的」，彭德懷為浦安修因為自己而被牽連心中泣血。這次批鬥大會後，浦安修在精神上徹底崩潰了，一九六七年八月三十一日，她獨自走到頤和園昆明湖的岸邊，吞下安眠藥以求解脫，結果卻被人及時發現救了回來。一九六九年十月，中央專案組對浦安修做出結論：她總算是「屬犯錯誤」的性質，即「推行資產階級教育路線」和「與彭德懷政治上劃不清界線」，卻是可以改造好的吧，與彭德懷這隻「死老虎」不同，後者無可挽救，只有關押了之（同案還有黃克誠、劉震、李聚奎、吳自立、王平、饒正錫、李銳等），浦安修和唐棣華（黃克誠夫人）二位，「罪」不至此，「可交單位處理解決」。

當歷史的塵埃落定之後，我們分明看到：一九五七年羅隆基們的鎩羽、一九五九年彭德懷的忠而見忌，從此黨外、黨內是噤口無言，這時的「頤年堂」可真也成了「一言堂」矣，於是，共和國也到了它「最危險的時刻」。

五、「舊聞」記者的浦熙修

作為大後方馳名的新聞界「四大名旦」，進入新中國之後，人們並沒有忘記她們。胡喬木也曾在一次會見中說：「我想了好久，想讓你們四位女將來辦一個雜誌——《新觀察》，一定會受歡迎的。」這時的「四位女將」，除了楊剛已經轉業到外交部，於是替換為郁風，不過，這份《新觀察》未及數年已經凋零了，浦熙修竟還成為「章羅同盟」中的「女將」。此後，那個「名旦」、「女將」，終於鎩羽而去，人們見到的，只是一個「舊聞記者」的她了。在身歷了前所未有的劫難後，浦熙修暫時撫平內心的創傷，一頭埋在學習中，同時還有了想寫作的念頭，在給父親的信中，她經常說起要「寫些什麼」，開始時「也只能從學校生活來著手了」。不時地，她請已經回到教授位置、且打算「隱姓埋名」下去的父親給予「指正」，甚至因為自己沒有成績，她在給友人寫信時竟「時常感覺有些慚愧」了。她「通讀了《毛澤東選集》四卷，並反覆閱讀《實踐論》、《矛盾論》、《在延安文藝座談會上的講話》等文章」，她還「為寫文化史打基礎而讀《拿破崙第三政變記》及范文瀾的《中國通史簡編》等書；為了瞭解收集材料的辦法即調查研究的方法而讀《達爾文的生平及其書信集》」等，此外，原來浦熙修認為「當新聞記者就得學司馬遷，就得更好的學習魯迅」，此時「學司馬遷」是不行了，倒是魯迅的一些東西還可以學，她認為魯迅「那些閃爍著思想火花的雜文對自己的業務是必需的，因而經常閱讀《魯迅全集》。」最後，她終於悟出：「當時自己是一個新聞記者，東跑西跑，混在政治漩渦中，卻不懂得政治。」

不懂政治，或者不懂政治的遊戲規則，那就是天真，而天真正是許多老報人的天性，如徐鑄成曾說的：「天真，是報人的癌症，郭根也是個例子。」家父的「天真」，表現在他根本不懂得吸取經驗和教訓的重要性，他的自由主義作風是根深蒂固的，於是在他所在的學校，在我印象中，幾乎每一場政治運動都是首先把他來開刀問祭的，比如我手上這張《山西師院院刊》第一版的大字標題《中文系教學大辯論初獲戰果，鬥爭矛頭即將轉向教學上的修正主義》，內稱「目前論戰的主要方向是清算資產階級的教學思想，徹底批判個人主義，郭根先生在這方面比較嚴重，他除了宣傳資產階級的『一本書主義』以外，還不分清紅皂白地講些右派的東西，如講到魯迅時引用馮雪峰的論點，介紹胡也頻時引用丁玲的言論，提到抗戰時期的戲劇時說吳祖光寫作很有天才，更嚴重的是說彭子岡成為右派只是由於寫了一些留戀故都風味的文章，說我們對右派的鬥爭太過火了，不夠實事求是等」，他自己也在《我決心克服害己害人的個人主義》的檢討書中承認：由於「立場模糊」，「在反右鬥爭後，對那些在文學史上曾享過盛名的作家，雖然他們已墮落成右派了，但思想意識裏總不免對他們懷著惋惜的心情」，並「有意無意地以資產階級的人道主義對待一些右派，特別是對過去與自己所接近的一些所謂『老朋友』」，這當然是包括了浦二姐的。那時的浦熙修開始寫日記了。她是為了督促和檢查自己寫日記的。她說：「許久以來——一年、二年、三年，或者說從反右以來吧，在心中有個想法，這個想法在最近半個月又比較明朗起來，今天更增強了一些。」為此她曾三次去找范長江：「第一次（一九五二年或一九五四年）曾經和他談到入黨的問題，他告訴我五年後再說吧，那是為了羅的問題；第二次僅談文匯報復刊問題，是欽（欽本立）約好，而我是隨去的；這次（第三次）我是為了文教史料組稿問題，而向他請教關於科學界人士的撰寫史料問題，然後談到我最近的心情，但我沒有談到我還有請求入黨的打算，而只談我以後如何想把工作做好的問題。」除了范長江，她還向其他人有所表示，如「沈大姐（沈茲九）鼓勵我申請入黨，今天（范）長江同志的話使我覺得必須要照此做去。我最近必須要找個機會提出來。」她彷彿在虔誠的追求中忘卻了痛苦，所謂「久受壓制的人們，被壓制時只能忍苦，幸而解放了便只知道作樂，悲壯劇是不能久留在記憶裏的。」如她在青島的大海邊幾乎忘情地自語：「仰臥海上，天是無限的寬闊，與過去只能在沙上睡睡又是一個意境了。如果能自由仰伏，那又不知要如何舒適了。我這一葉之身，遨遊於廣闊的天地之間，享盡自然所賦予的美妙了。在整個社會之間，由必然王國進入自由王國，掌握了唯物辯證法，那就也享受到這種美妙了。在這個偉大的社會中，做一顆永不生銹的螺絲釘。生命雖然是有限的，服務也就是無限的了。這樣的生命才有價值，永葆美妙的青春，我願意在今後一二十年中達到這樣的境界。我有幸生在毛澤東時代，我願意永遠追隨許多先進的馬列主義戰士們做一顆永不生銹的螺絲釘。」這正如袁冬林在看了她母親留下的這些日記後所想到的和感慨的：「我能在逆境下像母親那樣地面對人生嗎？被劃為右派後還會想入黨？有人說，這是『愚忠』，但我理解母親。這不正說明您那一代人對終生所追求的理想的執著嗎？」當然，光有這個認識是不夠的，如果說這種曾被描述為「第二種忠誠」的往事僅僅是作為對傳主的一種歌頌，那麼，除了這些，「我們這一代受過劫難的人，是否有責任把我們所受的災難總結出一些教訓，真正做到前事不忘後事之師，化懷念為防災的力量，使得子子孫孫的靈魂再不遭扭曲呢？」或者，設若浦熙修不死，她會不會去做韋君宜式的反思？

徐鑄成回憶說：性格開朗的浦熙修是在「破帽遮顏」的孤寂中染上絕症的，所謂「憂鬱是癌症之父」。她還自知將不久於人世，曾寫信給周總理告別，並懇請黨審查她的一生。浦熙修給父親的信，保留下來的最後一封，就是她患癌症且惡化之後寫來的。那時她已住在北京醫院，沉痾難起，對老友，她無法再伸援手了。當時父親擬往北京調查和搜集邵飄萍的材料，浦熙修無力再相助，只能委託子岡和介紹王芸生了。每當我看到她這封用抖顫的手寫的短信，想到他們一生的交往竟這樣而告結束，禁不住一陣心慟，後來當我跟隨著父親上京，在浦熙修宅子前聽鄰人說她已經不在人世，恍惚間天昏地暗，那趟北京之行，父親最大的感受就是「驚呼熱中腸」五個字。再後來我收拾和整理父親的遺物，每每翻讀浦熙修給父親的十幾封來信，這才體會出「驚呼熱中腸」的箇中三味。「此生蒼茫無限」——端的是「無限蒼茫」！

12

王重民何以追隨王國維於昆明湖？

一九七五年，當浩劫的「文革」即將進入尾聲的時候、也即包括「臭老九」即廣大知識份子在內的人們苦熬過中國歷史上罕見的「巨劫奇變」的時候，王重民，這位「國寶」級的中國知識份子，著名的圖書館學、版本學、目錄學、文獻學、方志學等資深專家，卻在一場莫名其妙的「批儒評法」運動中含恨自殺了。王重民先生的死，無疑是中國文化的重大損失，在某種意義上，這也是「文革」中知識份子苦難史的一個結尾。

一

王重民，字有三，一九〇三年出生於河北高陽縣西良淀村，曾被稱為是「高陽四大名人」之一，即與李石曾、王法勤、韓世昌並稱是民國高陽籍的著名文化名人。王重民早年就讀於保定直隸六中，時當中國社會轉型之時，革命風潮驟起，王重民感受時代風氣，慨然參加北京社會主義青年團，並曾返鄉籌建團支部，因被直系軍閥查知，受到通緝，於是易名為重民，考入北京高等師範學校。當時河北以盛出「讀書種子」而著名，遙自清季倡導實學和功利之學的「顏李學派」——顏元、李塨和寫有《書目答問》的南皮張之洞之後，河北學人燦然可觀，即以近代形成的圖書館學而論，其中著名學人就有孫殿起、李大釗、王森然、袁同禮、王重民、張申府、孫楷第、傅振倫等，此外，考古學如裴文中、賈蘭坡、商鴻逵，歷史學如雷海宗、傅築夫，文學如高步瀛、羅根澤、馮至、顧隨、楊公驥、孫犁，民俗學如李安宅，法學如楊秀峰，等等，堪稱星河璀燦。王重民雖然曾經投身革命而受挫，到師大之後依然保持著「社會主義青年團」團員的身份，一九二四年十月，北京青年團團組織因為張國燾被捕洩密而告癱瘓，經過緊急整頓，北京黨團實行臨時合併，對全部黨團員也開展了審查，經過審查獲得合格的名單中，師大有王重民、吳大猷、黃道、賀凱等，不過，此後王重民就逐漸退出了政治活動，他轉而問學，此後其經歷如其所自稱：是「幼承家學，壯遊京師，親炙諸老師宿儒之教誨，得稍窺六徑」，即他師從國學大師的陳垣、楊樹達、高步瀛、袁守和、傅叔湘以及黎錦熙等，學問大進，如同樣以「書癡」知名的陳垣大師，以其中國文化史上的「國寶」等級，其「門下走狗」，王重民就是其得意弟子中的「河北三雄」之一，當時北海圖書館館長袁同禮也在該校講授目錄學，他見王重民學習刻苦且生活艱難，就介紹他到圖書館兼職，也就是在這座後來併入進「北圖」的圖書館裏，成就了一代學人的王重民。同樣的例子，在當時還有謝國楨、趙萬里、向達、孫楷第、張秀民、譚其驤、賀昌群、吳晗、楊殿珣等先生。

王重民作為當代著名的目錄學家等，他曾有《國學論文索引》、《老子考》、《日本訪書志補》、

《史略校勘札記》、《四庫抽毀書提要》、《續修小學考》、《謝氏小學考校勘記》、《增輯小學考簡目》、《清人文集札記中文字說總索引》、《清人字說選錄》等煌煌著述，此外他還輯校有《列子》等，並與孫楷第合編有《西苑叢書》，又曾擬編《清代文集篇目分類索引》，當時他還與劉盼遂、傅振倫、謝國楨等成立了《學文》雜誌社，編輯《學文》期刊，這個團體的學人當時被稱為是「北學派」。一九三〇年，由於王重民在北平圖書館開展編目工作十分出色（該館索引組編有《石刻題跋索引》、《清耆獻類徵索引》、《碑傳集、續集、集補索引》、《國朝先正事略索引》等一批至今還享有盛名的工具書），又常常在《北平圖書館館刊》上發表論著，遂被任命為北平圖書館編纂委員會委員兼索引組組長，當時他還幫助梁啟超編寫《圖書大辭典》等。後來人們曾總結出一個規律：一個學人的成長史上，往往有一座讓他一生在頭腦中揮之不去的圖書館，王重民在學術上的崛起，就與北平圖書館分不開，後來周一良先生說：「當時的北平圖書館，不僅僅是採購、編目、儲存圖書的後勤機構，也不只是普及知識的宣傳教育機構」，它還「定期出版館刊，登載學術論文、國內外新書評價和本館入藏的新書書目」，等等，這些都「學術價值很高」，「至今仍為研究近代史的學者所利用」，而且「館刊所載國外新書目錄和評價，對於當時治文史之學的青年，在擴大眼界增長知識方面極有用處」，更重要的是：「當時的北平圖書館裏有一批青年搞編目、索引、編資料、整理圖書等工作，新書評介也往往由他們執筆。他們把工作與研究結合起來，從工作中得到培養提高，以後大都卓然有所樹立。據我所知，已故的向達、賀昌群、謝國楨、劉節、趙萬里、王庸諸先生，現在學術界知名的譚其驤、孫楷第、于道泉、張秀民、冀淑英諸先生，都是當年的北平圖書館館員。」後來在滄桑鼎革之際，「北圖」館長袁同禮離去，也就是在當時，毛澤東傳話給胡適，讓他留下來當「北圖」的館長，當然胡適沒有留下來，此後王重民就代理了館長一職，其時他膺受重命，保護國家財產，功勳卓著，精神可敬，正如他在一九四八年十二月二十一日和一九四九年一月二十八日致全館員工的兩封公開信中所言：「袁館長在昨天清早飛往南京去了，想諸位同人都已聽說，並且都很惆悵。袁館長行前，託我轉給大家一封信，我把他抄在上面。我是一個『書生』，沒有經驗，沒有能力，那（哪）敢擔任這個職務，但念現在正是『同舟共濟』的時候，我跑來參加，和大家一同撥槳，一同維護我們所寄託、所憑藉的『舟』——北平圖書館，共患難，共甘苦，也是義不容辭的。」「我們當前的任務，一是保護我們的館產和圖書，一是共謀同仁的安全和福利。」後來他就是中國國家圖書館——「北圖」的副館長，不久後的一九五二年，他因與主持者不合，才離開「北圖」去專任了北大圖書館學的專科主任。在新中國的圖書館學領域，一向有所謂「北大南武」之說，也就是說其重鎮當屬北方的北京大學和南方的武漢大學，而遙領了北大這座重鎮的領袖者，就是王重民和劉國鈞兩位先生了。

二

說到北大的圖書館學的淵源，那是一九四七年王重民在胡適支持下開始設立圖書館學專修科，這為正式成立圖書館系以造就圖書館學的高深人才做了準備，當時曾延聘名師有毛子水、趙萬里、袁同禮、于光遠、傅振倫、王利器、劉國鈞等。說到這裏，就不得不說王重民與胡適的關係。王重民治學多受胡適所親炙和栽培，二人學緣與私誼俱厚，王重民對胡適執弟子禮也甚恭，兩人還有許多往來的通信，胡適非常讚賞王重民的文史考證才能，他自己每有考證所得，也往往請王重民過目，與之相互討論和切磋。後來王重民和劉修業夫婦喜得一子，請胡適取名，王重民還題詩致謝云：「數載追隨鑽研，稍識讀書滋味。這番喜得平生，卻誤了為學機會。應似剃度的小僧，又到紅塵一回。待到債了緣清，卻誤了修行年歲。」由此可見王重民追慕胡適一心向學的心志了。還在抗戰勝利之時，胡適發起《爭取學術獨立的十年計畫》，王重民聽說後積極回應，他在給胡適的信中說：「重民在歐美流落了十幾年，受了不少的洋氣，也算看了一點洋玩意兒，在東方學一方面，所以『圖強』之心非常迫切。」他是愛國的學人，在他拳拳的報國志向中，也有一番躍躍欲試的作為，如在致胡適的信中，他說：「重民思想魯鈍，材短望奢，故僅能而且最好作目錄學的工作，嘗夢想將古今簿錄分別校定，纂成一部《中國古今圖書大辭典》，俾分有分之用，合有合之用。」他還說：「重民自問無實齋之見識，有實齋之博覽。二十年來，都是做的紹興師爺的工夫。作學生的時候，看了一百多種雜誌，編出兩本《國學論文索引》，畢業後看了四百二十八種文集，編為篇目索引。出國後，看了五千敦煌卷子，一千二百金石拓片，一千五百部天主教書，近又看了二千九百部善本書了，也曾提出一些菁華，將來或能應用。去冬今春，看了三四百部明本方志，順手輯出了兩百多個《永樂大典》纂修人，覺得當時所徵服取的人材，下至醫卜星象、和尚道士，實比四庫館廣大的多。」就這一封信，也足可窺見王重民「書癡」的程度和其宏大的抱負了。王重民治學涉及敦煌學、太平天國文獻、方志學、古籍及版本、西學東漸史、中國科技史、目錄學等，這其中最輝煌的，就是一九三四年他與向達受「北圖」館長袁同禮所派遣，赴歐洲考察和收集、整理流失海外的典籍，王、向二人分工，一在巴黎，一在倫敦，每日「泡」在各圖書館和博物館內清查，王重民在搜尋和研究期間，發見和整理了赫赫四大文獻——敦煌遺書（後集有《伯希和劫經錄》、《敦煌曲子詞集》、《敦煌曲子詞》、《敦煌變文集》、《補全唐詩》等）、太平天國史料、四部罕見珍本、明清在華天主教教士華文著述，（集有《歐洲所藏明清之間天主教士譯著述書錄》等）成為二十世紀中國史學的重大發現之一。那正是「五四」之後胡適等所引進和倡導的實證的科學方法論成為新的一代學者的治學工具之時，胡適揭櫫十字治學箴言的「大膽的假設，小心的求證」，以之「整理國故」，代表作之一就是王重民在歐洲的重大發現，它也是追蹤王國維「二重證據法」（將新發現的考古材料與古史相印證的治學方法）的得意之作，即用在域外新發現的材料來掀起史學革命，將地上和地下的文獻和文物、域內和域外的材料相互印證、相互發明、相互補充，由此揭開中國史學的新時期。不僅如此，王重民還以他的忘我的治學精神感染了許多同道，如當時姜亮夫先生也在歐洲攻讀學位，王重民授意其去整理敦煌的音韻卷子，於是姜先生放棄了即將到手的學位，一心一意與王重民、向達等在異邦搜尋和研究流失的中國古代文獻和文物，也由此終成一代敦煌學的大師。王重民等如此輝煌的學績，當時曾是國內知識界廣為人傳的佳話，後來其弟子的白化文先生說：「以敦煌學而論，在我國第一代敦煌學者王國維、陳寅恪、羅振玉等先生以後，遠赴歐洲進行大量研究工作的學者中，公認成就最高、後來成為學術帶頭人的，是向覺明（達）先生和王先生」。向、王等先生在敦煌目錄學方面的貢獻，堪稱厥功尤偉，以至於錢鍾書先生後來創作《圍城》的小說，當寫到留學歐洲的「方鴻漸」時，他在筆底盡情調侃和揶揄說：「方鴻漸到了歐洲，既不鈔敦煌卷子，又不訪《永樂大典》，也不找太平天國文獻，更不學蒙古文、西藏文或梵文」等等，這位「混日子」來「鍍金」的留學生，怎麼能與陳寅恪、王重民、向達等先生來比試呢。

三

令人遺憾的是，就是這樣一位「國寶」級的學人，後來竟在他深愛的治學之地，為險惡的環境所逼迫，懸樑自盡了。陳寅恪先生曾在《王觀堂先生輓詞序》一文中說：「凡一種文化值衰落之時，為此文化所化之人，必感苦痛，其表現此文化之程量愈宏，則其受之苦痛亦愈甚，迨既達極深之度，殆非出於自殺無以求一己之心安而義盡也。」他又說：「蓋今日之赤縣神州值數千年未有之巨劫奇變；劫盡變窮，則此文化精神所凝聚之人，安得不與之共命而同盡。」這說的雖是王國維，其實對王重民來說也差幾似之。早在一九五四年的批判馮雪峰的大會上，以「喇叭」自稱的郭沫若就說：不僅文學，還有歷史、哲學、經濟學、藝術、語言學、教育甚至自然科學，在所有這些領域裏，都要開展思想鬥爭。此後果然此類思想鬥爭連綿不絕，王重民也先後在兩場重大的事關知識份子「巨劫奇變」的運動中不幸受難，這一是一九五七年因為給軍代表和個別館領導提了意見，遂成為右派，一是「文革」中被關入「牛棚」、又於「文革」後期的「批林批孔」運動中再次受到人身侮辱。這前者的「牛棚」經過，季羨林先生在《牛棚雜憶》一書中有所記述，書中，季先生在「棚中花絮」一節中記述了對「圖書館學系一教授」的回憶：「這位教授作過北京圖書館的館長，是國內外知名的圖書館學家和敦煌學家」，「有一天，在著名的晚間訓話時，完全出我意料，這位老教授被叫出隊外，一記清脆響亮的耳光聲在他臉上響起，接著就是拳打腳踢，一直把他打倒在地，跪在那裏。原來是他竟用粗糙的手紙來寫思想彙報，遞到牢頭禁子手中。在當時那種陰森森的環境中，我一點開心的事情都沒有，這位教授是出於一時糊塗，手邊沒有別的紙，只有使用手紙呢？還是他吃了豹子膽，有意嘲弄這一幫趾高氣揚、天上天下、唯我獨尊的牢頭禁子？如果是後者的話，他簡直是視這一般手操生殺大權的丑類如草芥，可以載入在舊社會流行的筆記中去了。我替他捏一把汗，又暗暗地佩服，他是牛棚中的英雄，為我們這一批階下囚出了一口氣。」

王重民用手紙記載「思想彙報」，不管他出於何種考慮，在那種年代的確是可堪記入《「牛棚」新世說》的，但他為此領受的代價也是淒慘和屈辱的，也許，後來當這種劫運再一次面臨他時，他就再也無法承受了，他不惜玉石俱焚！那就是今天看來是笑話般的「評法批儒」的運動。一九七四年，專家身份的王重民被「邀請」去參加鑒定和整理所謂「法家」著作，老老實實的他標點了一部《管子》，又帶領學生編寫《法家著作書提要》。但當要他鑒定所謂「法家」李贄的偽書《史綱評要》時，他為讀書人的良心所驅使，說了一聲「不」！即對幫派人物硬要把被偽造的「法家」李贄的著作說成是真的提出了抗議，因為從他多年積累的專業功底和見識，他當然知道那是一本偽作，他說「不」，也就是他反對把源遠流長、燦爛奪目的中國歷史學和文獻學搞成是完全為現實政治服務的「厚黑術」，而當他的治學原則和人格準則一同受到了「高尚是高尚者的墓誌銘」的考量時，他義無反顧地以自身的毀滅來書寫自己的「墓誌銘」，那也就是陳寅恪先生所說的——出入傳統文化的飽學之士往往於「劫盡變窮」時的一種選擇，何況那又是一場真正意義上的「赤縣神州值數千年未有之巨劫奇變」之時呢，於是，「此文化精神所凝聚之人，安得不與之共命而同盡。」

四

一九七四年，「批儒評法」運動的鬧劇步入高潮時，有好事者說在福建泉州的「文管會」發現了一部「海內孤本」的「法家」人物李贄的著作《史綱評要》，當時李贄的著作《藏書》、《焚書》等都是作為重要的「法家」著作廣為印刷和出版的，現在又平添了一部，在那些「當代法家」看來，當然是喜不自禁的事了，於是這部「海內孤本」的整理和出版作為一項「政治任務」被交給了中華書局。其時正是毛澤東下令點校《二十四史》即將竣工之時，出版社遂請參與點校的諸位老先生幫助斷句，在此過程中，一些老先生對《評要》產生了懷疑：這部意見甚陋的著作，竟與李贄其他的著作內容相悖，且其出處也甚有問題，即它僅見於《福建通志》的著錄，或當係一部偽書也未可知。然而「幫派政治」是不問真偽的，既然是「新發現」，且書中的一些觀點又能支撐「幫派政治」的影射需要，於是對它也就格外重視，遂由北大的遲群等佈置「鑒定」——其實結果早已確定了，不過是走走場而已。

中國的一部書史也伴隨著一部辨偽史，其中如王重民的老師陳垣等都是這方面卓有成就的大家。古人常借名家以自重，尤其是明代以後，書賈為了射利，更將之發展到登峰造極的地步，王重民是著名的版本學家，深知造假者的伎倆，他曾在其代表作之一的《中國善本書提要》中三致意焉，對李贄的偽書，他也有過深入的考辨，這時王重民作為專家，理所當然地被選入「鑒定」者的名單中，果然他「火眼金睛」，他如數家珍地引證和辨偽，指出此書並非「孤本」，以他的見聞，「似曾相識」就有上海圖書館和美國國會圖書館的收藏，甚至他還引證參訂了刊刻者的許多史料，每一項結論都大大觸忤了當道的用心——即「不能輕易否定法家著作」的旨意，王重民對「評法」運動不識相、潑冷水，也就不經意間種下了禍根。但是幫派人物還是不死心，他們寄希望於王重民是「孤證」，或許還可以通過繼續「鑒定」給予改變，於是「大度」地讓王重民繼續帶著學生在圖書館考證。沒有想到這真是一著臭棋——王重民居然在北大圖書館尋出一部明代萬曆版的《史綱要領》，這部姚舜牧編訂的書正是所謂李贄《史綱評要》的「祖本」，它刊刻於李贄死後的八年，卻早於《史綱評要》問世之前的三年，兩書內容雷同，而《評要》的某些評語係針對《要領》一書而發，甚至直是抄襲後者而成，顯然，《史綱評要》是一部偽書，王重民老吏斷獄，堪為對此書「鑒定」的定讞，此說一出，幫派人物大驚失色，「梁效」竟厲言不得糾正之。後來王重民夫人劉修業女士在《王重民教授生平及學術活動編年》中追述當時的「險情」，她說：「一九七四年六月，江青在天津『儒法鬥爭報告會』上，宣佈『又發現了一部李卓吾（贄）的《史綱評要》，現正準備出版』。

這是『四人幫』出於搞政治影射的需要而提出的。不少專家懷疑這部書是託名李卓吾的偽書。為鎮住眾人，『四人幫』在北大、清華的代理人想讓有三（即王重民）從目錄學上予以正面的鑒定，借助於他在目錄學上的威信肯定這部書。但有三從學術上研究後，認為是偽書，不肯說出賣良心的話，因此遭到忌恨。有一次他們發著火指著有三問道：『你說這部書是偽書，對你有什麼好處？』完全撕去科學的偽裝，赤裸裸地加以利誘和威脅。這伏下了後來他被誣衊迫害致死之禍機。」這也就是說王重民一身繫目錄學、版本學、校讎學之大師，又不曲學阿世，自然就招人頭痛和痛恨，當時在那個由上面組成的奉命為「法家」著作披紅戴綠的鑒定專家和學者中，有的不免承風希旨，有的則誠惶誠恐，於是「『四人幫』及其在北大的代理人或直接出面，或旁敲側擊，又打又拉，結果沒有得逞。」此前在北京還召開了全國「法家著作注釋會議」，決定先行出版該書的試印本，迫於壓力，到場的王重民沒有公開站出來指謬，而當江青宣佈將正式出版此書之後，王重民的「鑒定」結論就成了出版此書的嚴重障礙，何況王重民又不聽話、不改口呢，於是翌年四月十五日，在北大全校大會上，王重民因不肯照幫派人物定下的調子說假話，這夥人於是惱羞成惱，竟在全校大會上將王打成『資產階級土圍子』。」即被不指名地遭到誣衊和斥責，於是，又在翌日——我們應該記住這一天：即一九七五年四月十六日的深夜，「士可殺不可辱」的王重民、時年七十三歲老翁的王重民，在頤和園長廊上自縊了，終於，他與在這場「巨劫奇變」中的老舍、傅雷、劉盼遂、陳夢家、向達、傅樂煥、汪籛、李平心、翦伯贊、邵循正等同道一起，以及與先前在頤和園長廊投水的王國維先生一樣，用極為慘烈的方式，相似於當年李贄自謂「七十老翁何所求」而在獄中自刎、王國維一紙

「五十之年，只欠一死；經此世變，義無再辱」而躍入水中，共同身殉了中國文化之既倒，與之共命而同盡矣。是為殉道，也是對墮道者的一種無聲的抗議。劉修業女士後來回憶說：王重民是夜出家臨走前，在書棹上放下了手銥和一本《李卓吾評傳》。所以置一冊《評傳》於棹上，蓋有深意存焉，即他因不肯迎合批儒家者的旨意，堅拒為託名李卓吾（即李贄）的偽書作偽證，而當年李贄也是以七十古稀之齡遭當道誣陷，慨然自刎於獄中，遂是其所自況云云。世紀中國的頭尾，繼李贄之後的王國維、王重民，雙雙在那暮色中的頤和園，為二十世紀的中國、二十世紀的中國文化，平添了幾分血色的亮光。

五

說完王重民先生的赴死，還不得不說另外兩位人物。他們是王重民的夫人劉修業和王重民的學友向達。古人有趙明誠、李清照伉儷之雅趣，王重民與劉修業夫婦也是二十世紀中國圖書界的一對佳配和一段佳話。二人曾在巴黎一道尋訪古籍，所謂「青衫紅袖，共結同心，舉案齊眉，翰苑增色」，及至王先生遽歸道山，謝國楨老丈感慨道：「鴻案齊眉，卻不能同登白首，與漱玉、明誠前後如同一轍，實乃人生的憾事」，而劉女士此後含憤全力為丈夫整理和出版遺作，以至人稱「劉修業可謂以個人之力有計劃的主持領導和組織了八十年代中國的王重民研究」。王重民遺著出版就緒，劉女士以詩紀曰：「我居人世君泉下，欲訴衷情已不能。伴讀窗前書盈萬，重翻篋底稿塵封。焚膏繼晷償遺願，雜下丹黃對孤燈。一卷編成聊自慰，艱辛歷盡悟死生。」「餘生劫後十餘年，歲月侵入兩鬢斑。燕勺園中雙棲處，未名湖畔共嬋娟。胸懷磊落悲永逝，心緒淒涼苦孤單。獨自埋頭理舊稿，忍教遺墨付風煙。」劉修業，一九三二年畢業於燕京大學國文專修科，一九三三年進北京圖書館，一九五三年調入科學院歷史所，她的大半生和王重民一樣，都是從事於圖書資料的工作，堪為一對「脈望」的書人。

向達先生，與沈從文的經歷相仿，他們都是湘西土家族人。向達先前畢業於東南高師，此後經歷又與王重民相似，日以讀書、研究為務。新中國成立後，向達是第一批的學部委員之一，同時受任北大校務委員兼圖書館館長。向達在圖書和治學之外的空間生活，也與王重民相似之，他們熱愛祖國，又不乏書生之氣，如向達檔案中所云：其人也，「富於正義感；自高自大，有學術獨立超然的思想，有士大夫的堅貞，無士大夫的冷靜；解放後對黨極其擁護，但對民主人士非常不滿——對五十年代前期的一系列政治運動表示不理解」，其性格又「為人憨直，是非分明，毫不寬假」。所謂其「憨直」處，如其曾以諍友自況，表示「我們現在要監督執政黨，使他做得好，不讓他變化」云云，於是與王重民相同，都是「老右」之屬，且都有唐僧西方取經迭遭磨難的經歷。此前「鳴放」之時，向達曾提出在史學界要「百花齊放」、不能只開「五朵金花」，並且認為馬克思主義的原理和個別結論不能代替具體的歷史研究方法，於是其後果可想而知。向達「憨直」如童言無忌，而對其早有戒心的人就似師爺的斷案，欲加之罪，何患無辭，向達不光有「右派」言論，硬說他還有攫取湘西土家族自治州州長的野心，中國歷史學界的大右派，就非其人莫屬了。（第二號人物）再後，也就是那場「浩劫」中，向達較王重民先生先走了一步——取北大歷史系考古學教授鄒衡先生的親歷見聞：「我永遠不能忘記那個可怕的太陽似火的上午，時在一九六六年六月，幾個造反派架住被迫剃光了頭的向達先生在三院二樓外曬得滾燙的房檐瓦上『坐飛機』，一跪就是幾小時，——向先生已是六十六高齡。我看到有的教師嚇得直哆嗦，我也感到他凶多吉少，躲在一邊落淚。果然，從此以後，我再也沒有見到一代巨匠向達先生。」向達是在一九六六年十一月二十四日因不堪迫害而自殺（一說病逝）的，此前他還曾「憨直」地認為所謂「文革」對其儕輩而言，是所謂「鳳凰涅槃，獲得新生」的機遇，不曾料想其嚴酷使這位曾以「鐵漢」自居的土家族人竟輕擲了自己的性命，成為「巨劫奇變」中無數身殉中國文化的士子之一。史學泰斗顧頡剛先生在王重民輕生後的一九七五年七月的日記上寫道：王重民「不知何種刺激，於今年五月自經頤和園後山叢樹中。此與向達之病死，劉盼遂之自殺，同為可惜事，蓋此輩專家中今已無多，後生培養不易，而國家之文化建設則方興未艾，此種任務實非任何人所能擔負也。」惜哉！

13

劉盼遂死節考

一

《歷史學家茶座》（總第五輯）王同策先生《翠微校史的日子裏——羅繼祖談在中華書局點校「二十四史」》一文提及的劉盼遂、傅樂煥二先生之死，以及劉節先生之被批鬥，事情雖然已經過去數十載，讀之仍有慘然、凜然之感。記得詩人于堅先生在獲得「新詩界」國際詩歌獎時說：「一九六六年的『文革』其實是一次巨大的『滅心』運動，它毀滅的不僅僅是文化和日常生活，更是中國之心。『在靈魂深處革命』最終導致的是心靈和良知的虛無，導致了無數的死魂靈。」（《返回大道的過程》）是呵，無形的「滅心」，是需要多少代人才能消除和蕩滌的，那麼，有形的「毀滅」和傷害，現在難道已經被全部記入了歷史，供人們刻骨銘心的記憶了麼？這，未免太樂觀了，否則巴金是不會在他的晚年一直耿耿於懷於一座「文革博物館」的無處可覓了。甚至，在那「無數的死魂靈」的名籍中，比如劉盼遂、傅樂煥、劉節等等，今天的學子們會知道他們麼？又如具體到當年劉盼遂先生之死，不是還有各種「版本」，竟至今不能定讞麼？

二

當年「文革」結束後，開始公審兩個反革命集團，在《中華人民共和國最高人民法院特別法庭判決書》中，提及「由於林彪、江青反革命集團的指揮和煽動而造成的冤案，使各級黨政軍機關、各民主黨派、各人民團體和社會各界的大批幹部和群眾以及大批歸國華僑遭受誣陷迫害」，在這份《判決書》中紀錄的「社會各界知名人士被迫害致死的」名單中，就有學人劉盼遂先生。

劉盼遂（一八九六－一九六六），名銘志，河南息縣人，著名古典文學家、古音韻學專家。筆者所以對劉盼遂先生產生興趣，最初是因為他也是山西大學的畢業生，那也就是說，他是我的校友。早先的山西大學是中國最早的一所國立大學之一，除學生的劉盼遂之外，當年文科師長中，曾有瑞典漢學家高本漢和章太炎兩大弟子中「南黃北李」之稱的黃侃教授、李亮工教授以及周揚曾稱之為「中國第一位以馬列主義觀點撰寫中國文學史」的賀凱教授；學生麼，也並非都是籍籍無名，徐森玉（國寶級的青銅器文物專家）、章廷謙（魯迅密友，曾參與創辦《語絲》雜誌）、蕭一山（清史學家，曾任臺灣中央研究院院士）等，他們與劉盼遂都是最出彩的一批走出太原、走出娘子關的知名學者。劉盼遂後來曾在山東第二女子師範和曲阜第二師範任教，一九二五年考入清華大學國學研究院，專攻《說文》及古代漢語，彼時其導師是王國維、梁啟超、陳寅恪、趙元任、吳宓、李濟等，他的同窗中則有王力、吳其昌、姜亮夫等。一九二六年劉盼遂畢業，他的論文《百鶴樓叢稿》被評為優秀論文，並留校繼續研究兩年，隨後又先後發表了《春秋名字解詁補正》、《廣韻序錄校箋》、《跋唐人寫韻書兩殘箋》、《爾雅草木蟲魚釋例補》、《世說新語校箋》、《淮南子許注漢語疏》、《說文漢語疏》、《觀堂學禮記》等專著和文章。說起來清華國學院於一九二八年就終結了（僅存四年），它開辦的時間雖短，但為現代中國培養了一批善於用新思想治理國學的優秀人才，在它培養的四屆學生七十餘人中，赫然就有劉盼遂以及高亨、徐中舒、吳其昌、王力、姜亮夫、陸侃如、戴家祥、衛聚賢、謝國楨、楊鴻烈、陳守實、劉節、蔣天樞等學術大家，因而這所研究院在中國學術史和教育史上也就享有了「文化泰山」般的崇高地位。在研究院學習的同時，劉盼遂又在北師大師從黃侃先生研究《文心雕龍》，此後，他與王重民、傅振倫、謝國楨等還一起成立了《學文》雜誌社，編輯《學文》期刊，這一學人圈子當時被稱為著名的「北學派」，而劉盼遂的代表性著作，有對《論衡》和《淮南子》等傳統學術典籍的研究和考證（如《論衡集解》等），如今他更為人所知的一本書，則是他與郭預衡先生合編的《中國歷代散文選》（北京出版社一九八〇年版）了。劉盼遂後來輾轉任教於河南大學、中州大學、河北大學、清華大學、燕京大學、輔仁大學，講授他所擅長的古禮制（即周禮）等，而他治學耕耘的範圍，則在經學、史籍、文法、辭章、校勘、目錄等各方面，尤其致力於文字、音韻、訓詁，特別是《說文解字》，他爛熟於心，先後著有《說文漢語疏》、《說文師說別錄》、《轉注甄微》、

《文字音韻學論叢》、《段王學五種》《論衡集解》、《釋九錫》等。一九二九年起，他還受聘為北京女子師範大學歷史語言研究所研究員，又自一九三一年至一九三四年，擔任清華大學中文系專任講師，講授「文字學（形義）」、「大一國文」和「文論」（選授「自唐以來之範文以及唐以來各代之作品、各派之衍變、各家之藝術」等）等課。一九四九年以後，教會大學停頓，輔仁大學劃歸北師大，劉盼遂此後就長期在北師大中文系任教。北師大歷史上素以名家薈萃著稱，如魯迅、錢玄同、黎錦熙、陸宗達、沈兼士、顧隨、余嘉錫、吳承仕、譚丕模、李長之、穆木天、黃藥眠、李何林、俞敏、鍾敬文等，以及前幾年逝世的啟功和郭預衡等先生，劉盼遂在該校稱得上是桃李芬芳，如古典文學家聶石樵、鄧魁英等，就是受其親炙的。

三

筆者對劉盼遂產生的另外一個興趣，是早就知道他是中國藏書史不可不提的一個人物。這怎麼說？若說他是千萬人中的一個書癡，這不稀罕，劉盼遂生前曾對他的學生說過：「人好比魚，書好比水，水有多大，魚就能游多廣。」筆者對此有一個淺陋的見解：如果是做文史研究的學者，要知道他的深淺，一個方便的觀察就是看一下他的書齋便是了。（當然，對於錢鍾書那樣的學者，則是例外。）劉盼遂還曾說過：「要學業上有成就，必須具備三個條件。第一，要專心致志；第二，要書多；第三，要生活安定。」

筆者也以為這是學者治學的不二法則。因為：學者治學是要講唯物主義的「條件論」的，劉盼遂提到的「專心致志」，實際上就是成功要素之一的「汗水」，（當然，適當的還要講一點「天賦」。）即主觀的努力，以及客觀的藏書背景；劉盼遂提及的成就事業的第三個條件，是說治學的外部環境，也是學者最起碼的問學保障的底線，以此為標準，我們就可以發現：有那麼多的學人就是因為匱乏於此而失去了治學的能力（王國維、陳寅恪等等），有的甚至犧牲了生命。劉盼遂生前在北京的住宅，命名為「居之安」，其弟子聶石樵、鄧魁英兩先生曾在一篇文章中描述道：那是西單的一個獨院，「院落不大，一排正房，兩個對廂。屋裏陳設非常簡單，對著門放了一張方桌、兩把椅子，——這就是劉先生經常接待客人、同朋友談天和向學生授業解惑的地方。另外，臨窗還放著一張寫字臺，寫字臺前有一把笨重的木椅，這就是劉先生每天工作的地方。靠北牆是一排大書架，上面擺著白紙的《四部叢刊》初、二、三編，百衲本《二十四史》等。靠西牆的書架上擺著他經常用的書籍。東面是一間臥房，另一間收藏著各種善本書。——牆上掛的條幅、對聯，有的是章太炎題的，有的是梁任公題的。」也就是在這樣一個普通和安靜的院落裏，劉盼遂寫下許多關於音韻、文字、訓詁的文字，以及他箋釋和校勘過的古籍，他憑藉了他所提出的那「三個條件」，成為外號為「活字典」的學識淵博的名教授。然而，不曾料想，後來發生的事，不僅是大大超過了白居易的「居大不易」，簡直是求一平民百姓的「安居」亦不可得矣，劉盼遂就是慘死在這「居之安」之內的！他的藏書麼，其大部分竟也被送進了燕京造紙廠還魂矣。

四

劉盼遂平素做學問和做人，都可用一個字「樸」來說明：治「樸學」，做「樸人」。他淡泊於名利，也很少參加社交活動，更從不在背後隨便品評他人。進入新時代後，他的清華老同學謝國禎曾善意地勸他多參加一些社會上的活動，劉盼遂回敬了一句耐人尋味的話：「謝多情，劉寡欲！」這是出自《世說新語》中的語言（劉盼遂熟讀此書，他還有《世說新語校箋》）。又據啟功《北京師範大學百年紀念私記》：早在反右運動時，劉盼遂大概就是因為他的這種為人處世的態度，才避免了一場大禍，所謂「沉默是金」：「當時中文系師生許多劃為右派，只有劉盼遂先生讀書多，記憶強，雖沒劃右派，但口才較拙，上課後在接著的評議會上，總是『反面教員』。」如此看來，就是口訥和藏拙也無濟於事了，劉盼遂躲得了一時，究竟躲不了一世，也就是這樣一位大概抬腳還要看看道上有無螞蟻的好好先生，在不久後的那場天罡地煞般的「文化大破壞」的風暴初起時，據說就被街道裏的「紅衛兵」關押了起來，最後又據說是「被拷打致死」。王同策先生在《翠微校史的日子裏——羅繼祖談在中華書局點校「二十四史」》一文中，說到劉盼遂的死，是夫婦「在自家的水缸裏雙雙自溺身死」！！！其實，這只是關於劉盼遂之死的一個「版本」而已。記得秦傑曾在《博覽群書》發表有一篇《珍貴的簽名本藏書》，文章提及一九七四年錢玄同遺物散出，他在琉璃廠獲得和收藏有一本劉盼遂送給錢玄同的書，書的內頁寫有「玄同誨正，盼遂敬奉，一九三六年秋」的字樣，秦傑以為「師生之誼、同事之情，躍然紙上」，他還不禁回憶道：「這使我常想起『文革』之初劉盼遂先生目睹北京紅衛兵將家藏數萬冊古籍焚於院中，劉先生捨身撲向火海，與典籍同歸於盡的悲壯一幕。」這就是筆者想要「考證」的一個題目——劉盼遂先生究竟是如何死的？

關於劉盼遂與傳統典籍同歸於盡的傳聞流傳已久，尤其到了今天，人們開始大談「國學」或「傳統文化」，不由就說到了劉盼遂先生的故事。比如吧，北京師範大學郭齊家教授被「大午集團」利用儒家思想辦企業的事例大受感動，也不禁回憶起當年唾棄傳統文化，甚至「我們的老師、前輩很多都在『文革』中鬥死了」，於是慨然如今「有人說『文革』沒有必要再講了。我說不能不講，我校中文系教授劉盼遂先生是一位很有水平的教授，收集了許多古代文化典籍，有宋版的、絕版的，紅衛兵給他燒了，這位七十歲的老先生撲在火上也燒死了，和中華文化共存亡。他的夫人則在水缸裏自盡。」那麼，當年劉盼遂究竟是死於殉書呢？抑或是被「紅衛兵」毒打致死的呢？或者說，是誰溺死在那一口水缸中的呢？接著我們還可以發問：何以「文革」早已結束了那麼些年，卻還有許多謎團解不開呢？這又比如老舍先生的死，如今竟也有不同的「版本」。

五

四十餘年之後，讓我們再來回顧一下四十年前「浩劫」初起時的慘烈吧：一九六六年八月下旬，劉盼遂「居之安」的安謐被「紅衛兵」抄家的「造反有理」的行動所打破，劉盼遂此時也受到了他大概一生不曾挨過的毆打。據說當時正是北京「紅衛兵運動」最烈之際，也即「滿城盡帶紅袖標」、抄家打人達到最高峰的時候，駭人聽聞的「紅色恐怖萬歲」的事件不時可聞。於是，劉盼遂因出身地主家庭，（「紅衛兵」還說他就是地主）又是「反動學術權威」，在遭到抄家和毒打之後，劉盼遂暴斃於「居之安」。（一如他的死是一道謎，他死亡的準確日期至今也仍然無法斷定。）如今關於劉盼遂之死的各種傳說（「版本」），一就是王同策先生所提到「自溺身死」，而當時「紅衛兵」也聲稱他就是這樣自殺的。後來王友琴在做「文革」死難者的調查時，認為在那樣一個小水缸中不可能自殺，另外，王力夫人夏蔚雲女士也認為那個水缸只有臉盆大小，（筆者估計：那時北京早已有了自來水設施，一般四合院庭院裏的水缸，只是蒔弄花草所用，當然規模有限。）劉盼遂（而且是夫婦二人）怎麼可能在那樣的淺水裏自殺身死呢？（即不能相比於王國維所死的昆明湖，或者傅樂煥所死的陶然亭湖水。）於是，啟功在回憶中就認為：劉盼遂是被「紅衛兵」活活打死，然後塞到水缸裏的；此外，當年北京師範大學的一些同人則認為劉盼遂是被人強壓進水缸，是窒息而死的；甚至是劉盼遂被人打死之後，又被人頭朝下放進水缸中的，這樣做的目的是用來偽稱他是自殺的，《讀書》（二〇〇六年第五期）有篇朱玉麟的文章《春山秋恨有誰知》就說：「這位忠厚木訥的長者與夫人在家中被紅衛兵揪鬥致死，死後的屍體，竟被偽造了自殺的現場，雙雙頭朝下浸泡在了水缸中」云云。更令人吃驚的是，據說當年參與打死劉盼遂的人群中，甚至還有小學生；以及當時劉盼遂的兒子曾經跑到北師大請求幫助，卻竟無一人出面去制止「紅衛兵」的暴力行為，於是，劉盼遂先生就這樣不明不白地死了，那年，他才六十歲左右，正是一個學者的黃金時代呀。那麼，劉盼遂究竟是死於「紅衛兵」的毒手，還是他毅然絕然地赴死於書的火海中的呢？歷史在這裏只能是「沉默」了！

不要忘記：與劉盼遂一同赴死的，還有他的夫人！據說她當天外出買菜回來，看到丈夫在火中「涅槃」，於是默默走入屋中，在水缸中自沉！！！我不知道今天的讀者或者學子，看了這樣的「故事」，會不會懂得歷史的沉重！或者，還有沒有當年的親歷者或親聞者，來證實一下這一個「故事」呢？或者，有人會站出來「懺悔」？？？而我們眾多的歷史研究工作者，難道我們鮮活的歷史，總是要蒼老到成為後人手裏的「考證學」時，才會慢慢得到澄清麼？抑或，甚至就此不了了之呢？嗚呼！

六

王力先生在「文革」之後吟詩，有悼念學界同人的《五哀詩》（收入《龍蟲並雕齋詩集》，北京出版社一九八四年出版），其中，首輓老舍先生蹈水（北京太平湖）之痛：「自古文人厄運多，堪嗟魑魅喜人過。龍鬚溝水成陳跡，今日明湖當汨羅。」繼之，輓歷史學家翦伯贊夫婦之含冤自殺：「馬班事業一家言，讓步何堪大罪論。大獄株連莫須有，夫妻服毒死含冤。」再，輓歷史學家吳晗先生冤死獄中：「海瑞何如吳子忠？拘囚遠比羅官凶。賈生流涕渾無補，贏得災殃及汝躬。」以及歷史學家周予同先生在「批孔」運動中身蒙奇天大辱：「經學淵源自不群，妄將尊孔厚誣君。傳車押解山東去，帶鎖披枷掘孔墳。」最後，就是哀輓劉盼遂先生了：「博學宏詞屬老成，醇儒應與世無爭。孱軀底事遭鞭撻？水甕埋頭竟喪生。」詩末，注云：劉「被打死後倒栽於水缸中，謂其自殺。」顯然，王力先生是毋寧相信劉盼遂是死於「紅衛兵」之毒手的。

關於劉盼遂先生的死，陸昕《閒話藏書》一書中也提到了幾種不同的「版本」，不妨抄錄如下：「『文革』初起，紅衛兵上街橫掃『四舊』之時，抄了北京師範大學中文系教授劉盼遂先生的家。劉先生不僅是享有大名的學者，而且收藏善本古書很有名氣，藏本中最著名的是一部宋版《十三經》，宋刊宋印，可謂驚世之極品。而為了從工資裏省下錢買書，劉先生穿的衣服常常洗得變色發白，襪子也打了補丁，甚至有時還穿了雙女兒穿小了的方口布鞋。為買書，劉先生的夫人也常與他鬧意見，甚至向學生們發牢騷。劉先生曾說：『我愛書如命，活著與書共存，死了可不能與書同亡。這些書就捐獻給學校和國家。』不料『文革』中一群紅衛兵衝進他家，先是聽說把劉先生和夫人同時拷打至死，書則一把火燒個精光！後來又風聞劉先生的夫人先被打死，劉先生傷而未死，但當他看到院中一片片紙灰化成的白蝴蝶凌空飛舞，感到一生精力所聚盡毀於斯，頓覺生趣全無，於是在家破人亡的悲憤中自殺身死。再後則傳言當時紅衛兵將書堆於院中點火焚燒，劉先生再三懇求送圖書館不得，最後忽將身一躍，撲在書堆上面，欲與書共受火焚，但被紅衛兵拉到一旁，棍棒交下而斃命。」另外還有一說，即當時劉盼遂因「妻子先被打死。妻子死後，劉盼遂頭朝下扎進一個水缸想要自殺。『紅衛兵』把他從缸裏拖出來，繼續毆打折磨他。他很快就被打死。」劉盼遂的子女呢？結果女兒也被打，「她正在懷孕，被打以後，她流產了。她在一個學校的教務處工作，逃到她的學校，免了一死。後來她生了一兒一女。」劉盼遂的兒子當時也「被綁在院子裏的樹上毆打和審訊。他後來找空子溜出家門，來到北京師範大學，請求學校派人去家中說明劉盼遂不是『地富反壞』分子，這樣『紅衛兵』就可能釋放劉盼遂和他的妻子。當時，北師大『文革』前的領導人已經被『打倒』，建立了新的權力機構。但是，北師大當局沒有去人，聽任『紅衛兵』把劉盼遂夫婦打死了。」過後，有人為之惋惜，甚至這樣說：那是「劉盼遂和他太太不會說話，不會給『紅衛兵』說好話，因此招致殺身之禍」。那原因又是「在『文革』之前，劉盼遂曾經多次被林彪和妻子葉群接去他們家中，為他們講課，講解古文。有人說，林彪當時剛剛當上了二號人物，成為毛澤東的『親密戰友』，如果劉盼遂能利用一下林彪的關係，也許就能救自己。」請教授學者為林、葉講課，確有其事，但事是否在「文革」之前已有，或者包括了劉盼遂先生，筆者不能確知，只知道因此而被認為是「上了賊船」的，有楊向奎、譚其驤先生等。又據官偉勳《我所知道的葉群》（中國文學出版社一九九三年版），林、葉曾在北京、上海請來教授為之授課，但「文革」中各大學和單位普遍分為對立的兩派，因此不便選擇，於是才停止了請教授學者授課，改請軍隊中的「文化人」來代替。

14 張東蓀「覆巢之下無完卵」

一、不該被歲月湮沒的張東蓀

張東蓀（一八八六－一九七三），晚近中國歷史上，尤其是中國現代政治思想史、民主運動史上的一位活躍的人物。不過，已經沒有多少人知道他了。新中國成立不久後的知識份子思想改造運動中，曾參與斡旋北平和平解放的他受到了批判，緊接著又匪夷所思地在一齣「叛國案」中聲名狼藉，這樁至今其真相尚難以完全曝光的案件此後便是一樁鐵案了，於是張東蓀從中國的政治舞臺上淡出，也從人們的記憶中逐漸淡出，他合該被人們遺忘了。只是到了歷史翻開新的一頁，人們又在面對傳統與現代、東方與西方、現代與後現代等等的不斷詰問的語境時，追思先賢，學者的張東蓀的形象再一次映入人們的眼簾，因為作為人類普適價值和理性的介紹者和現代化的推進者，張東蓀的思想遺產是豐厚的，甚至，在某些方面我們還不一定能夠超越他，於是他重新被人們議論起來，他的文字也陸續結集再版了，比如我們如果要看他的哲學論述，有收入《中國近代思想家論道叢書》中的《理性與良知》（張汝倫編）、收入《中國文化書院書庫》的《知識與文化》（張躍南編）以及《哲學與科學》等，而如果要看他作為政論家的的言論，中國青年出版社二〇〇〇年出版的《二十世紀中國學術文化隨筆大系》中也有他的一冊（克柔編），一冊在目，那是可以覽盡其風姿的，要之，如編者所云：「他主張對西方文化全面譯介，主張中國實行非暴力現代化轉化，主張政治民主之下的有計劃的經濟——而民眾的自由權利，特別是政治批評的權利，則是一切之根本，絕不允許任何人以任何名言予以剝奪」。這是他作為鐵桿的自由主義者的宗旨，於是我們也可以由此想見：「與其他一些名聲煊赫的中國學人不同的是，他既不曾為邀寵而阿諛，也不曾因罹禍而討饒，他的性情和他的抉擇，鑄造了（他）自身的悲劇結局」，這也就是上世紀五十年代初的「張東蓀案」的一個背景吧。

由於「張東蓀案」本身的撲朔迷離和其背景的複雜，這裏，我們姑且繞開「張東蓀案」本身的蹊蹺，就從「張案」的一池漣漪所至——它終於殃及到了張東蓀的子女們身上，去瞻顧它那「罹禍」的深重和「悲劇」的殘酷吧——

二、錢塘張氏和張東蓀其人

錢塘（杭州）張氏家族是近代中國著名的文化世家，就說張爾田、張東蓀兄弟，他們都是晚清以降中國學術界的著名學人：兄長的張爾田（字孟劬），曾任清朝「清史館」的纂修，除《清史稿》外他還參與編寫了《浙江通志》，並與嘉興沈曾植為密友（沈死，其為之整理遺稿有《蒙古源流箋注》、《蠻書校補》、《元朝祕史注》等），他還著有《玉谿生（李商隱）年譜會箋》、《史微內篇》、《遁龕文集》等，他還曾教書於北大、北師大、光華大學、燕京大學等；張東蓀，原名萬田（字聖心），哲學家、社會活動家，也是著名的民主人士，他早年留學日本，是民國初期大名爆起的政論家，也是民國著名政治派系「研究系」的主要成員之一。張東蓀先後創辦和主持的輿論媒體有《庸言》、《正誼》、《中華雜誌》、《新中華》、《時事新報》和副刊《學燈》、《解放與改造》、《哲學評論》、《新哲學論叢》、《再生》等，在中國近代思想史上，由他點燃和參加的思想論戰，先後有國民性改造、社會主義論戰、科學和玄學論戰、新哲學運動、唯物辯證法論戰、抗日救亡運動、中間路線運動等。他還先後在上海中國公學、光華大學、北平燕京大學等執教。一九三二年他發起成立了國家社會黨，後來他曾出席國民參政會和舊政協會議。在抗日戰爭中，張東蓀在北平被捕，他堅拒日本人強邀的偽華北教育督辦（接周作人之班）一職，期間曾四次自殺未遂，後被保釋出獄。張東蓀在戰後致力於中國的和平和進步事業，當時他是「民盟」的主要負責人之一（曾任中央祕書主任），圍繞戰與和，他極盡其政治斡旋的本事，同時他也宣稱要保持「左不盲從，右不落水」的立場，當時他的政治聲望也達到他一生的頂點，為各方政治勢力所看重，他也利用為各方所倚重的事實，堅守自由主義的政治姿態，但在實際上則傾向於中國共產黨的新民主主義路線和政策，並且介入斡旋北平的和平解放，發揮了極為關鍵的作用。新中國成立後，他當選為中央人民政府委員兼政務院文化教育委員會委員，並且當選為「民盟」的中央政治局委員。

三、所謂「張東蓀案」

豈料，不久後的一九五一年知識份子思想改造運動中，他成了燕京大學乃至全國知識界的「反面標兵」；更匪夷所思的是，一九五二年「張東蓀案」東窗事發——原來他認為中共「一邊倒」的外交方針不符合中國的利益，進而他利用自己以前曾作為「調人」的資格、以及與司徒雷登和美方的關係，私願調解中美關係，貿然和一個名叫王志奇的「美國特務」發生聯繫，又在面臨中國將捲入朝鮮戰爭的嚴峻局勢下，他要王傳話給美國國務院：「打起仗來千萬不要打中國，留著中國，且看將來」。昧於世事、書生氣十足的張東蓀情切之下，甚至在與王的接觸中，貿然地將當時尚是屬於國家機密的「國家預算」和可有「合作希望」的政協民主人士名單交與對方，作為一個中央人民政府委員，這是絕對不能允許的，儘管他是哲學家而根本沒有任何行政的經驗和知識。本來就抵觸思想改造的張東蓀很快在王志奇交代後，他的錯誤性質也由「一親四反」（即親美和反蘇、反共、反人民、反馬列主義）的「封建買辦、投機的政客」上升為「叛國」和「美國特務」，他一下子從「思想改造」的對象轉變為「叛國罪行」的大奸慝了。此後，張東蓀自感好心辦壞事——他是出於讓中國避免遭受第三次世界大戰的災難，才犯下大忌，進行所謂他的個人外交的，所以他拒不承認「叛國」和「美國特務」的罪名，只是自請處分於無意中洩露了國家機密。當然，那也由不了他了。迅即，毛澤東定性張東蓀為「壞分子」，他還說：「我們不能坐在一起開會了」。毛澤東還在知識份子思想改造運動的一份批示中說：「看來除了張東蓀那樣個別的人及嚴重的敵特分子以外，像周炳琳那樣的人不是幫助他們過關為宜。時間可以放寬些」。隨後，「民盟」也決定撤銷了他在盟內的一切職務，並成立了章伯鈞、羅隆基、史良、胡愈之、許廣平、曾昭掄、吳晗等人組成的審查小組，最後，指控他「出賣一九五〇年國家總預算詳細數字的情報」、「出賣我抗美援朝的重大政治軍事機密」、「出賣有關國防資源情報」以及「替美帝國主義找政治市場」、「掩護美帝特務活動」、「與美帝公開掛著使領名義的特務人員經常保持著聯繫」等，同時一併清算舊案：「領取汪逆組織津貼」、「與國社黨、漢奸頭子（即張君勱）共提賣國提案」、「未與反動的民社黨割斷關係」、「解放後還企圖幫助戰犯張君勱混入新中國進行其陰謀活動」等，於是，又再加上了一「漢奸」的罪名。

張東蓀的政治生涯遂告結束，奇怪的是他並不如人們所預測的將以「叛國」、「特務」或「漢奸」的罪名被逮捕和法辦。一九五二年四月二十一日，毛澤東作「對北京高等學校三反簡報的批語」，其中的注語中有「張東蓀，原為燕京大學教授、中國民主同盟中央委員會常務委員、中央人民政府委員。抗美援朝時因出賣國家重要情報，被免去政府委員職務，但從寬處理，不逮捕法辦，並照發工資」等，也就是「不予處理，不戴反革命帽子，只是不參加政治生活」。後經「群眾」要求，剝奪了其公民權，但仍名義上在北大任教。據說毛澤東曾指示將張東蓀作為人民內部矛盾處理，就是將其養起來，如周作人，也是以「文化漢奸」而養起來的。直到「文革」的一九六八年初，他和他的長子一起入獄，以迄一九七三年病逝於獄中。

顯然，「張東蓀案」有許多說不明白的地方，或者可以稱為一樁謎案。如林孟熹所說：「此案從未公開宣佈或審理，僅在民主黨派內部做過簡單口頭傳達，後不了了之」，他進而綜合和歸納此案中的種種可疑之處，即1、「張案是當年公安部破獲的最大一起間諜案，但中途轉給周恩來辦公室接手，不讓公安部繼續追查」；2、「張案亦沒有經過司法部門定罪，據說中共有關方面曾有此打算，但為毛澤東所阻。毛說張對北京和平解放還是有功的，就算了吧！」對此，林不由發問道：「張對民主革命當然有功，豈止和平解放北京一端，問題是能否功過相抵？」如當時曾參與上海解放的楊虎，「最後仍以間諜問罪，何獨厚於張？」；3、當時的「三反」運動中，「值得注意的是，對張的批判沒有涉及其間諜罪行，儘管人們揭露了很多他的親美言行」；4、「案發之後張東蓀一直仍住在燕園的教授住宅，工資照領，直至一九五八年調到北京市文史館」；5、張東蓀本人此後亦「從未表示悔意與自責，反而理直氣壯地宣稱自己是愛國的」，則「莫非背後另有內幕？」等等。要回答上述的疑竇和詰問並不是一件容易的事，它要從戰後「冷戰」的世界格局下、從新中國外交方針的「一邊倒」的態勢下，結合中外各方面的檔案文獻才能予以澄清，而顯然這是目前我們還做不到的。近年來左玉河《張東蓀傳》、葉篤義《雖九死其猶未悔》、林孟熹《司徒雷登與中國政局》等書都提及當年這樁撲朔迷離的案件，筆者也早有意去剝離當年裹附在張東蓀身上的重重迷霧而有所澄清，只是限於客觀條件，也就心有餘而力不足矣。張東蓀身敗名裂後，只好做了一名「寓公」，閒暇寫些舊體詩詞以及自傳等。「文革」爆發後，他的「寓公」生活亦告結束，從一九六八年到一九七三年的五年間，他是在獄中度過的。據說在他臨終前，得悉美國總統尼克森已經成功訪問了中國，中美兩國且達成和發表了《上海公報》，張東蓀聞之激動不已，以至老淚橫流，他喃喃地說：「中美不能對抗，還是我對」。但是，這個遲到的消息並沒有絲毫減輕由於「張東蓀案」而帶給了整個張家的巨大苦難和張家幾代人的心靈創傷。

四、覆巢之下無完卵

張東蓀的兒女們都是科學家，這是一個曾經讓人羨慕不已的北大朗潤園裏的文化世家。張東蓀的長子張宗炳，是北大生物系教授；次子張宗燧則是學部委員和中國著名的物理學家；三子張宗穎曾在清華大學和西南聯大學習化學和社會學，後在開灤煤礦任職；張東蓀的女兒張宗燁，也是中科院高能物理所的研究員，現為中國科學院院士。

張東蓀是搞哲學和政治的，他的兒女們卻大多是從事自然科學的，而且堪稱是科學家搖藍的家庭，然而也就是因為張東蓀當年那一個魯莽的舉動——他竟然惘然於冷戰的事實，也居然不明白新中國如何建立起來的事實，私意「一邊倒」為非，不顧忌自己的身份卻去私自尋求渠道調解中美關係，豈非異想天開？結果全家人為此付出了慘重的代價：張東蓀於一九六八年被捕收監，其長子的張宗炳夫婦也連同入獄，父子兩人分別關押在秦城監獄，後來張宗炳因長年的孤獨監禁生活被折磨成精神失常，出獄後才逐漸好轉；更不幸的是，他的次子張宗燧和三子張宗穎夫婦竟絕望自殺了！

張宗穎夫婦的自殺，起因是其家中的「電臺」。當年「張東蓀案」起獲時據說發現了張東蓀與美方有聯繫的電臺，那是從天津他兒子張宗穎處起獲的，但其情由迄未曝光，而張宗穎夫婦的自殺顯然與此事有關。在張家第二代人中，最可惜是著名物理學家張宗燧先生的棄世，他在五十四歲最能出成果的年齡卻命歸黃泉，否則的話以他的才華很可能會在世界科學史上留下濃抹重彩的一筆的。這也不獨是張家的悲劇了，它也是中國的悲劇。張宗燧的才華在張家子女中最為突出，他與兄長張宗炳小學同班，不久就超越了兄長，在中學時他喜歡物理和數學，開始自修原子物理學以及微積分，十五歲就考上了燕大物理系，一年後轉學到清華，各科成績出類拔萃，曾經教過他的趙忠堯回憶說：張宗燧非常聰明，無論怎麼考都難不倒他。大學畢業後，他師從吳有訓在清華研究院當研究生，一九三五年考取中華教育文化基金會赴美公費留學生，後改為赴英留學，在劍橋學習統計物理，得博士後又往丹麥，在世界著名物理大師玻爾主持的哥本哈根大學理論物理研究所工作，開展量子場論的研究。一九三九年在世界大戰的硝煙中他風塵僕僕回國服務，在後方的中央大學任教。一九四二年李約瑟訪華，在陪都重慶建立中英科學合作館，當時張宗燧的兩篇論文經李約瑟推薦發表在國外，他又得到李約瑟的推薦赴劍橋大學與物理大師狄拉克共同合作研究量子場論，他還在該校成為第一個講學開課的中國學者，後來他與狄拉克一齊去美國著名的普林斯頓高等研究院工作與講學，至一九四八年才回國，先後在北大、北師大任教，解放後他又兼任了中科院數學所的研究員。一九五六年張宗燧在數學所建立理論物理研究室，專任研究並主持業務，開展統計物理和量子場論方面的研究，在這兩個領域他都是中國學者最早開展研究的，他也取得了豐碩的成果，可惜正當他最好年華的時候他遇到了瘋狂的政治動亂，為了父親的問題和他曾留學和工作於美國的問題，他受到不公正的對待和殘酷迫害，一九六九年六月三十日，張宗燧憤然棄世。

五、所謂「X社」（或「X詩社」等）

作為文化世家，這些家族中的後人往往也具備一些「精神貴族」的氣質。比如張東蓀第三代的傳人，也即張東蓀的愛孫、生物學家張宗炳之子的張鶴慈。

張東蓀賦閒時，一定又在精神上影響了他的孫輩。而讓張東蓀無論如何想不到的是，他的愛孫會和從前民主鬥爭中的盟友郭沫若（當然後來是形同水火了）的兒子步其後塵，在當時已是談虎色變的政治問題上闖下了大禍。原來，在上世紀六十年代，張鶴慈與郭沫若公子的郭世英是一對摯友，他們在讀書期間曾有過一個「X詩社」，成員中還有幹部子弟的孫經武和葉蓉青。後來在「社教」運動中，他們被一位同學檢舉揭發出來，自然這是大逆不道的，於是全體成員被公安機關拘留審查，並被定性為「反動學生」，郭世英沾父親的光，被「勞教」處理，其他幾位則被判刑後去「勞改」了。這樁事後來很少有人提及，我只在《文化大革命中的地下文學》一書中看到有一節很扼要的「X小組的覆沒及郭世英之死」，只是過於簡單，連張鶴慈都沒有寫進去，此外羅點點的《紅色家族檔案》一書中也說到郭沫若的兩個兒子郭世英和郭民英雙雙屈死的往事。

「X社」，或「X詩社」和「X」反動集團，這是上世紀六十年代初北京大中學校中極少數的異端沙龍，它的出名除了因為有郭沫若公子的郭世英之外，（並且因此在「文革」中罹難）還因為共和國的領袖對它有過講話和批示。如今其成員大多已風流散盡，張鶴慈定居澳洲，有人曾將保存在美國遠東研究圖書館的一份一九六三年公安部關於「『X』反動集團」的絕密文件（「幹部子弟蛻化變質九例」之一）寄給他，這才勾起了他對已經淡忘了的往事的強烈回憶。該文件稱：「X社」是由張鶴慈和孫經武（軍隊後勤部門某部負責人的兒子）等組織起來的，參加的還有郭世英和葉蓉青（女）。他們原是北京一所高幹子弟學校一〇一中學的同學，後來分別升入北京大學（郭世英）、北京第二醫學院（葉蓉青）、北京師範學院（張鶴慈）和部隊（孫經武）中，一九六一年年末以後，他們就經常聚會、通信、傳閱反動書籍、偷聽反動廣播、交流反動觀點。一九六三年二月十二日，他們共同研究決定要祕密辦一個「X」雜誌，從此「X」集團就形成了。一九六三年五月「X」集團被查獲後，他們交代：組織「X」集團是為了「要求精神開放」，「要求自由」，「發洩不滿，擴大影響」，「追求絕對真理」。孫經武還說，X是俄文「赫魯雪夫」的第一個字母。他們了擴大反動組織，還拉攏過十九名落後青年，其中高級幹部子女有六名，一般幹部子女六名，高級知識份子子女三名，反革命分子和右派分子的子女四名。一九六三年三月二十六日，他們在張鶴慈家裏共同研究，準備向緬甸或香港逃跑，並確定在暑假期間行動。五月七日，他們第二次密謀逃跑，確定先到杭州，然後同去廣東，伺機逃往香港。此外，「X」雜誌創立前後他們還寫了很多反動文章和書信。其中張鶴慈說：「社會主義就是國家資本主義，和帝國主義法西斯本質一樣」；孫經武說：

「中國言論、出版不自由，看書、聽廣播都不自由」；郭世英說：「我們的理想從來沒有符合過現實……我只能向社會大叫，你們看看。這是你們的產物」。他們還攻擊「三面紅旗」和黨的政策，張鶴慈說：思想改造是「對有思想、有性格的青年的壓抑」；張經武說：「大躍進與人性要求絕然違背，充滿了野蠻的悲劇」，又說：「中國共產黨在國際問題上表現了十分的冥頑不化」。他們反對馬列主義，讚揚修正主義，張鶴慈說：「馬列主義已經過時了」，「戰爭是兩支軍隊、兩個國家的集體自殺」；孫經武說：「對於馬列主義我已找到了一切反對的理由，修正它甚至推翻它，不僅在理論上有可能，甚至是新時代的歷史要求」；「中國只有兩個出路，或者被消滅，或者走赫魯雪夫的道路」。

「X」社的成員大多是早熟的，他們敏感於發生在他們周圍的不斷的政治運動，他們的許多觀點也是由此建構起來的。如一九五七年反右期間，張鶴慈在清華二校門上看到一張大字報，講的是延安時期的「整肅異己」，另外還有為胡風鳴冤的大字報，說道：「莫須有，何以罪天下？」後來張鶴慈回憶：「這些都給了我極大的震撼」。而他們所以被定罪為「攻擊三面紅旗和黨的政策」，也是他們目睹了「三面紅旗」搞得一團糟，餓死那麼多的人，甚至還要去整肅敢為人民「鼓呼嚨」的彭德懷。當時他們聽說彭被關在北京郊外的某地，他們還設法去看過他幾次，但每次都因為警衛森嚴而沒有成功。

六、張東蓀和「X」社

至於張鶴慈，文件稱：他從小即受張東蓀、張宗炳這兩個「美國間諜」的教育，影響很深。張東蓀經常教育他：「看什麼問題都要站在局外人的角度上」；「什麼主義都應該看看，馬列主義太膚淺，和別的主義比起來，像水和酒一樣，什麼味道也沒有了」；「現代西方的學術流派大有道理」等等，並還給他講述所謂「人民資本主義」和「實用主義」、「實證主義」等反動哲學。此外張鶴慈自己也讀了許多唯心主義哲學、資產階級經濟學和其他的反動書刊。而孫經武也是因為和張的接近，思想逐漸開始反動。在這個小團體中，張鶴慈經常散佈許多反動的思想觀點，他首先向他們推薦十九世紀的西方古典小說，讓他們被裏面的「個人英雄主義、個人抱負、人性論」所「深深地打動」。隨後，張又向他們介紹實用主義、實證主義哲學和《通向奴役的道路》、《資本家宣言》等反動書籍，使他們認為：「人是利己的」，「集體主義和個人主義不過是利己主義的兩種形式」。他們還在一起看了一些修正主義的書刊，如赫魯雪夫在蘇共二十二大的報告、《愛倫堡文集》、《山外青山天外天》等。張、孫還經常收聽美國、臺灣和蘇聯的廣播，並向郭、葉等傳播。他們認為共產黨的廣播、報刊是「灌輸信仰」的「政治宣傳」，不合他們的胃口，反動廣播特別是「美國之音」「報導客觀」，跟他們的觀點一致，而且美國經濟在不斷發展，這證明其「制度是進步的」，等等。在這份公安部的文件中，張鶴慈被排在了第一位，當然就是指他是這個反動集團的主要成員了。文件中還提到張東蓀，特別給張鶴慈加上了一句「張東蓀的孫子」的定語，其潛臺詞也是十分明顯的。至於張東蓀是否影響於「X」社，也就是說張東蓀鎩羽之後是否已如老僧入定一般不復有塵世的關懷，抑或抑止不住地繼續有所思？從張鶴慈的回憶看來，應該是後者。張鶴慈們也特別欣賞從前張東蓀在《觀察》上發表的《論思想自由》等文章，他誠實地說自己在思想上是受祖父影響的。至於張鶴慈的父親張宗炳，張鶴慈斷然否定他對自己有影響，他只是哀憐父親（時為北大生物系教授）是美國康奈爾大學的博士，因此解放後一直不受信任，在歷次政治運動受到衝擊，即使這樣一個完全西化的知識份子，在一九六三年張鶴慈被捕前，還竟然每天晚上把他叫到床前進行愛國和愛社會主義教育，於是他格外感慨知識份子已大都在思想改造運動中被「洗腦」，此後他們只是因人的道德而異，好的只是自我懺悔，壞的則為虎作倀。

七、反修運動中的「X」社

顯然，這個「X社」是一個並不成熟的小團體，其成員的想法有許多是基於年輕人的冒失和衝動並不正確，但可貴的是它的探索精神，也就是說：當究竟什麼才是馬克思主義、什麼是社會主義、在中國如何搞社會主義等等這些問題已經客觀地被提出來時，他們從現實地疑惑中、從廣泛地閱讀體會中，也可能有與張東蓀等的交談中，他們去嘗試做新的解釋，當然按照他們的理解，首先是思想自由，他們無意囿於意識形態的束縛，這在當時是非常「前衛」又非常危險的，所謂「眾人皆醉我獨醒」，這在「階級鬥爭」的「弦」緊繃的六十年代是大逆不道的，尤其是它的起名正好與「現代修正主義鼻祖」的赫魯雪夫（俄語中其名字的第一個字母）有關，這在「反修」浪潮一浪高過一浪的六十年代，正好提供了一個供人批判、供人警示的現成把柄和例子。後來張鶴慈回憶說：「X社」的成立，四個人是共同的發起人，並不是我和張經武是組織者、郭世英和葉蓉青是被發展對象。所謂「X」的雜誌，只是為了發表我們讀書的體會和文學創作，大家用活頁紙寫好文章後集中在我處裝訂成冊而已。因此，說「X社」是一個集團，是不確實的，因為我們完全是「君子群而不黨」。

那麼，「X」究竟是什麼意思呢？這曾是張鶴慈他們被捕後審訊的重點。張當時是這樣回答的：X是數學中的常用符號，表示未知數，我們用這來表示懷疑。另外，X又可以看作是一個叉字，我們用來表示否定。X還可以看作是一個十字路口，表示探索。再有，便是四隻伸出來又握在一起的手。顯然，這在大力提倡「階級鬥爭一抓就靈」和「做一顆永不生銹的螺絲釘」的當時，這個「X」所表示的對社會現實的「懷疑」、「否定」和「探索」，已經是大逆不道了。至於與赫魯雪夫有無關係，張鶴慈回憶說：當時他們已讀過赫魯雪夫在蘇共二十大的反史達林的祕密報告，對他的「非史達林化」和「和平共處」都非常肯定，特別是他提出了一切為了「人」，而不是什麼抽象的主義和人民。但是「X」的起名的確和他沒有關係。可在當時，他們百口莫辯，於是這條「莫須有」的罪名也就成了逮捕「X」成員的主要原因之一。至於「X」雜誌，從一九六三年二月十二日成立到五月十八日被捕共出了三期，上面發表的是其成員的一些純文藝的創作，其中主要是詩。當時他們對流行的「黨文藝」表示不滿，想自己闖出一條真正的文學創作的路來，今天看來那就是「文革」前的「地下手抄本雜誌」了。其實在此之前，他們已經做過各種自由文學組織和出版物的嘗試，如高三時張鶴慈和郭世英想一起搞一個劇團，為此找來了幾個戲劇學院的學生，但是因雙方談不攏，張鶴慈和郭世英喜歡的是易卜生、蕭伯納，甚至奧尼爾、梅特克林等，對方卻聞所未聞，只得作罷。此外，張鶴慈在高中時還辦過一個離經叛道的壁報《風》，它和傳統的壁報不一樣，任何人可以不經過編輯，把他們的文章直接貼上去，很像後來「文革」中盛行的大字報、小字報。《風》，主要有雜文、漫畫、知識介紹、古畫欣賞等等欄目，最後一期的漫畫是三張系列，一張是「微分」，另一張是「積分」，還有一張是一個三岔路口：一邊是資本主義，一邊是社會主義。校領導很快發現《風》的風向不對，就把它停刊了。

八、對「X」社的處理

「X」社即有所謂「密謀逃跑」、「反對共產黨」、「反對社會主義」、「攻擊三面紅旗和黨的政策」和「反對馬列主義、宣揚修正主義」等罪名，但在處理時可能出於挽救幹部子弟的政策考慮以及周恩來的直接插手，最終給予了低調的處理。而在當時，這一「集團」的每一件「罪行」老實說都是要殺頭坐牢的大罪，之所以如此，後來張鶴慈猜測可能和周恩來的庇護有關。「X」社被郭世英的北大同學寫信告發後，迅即被公安部注意上了。一九六三年五月一日，據說是毛澤東發話說：「幹部子弟鬧得也太不像話了，要整頓」。此後郭沫若很緊張，他和于立群想帶著郭世英和張鶴慈一起南下，去參觀祖國的社會主義建設，進行愛國主義教育，其實是想避一避風頭。孫經武當時和他父親一起在杭州的軍隊療養院。五月七日，「X」社的成員祕議南下廣東或雲南出逃。但沒等他們動身南下，孫經武回了北京，他們便發覺被嚴密跟蹤了。五月十八日，「X」成員全部被捕，並受到了審訊。參加辦案的單位有公安部、北京市公安局，還有解放軍總後勤部保衛部等。最後處理的結果，是張鶴慈和張經武被作為「反動學生」勞動教養二年，（一說判刑）郭世英沒有處理，（一說勞教）只是被送到農場勞動。「遭受了這個挫折，世英真誠地檢討自己的錯誤。他在黃泛區的一個農場裏努力勞動，希望通過痛苦的磨練重新做人。後來由於表現好，提前解除勞教，但是世英表示不願意離開他的種棉花的師傅，希望在農場繼續待下去，為改變當地的落後面貌貢獻青春。後來在家人的勸說下，同意到中國農業大學學習」。一九六四年張鶴慈和孫經武在勞教中準備外逃未遂，審訊中傳來過周恩來的又一個指示：「我不相信他們改造不好」。不過，「X」社犯事的時候已是「三年困難時期」的尾聲，在反對「現代修正主義」的號召下由劉少奇和周恩來等主持的「糾左」步履維艱，特別是一九六二年九月中共八屆十中全會上，毛澤東把社會主義社會中仍在一定範圍內存在的階級鬥爭作了擴大化和絕對化的論述，而當時的「單幹風」、「黑暗風」和彭德懷的上書以及後來「X」社的事件不啻成為提供給這種左傾錯誤的例證和口實，加上不久後中蘇大論戰發生，於是全國和全黨從此深深陷於左傾的迷誤中。「X」社東窗事發一年後，即一九六四年六月，毛澤東有針對性地提出了「接班人」的問題，他明確地提出了「要搞馬列主義，不要搞修正主義」等「接班人」的五個條件，此前的三月，中組部也召開了座談會，部長安子文主持並提出了培養接班人的問題是關係到革命的「傳宗接代」的問題。不久後，毛澤東又在《九評》中提到：關於培養無產階級革命事業接班人的問題，「是我們能不能勝利地防止赫魯雪夫修正主義在中國重演的問題」，「這是關係我們黨和國家命運的生死存亡的極其重大的問題」，「這是無產階級革命事業的百年大計，千年大計，萬年大計」。也是這一年，他開始格外關注理論和意識形態領域，特別是文藝、教育方面，在他心目中，這是被資產階級和修正主義「專了我們政」了的。在一次對外賓的談話中，他不無憂慮地說：「誰戰勝誰的問題，是無產階級戰勝資產階級還是資產階級戰勝無產階級？這個問題還沒有解決」，而「舊社會的知識份子不改造不行」。也許這裏還有一個潛臺詞：何況還有張東蓀這樣無法改造的人呢？對「舊社會的知識份子」的估計是悲觀和低調的，那麼，新社會的知識份子呢？毛澤東接著說：「教育青年是個大問題」，為什麼呢？他以為：「如果我們麻痹睡大覺，自以為是，資產階級就會起來奪取政權，資本主義復辟。」顯然，這裏也有張鶴慈、郭世英這些青年的教訓。據說：當時劉少奇也在一九六四年的國務報告中點了「X」社的名，他要人們注意青年中的階級鬥爭動向。於是，即使是與郭沫若有深交、對張東蓀也不陌生（國統區民主鬥爭中的盟友），而且在黨內以尊重和關心知識份子、行事穩健的周恩來在處理「X」社時也只得弦在弓上，不得不發。總之，如羅點點所云：「毛、周兩個偉人對這件事情的反應，也說明對全社會、全民族實行革命化管理這件事，在他們心中有多麼重要的地位」。她又說：「郭家兩兄弟是生在大樹下的兩顆小草，在父親郭沫若這顆大樹的庇護下，還遭到了如此無情的風雨，可以想像，在那個全社會進行革命化無產階級化的時代，有多少青春才華受到摧殘。」這當然也包括了張鶴慈、孫經武等等的了。當時在強大的政治壓力下，郭沫若和于立群也做出了大義滅親的準備。後來郭世英在「文革」中的一九六八年四月二十二日屈死，而讓郭世英被北京農業大學的一批人非法綁架和刑訊逼供的主要原因，也是為了五年前的「X」社案，當時施暴者居心叵測要追查所謂「包庇者」，所以事後周恩來痛心地對郭沫若全家說：「世英是為我而死——」。「文革」開始後，公安部的謝富治、李震（「文革」後自殺）藉口說原來負責此案的凌雲、徐子榮兩個副部長當時欺騙了周恩來，又把張鶴慈和孫經武戴上「反革命分子」帽子，加重了處理。孫經武被揪鬥進了「牛鬼蛇神勞動隊」後，由石家莊三三〇二廠當作「三類人員」加以控制；張鶴慈則一直在勞動教養，後於一九七三年勞動期滿後留場就業，一直到一九八一年公安部、北京市公安局和總後勤部保衛部為「文革」中的加重處理平反後，才回到北京。那也就是說，他從二十歲到三十六歲，整整十六年是在監獄和勞改中度過的。在胡耀邦主持中組部期間，新華社老記者戴煌寫了關於「X」社的內參，陶鑄的女兒陶斯亮也帶張鶴慈等去見胡耀邦，胡耀邦也為此作了三次批示，但由於來自某些方面的掣肘，始終沒有得出結論。最後一九八一年八月三十一日才由公安部、北京市公安局和總後勤部保衛部做出了「平反」的決定。

九、半個世紀後的評說

其實，張鶴慈、郭世英他們那個所謂「詩社」或者「小組」，都是一些二十幾歲上下的好學青年，當時不是號召全國學哲學麼，什麼「桌子的哲學」，「打乒乓的哲學」等等，活學活用，立竿見影，學哲學的郭世英們自然不甘寂寞，成立了「小組」和「詩社」向人類認識的禁區進軍，羅點點說：「他們從世界的本質開始，討論哲學的前途，比較唯物主義和唯心主義發展的背景和在歷史上的作用，進而討論兩者的合理性孰大孰小」，結果呢，純哲學的思辨導致了對現實的關懷，正是「哲學真是一門危險的學問，這些涉世未深的年輕人在認真的哲學思辨中很自然地產生了迷茫。他們對共產主義理想的確定性，尤其是當時思想界流行的對學術問題的專橫態度，對文藝批評的單一標準都產生了疑問。他們的小組頻繁活動，還寫了詩和其他文字的東西表達自己的情緒。這在當時的幹部子弟和青年學生中都是驚世駭俗之舉」，而「更要命的是，為了表示自己探討的問題都是未知數，他們給小組起名為X」。

「X」，就是表示要探索未知，張鶴慈還以為「X」還代表十字街頭、十字架等，涵義豐富，原來人的認識就是無窮盡的麼，上下求索，徘徊於十字街頭，也可能被釘在十字架上，張家傳統不就是對之有著足夠的體認麼。那時郭讀書北大哲學系，張讀書師範學院，他們算得上都是「太子黨」——精神貴族的「太子黨」，這在中國可說是罕覯，「生活在它處」倒有可能，如在俄羅斯，他們的知識份子多是從貴族中分化出來的，普希金、萊蒙托夫等以及後來的「白銀時代」，用學習俄語和研究俄羅斯文學出身的王富仁先生的話說：這樣的知識份子，因為有著社會責任倫理、戰士的鬥爭精神（士官生）和東正教宗教的超現實的人類關懷，才有了以文化去整合、凝聚民族精神又自身帶有特殊精神氣質和人格魅力的力量。顯然，這是以「仕」為唯一出路、「史官文化」傳統因襲、文人化「畢竟是書生」自閹情結、匱乏宗教終極超越精神而崇尚實踐理性與實用理性的文化氛圍下中國知識份子難能向背的，所以魯迅曾以為「中國其實並沒有俄國之所謂知識階級」，彷彿就是這個意思。郭、張等自覺以俄國知識份子為座標，「太子」而有民粹、平民意識，熱切討論「說實話、說謊話，這是一個問題」的問題，根結即在他們看重個性解放——思想自由，所以郭世英會說：「俄國貴族多了，有的人為了追求理想，追求社會進步，拋棄財富、家庭、地位甚至生命，有多少十二月黨人、民粹黨人是貴族，是公爵、伯爵、男爵。他們流放到西伯利亞，受鞭笞，做苦役，拋棄舞場、宮廷、情人、白窗簾和紅玫瑰，他們為了什麼？想想那些人生活的目的是什麼」。這是郭世英們六十年代初的內心世界。

從照片上看，年輕的張鶴慈有著張東蓀那雙探究人類奧祕的慧眼，可惜我沒有見過郭世英的照片。據說郭世英也有著詩哲的基因，他的相貌也是一張馬雅可夫斯基式的線條分明的面孔，張鶴慈則繼襲了其家族的仙風道骨，又不修飾，長髮蓬亂，天然一副哲人相，因為氣質上高貴，不免天馬行空般行事，於校園中行走便目不視人。詩人麼，昂首天外，據說其詩有戴望舒和波德賴爾之風，他最喜歡的格言也是「或者默默無聞，或者出人頭地」。雖說是詩人其相，他們關懷的卻是人間煙火，在大詩人（郭沫若、周揚）

採風而得所謂《紅旗歌謠》的時候，小詩人們看到的是哀鴻遍野，有時候真理就在「小」字輩身上，喊出皇帝沒穿衣服的就是天真有天籟（指鹿為鹿，黑白分明）的孩子，許多大人們的心地都被地位、名望、苟且等層層污垢蒙住了，郭世英在幸福的歲月感到「不幸」了，你聽他說：「如果你是一個有良知良心、講真話的人，生來便是不幸的。沒有自我，沒有愛，沒有個性，人與人之間不能溝通和交流，自相矛盾，互相折磨，這是非常痛苦的」，他自問自己是一個大學生，學哲學的，於是決定「不再欺騙自己」，要開始「獨立思考」，這就是「X」詩社或小組發起的萌蘖了。孩子心裏有痛苦是瞞不過母親的，于立群勸慰他不要自尋煩惱，是麼，大宅院裏的孩子煩惱個什麼呢，郭世英卻說：你看父親青年時代的作品，他可以自由地表白自我，為什麼我不行？于說：時代不同了，新社會、新青年，有新的追求和新的生活麼。這是很熟悉的話語，其實，「新」和「舊」，真的那麼壁壘森嚴？張東蓀、張鶴慈；郭沫若（一個「舊的郭沫若」和一個「新的郭沫若」）、郭世英——這是一個怎樣的「X」方程式呢？

15 元帥彭德懷和作家趙樹理為什麼命運如此相同？

一、《小二黑結婚》的誕生和轟動

一九四三年五月，抗日戰爭期間，在太行根據地的武鄉（八路軍總部所在地）和遼縣（後改為左權縣），通俗作家趙樹理正在這裏從事調查研究，當時他已被調到了中共北方局黨校調研室工作，以職責所在，加上作家「採風」的需要，趙樹理深入鄉村，採集了許多文學素材，不久，就開始醞釀寫作小說《小二黑結婚》。《小二黑結婚》完稿後，遭到了一些人的質疑，即當時太行區的一些文化人看不起趙樹理所從事的通俗文藝，甚至還將之視為過去上海灘「海派」即「鴛鴦蝴蝶派」的東西，於是，在稿子交給太行區新華書店出版印行時，卻被壓了幾個月。然而，有人卻非常喜歡它。當時北方局黨校的楊獻珍將趙的稿子交給彭德懷副總司令，彭看後很滿意，又讓當時北方局婦委書記浦安修閱讀，她也很喜歡。彭德懷看了《小二黑結婚》後，欣然題詞說：「像這樣從群眾調查研究中寫出來的通俗作品還不多見。」隨後，北方局宣傳部長李大章催促書的出版，這部小說遂得以很快出版。這年九月，《小二黑結婚》由華北新華書店出版發行，首印四千冊，書的封面上還特意標上了「通俗故事」四字，不久，風靡一時。翌年二月，作為「大眾文藝小叢書」之一，書又再版，此後連續再版、翻版，僅在太行區就銷行三、四萬冊。不獨在根據地，後來又在後方引起轟動，到了全國解放後，這本小說更被英、美、蘇、日、法和東歐國家陸續翻譯出版，並被譯為朝鮮文、越南文、阿拉伯文和西班牙文等，並被改編成戲劇、舞蹈、電影、曲藝、連環畫，於是，它終於成為一部劃時代的文學作品，也成為趙樹理個人的一部成名之作而遐邇聞名。除了書籍的出版，當時還有數以百計的劇團用不同的地方戲將《小二黑結婚》搬上舞臺，有些偏僻山村的老鄉須翻山越嶺走一、二十里路來看這齣戲的演出。新華社也報導說：「通俗故事《小二黑結婚》出版以來，頗為各地讀者歡迎。」（見《解放日報》一九四三年十一月二十日）還有的報導說：「在太行農村普遍演出的《小二黑結婚》，深入的幫助了勞苦農民去解脫加在自己身上的封建鎖鏈。」（《人民日報》晉冀魯豫版，一九四七年五月三日）可以說，從「五四」新文化運動以來，還沒有任何一本新小說能在農村引起如此大的轟動。

二、「源於生活」──《小二黑結婚》背後的真實故事

《小二黑結婚》是趙樹理「源於生活，高於生活」的產物，它出自一個鄉村婚戀的悲劇，而在趙樹理的筆下，它又成為宣傳新婚姻法和邊區實行自由戀愛的一個範本。就在二〇〇六年，在趙樹理百年誕辰之

際，《大眾收藏報》舉辦了一次收藏品拍賣，結果在徵集的拍品中，發現了一張一九四三年山西省左權縣政府刑庭簽發的刑事判決書，經過鑒定，這張泛黃的紙片，竟是當年趙樹理創作《小二黑結婚》中的「小二黑」原型——岳冬至的案例判決書。那是一九四三年四月的一天晚上，在晉東南遼縣的一個僅有十三戶人家的村莊，在村中心的「民革室」（當時山西到處都有閻錫山建立的「民族革命同志會」，邊區也有取「山西特殊名義」的「民族革命室」，相當於村委會），村幹部正在開會。村「抗日救國聯合會」主席石羊鎖在會議將結束時，話鋒一轉，借「三大紀律八項注意」中「不調戲婦女」，對民兵隊長岳冬至與村婦女主任智英賢有不尋常的戀愛關係提出批評。智英賢，後來老人們回憶說：她「人才長得好，長臉，身高不賴，眼睛不小，大粗辮子一直垂到腰」，而且「活潑開放，膽子大」，她和岳冬至都是早已被父母分別包辦，許配給別人的，但隨著年歲的增長，他們相愛了。這次會議後，岳冬至一夜未歸，翌日早晨，他被發現吊死了。趕到現場的遼縣公安局偵查員趙晉鑾在屍檢中發現，人似乎不是自縊，因而殺人的嫌疑者就是此前開會的其餘幾名村幹部，他們當即被帶到了公安局看守所，至於案情的原因，據說是其中的三位未婚村幹部，曾與智英賢有微妙的情感關係。判決書稱：「史虎山踢死岳冬至，因其尚未成年，判處有期徒刑五年，剝奪公權五年。王天保毆傷岳冬至身體，判處有期徒刑一年六個月，剝奪公權一年六個月。石獻瑛、石羊鎖濫用職權，命令史虎山、王天保毆打岳冬至，各判處有期徒刑一年，剝奪公權一年。岳冬至死後所用棺材洋一百六十元。葬埋時食用小米六十三斤、炒麵四十五斤由史虎山、王天保、石獻瑛、石羊鎖共同負擔。」案件的真相就是：智英賢與岳冬至有戀情，但岳冬至的父母已為他收養了童養媳，在他人眼中，他是「有婦之夫」了；而這樁曖昧的戀情，又遭到村長石獻瑛、青年部長史虎山、「救聯會」主席石羊鎖等的嫉妒，結果在開會時雙方發生衝突，史虎山、石獻瑛、王天保等要「教訓」岳冬至，失手打死了他，隨即製造了自殺的現場。這一案件，趙樹理也曾參與了調查，真相大白時時，他感慨不已，並認為這不是一般的情殺，而是反映了新舊兩種勢力的鬥爭，於是，他以這件案子為基礎，把悲劇改為了大團圓式的喜劇。在小說《小二黑結婚》裏，之所以會一個皆大歡喜的結局，應該說這是中國傳統審美精神所需要的。至於小說描寫的故事線索，則是進步青年「小二黑」與姑娘「小芹」以及她落後的父母「二諸葛」、「三仙姑」之間的婚嫁矛盾，最後，在邊區政府的支持下，兩個落後人物最終醒悟、一對有情人也終成眷屬，並且雙雙投身於革命。它的全部依據，是邊區臨時參議會一九四二年一月制定的《晉冀魯豫邊區婚姻暫行條例》，可以想到，由於小說的轟動效應，《小二黑結婚》在移風易俗方面產生的作用是不可低估的，特別是在山西，從清末到民國，婚姻問題上還有許多落後的現象，當時梁漱溟訪問各戰區，發現山西還有童養媳和一夫多妻、女人裹小腳的現象，最嚴重的是「租婚」：把老婆借給別人，生完孩子再還回來，因此，小說對這些落後習俗的衝擊，是十分有力的。

三、彭德懷的一次談話

與《小二黑結婚》問世差不多的同時，彭德懷曾在《新華日報》（華北版）發表了一篇關於「民主、自由、平等、博愛」的談話，這是彭德懷一九四三年四月七日在太行分局高幹會議圍繞關於「民主教育」

的一次談話內容，其主要內容是：「民主教育在今天中國來說，就是反對封建的教育。由於敵人正在用一切力量維持中國殘餘的封建勢力，作它的統治工具，我們進行民主教育也就是為了抗日，為了反對日本帝國主義的奴化教育。民主革命的共同口號是自由、平等、博愛。所謂自由，包括思想上的自由，言論出版的自由，集會結社的自由，居住、遷徙、通信以及處理自己生活的自由。我國許多地方農民處在半農奴狀態，工人和學徒還受到封建習慣的束縛，青年的抗日自由受阻礙，婦女的婚姻不自由。所謂平等，在目前主要是不分階級、民族、職業，在政治上其地位是平等的，在人格上、法律地位上也是平等的。所謂博愛，是使人與人之間鞏固團結，加強抗戰力量，在人與人之間發揚互愛、互敬、互助，『己所不欲，勿施於人』。真正的自由、平等、博愛只有在社會主義制度下才能實現。我們今天所要求的自由、平等、博愛還是有限度的，是要使青年有抗日自由，婦女有婚姻自由，一般人民能夠逐漸削弱封建剝削，實行減租減息，增加工資，減輕人民負擔，提倡博愛精神，反對人打人的現象，這些就是民主實質。根據上述精神，建立起一個完整的制度，以保障自由、平等、博愛成為合法的東西，這就是我們所說的民主制度。」

彭德懷的談話，當然不能說直接與他當時曾閱讀過的《小二黑結婚》有關係，不過，彭的談話、趙的小說，都是基於一種《小二黑結婚》的「語境」——半殖民地半封建社會性質之下的農村，經濟文化極端落後，而且是戰爭狀態下，此前的「五四」話語已被「壓倒」，即使是新民主主義社會雛形的邊區，「我們今天所要求的自由、平等、博愛還是有限度的」，即「真正的自由、平等、博愛只有在社會主義制度下才能實現」，不過，抗日和民主是緊密聯繫的兩個方面，要抗日就必須講民主，有了民主才能更好地抗日，而中國共產黨創建的抗日民主根據地就是因為具備了這兩個方面的內容才叫響了的，在當時，首先要開展的是民族、民主的革命，而「民主革命的共同口號是自由、平等、博愛」，這是不能繞過的。換言之，彭德懷的這一番講話，其內容並無什麼不妥，中國共產黨所領導的中國人民的解放事業，也就是世界人民所共同追求的「民主、自由、平等、博愛」偉大事業的一部分，甚至還可以說，它是應該超越於西方資產階級革命的目標的，正如彭德懷所說：「真正的自由、平等、博愛只有在社會主義制度下才能實現。」然而，一九四三年六月六日，毛澤東看到了彭德懷的講話後，致信彭德懷，他在信中說：「你在兩月前發表的關於民主教育談話，我們覺得不妥」，即「例如談話從民主、自由、平等、博愛等的定義出發，而不從當前抗日鬥爭的政治需要出發。又如不強調民主是為著抗日的，而強調為著反封建。又如不說言論出版自由是為著發動人民的抗日積極性與爭取並保障人民的權利，而說是從思想自由的原則出發。又如不說集會、結社自由是為著爭取抗日勝利與人民政治經濟權利，而說是為著增進人類互助團結與有利於文化、科學發展。又如沒有說漢奸與破壞抗日團結分子應剝奪其居住、遷徙、通信及其他任何政治自由，而只籠統說人民自由不應受任何干涉。其實現在各根據地的民主、自由對於某部分人是太大、太多、太無限制，而不是太小、太少與過於限制」；「又如在政治上提出『己所不欲，勿施於人』的口號是不適當的，現在的任務是用戰爭及其他政治手段打倒敵人，現在的社會基礎是商品經濟，這二者都是所謂己所不欲要施於人，只有在階級消滅後，才能實現『己所不欲，勿施於人』的原則，消滅戰爭、政治壓迫與經濟剝削。」最後，毛澤東還認為：「目前國內各階級有一種為著打倒共同敵人的互助，但是經濟上沒廢止剝削，政治上沒放棄壓迫，我們應該提出限制剝削與限制壓迫的要求，並強調團結抗日，但不應提出一般的絕對的階級互助（『己所不欲，勿施於人』）的口號。」顯然，對「民主、自由、平等、博愛」這些辭彙的理解，彭德懷和毛澤東的理解沒有在一個層面上。或者可以這樣來理解：彭德懷的談話，其意思是針對廣大人民群眾（當然也包括了中國共產黨在內的），而毛澤東呢，卻是將之與「當前抗日鬥爭的政治需要」相聯繫，並且在與國民黨（「頑固派」）鬥爭的具體語境裏來理解和認識的，因此，兩人就出現了認識上的分歧。其實，彭德懷談話中的有些話，此前和此後，毛澤東也曾講過，不過那卻是有著具體的含義的，如一九四一年十一月在陝甘寧邊區參議會的演說，他開門見山就說：「全國人民都要有人身自由的權利、參與政治的權利和保護財產的權利。全國人民都要有說話的機會，都要有衣穿，有飯吃，有事做，有書讀，總之是要各得其所。」一九四四年夏天，在接受中外記者參觀團時，他也說過：「中國是有缺點，而且是很大的缺點，這種缺點一言以蔽之，就是缺乏民主。」至於解決之道，則是「政治需要統一，但是只有建立在言論、出版、結社的自由與民主選舉政府的基礎上面，才是有力的政治。」在同美國友人的談話中，毛澤東還表示中國共產黨是堅持孫中山包含有「民主、自由、平等、博愛」等內容的國民黨「一大」宣言等「真正偉大而又民主的文獻」的，甚至「即使國民黨崩潰，我們也會堅持這個宣言」，因為「我們的經驗證明，中國人民是瞭解民主和需要民主的，並不需要什麼長期體驗、教育或『訓政』」。那麼，他又為什麼要批評彭德懷講話的「不妥」呢？

彭德懷的這一次談話，後來在廬山會議時又被重新提了出來，當時陳伯達望風希旨，撰寫和發表了長篇論文《資產階級的世界觀還是無產階級的世界觀》，其中就批判和清算了彭德懷當年就是所謂「同路人」的這個「談話」。當時毛澤東也將彭德懷和當年彭的祕書韓進一道批判了一通，認為這個用彭德懷的名義發表的談話「是封建主義思想」，如「講統一戰線，『王子犯法，與庶民同罪』；『己所不欲，勿施於人』；還講『自由、平等、博愛，教育宗旨』等」，都是「封建主義騙人的，從古以來未有過的事」，「這是不懂歷史唯物主義，階級鬥爭學說也不懂。」奇怪，明明是旨在「反對封建的」的談話，怎麼又成了「封建主義思想」，還是「封建主義騙人的」？毛澤東還說：「原則恰恰相反：己所不欲，要施於人；求生存，擴大，這是己之所欲，難道要資產階級也擴大？恰恰相反，己之不欲，自己不生存，不擴大，自己消滅，當然不是，要擴大，而且施之於人，不願國民黨擴大，準備條件消滅之。」明乎此，也就明白了當年毛澤東致信彭德懷，批評他的「談話」的全部用心了。毛澤東後來據此認為彭德懷代表了黨內的一些「馬克思主義的同路人」，即「據我看，他們從來不是一個馬克思主義者，一直到現在」，而且「要把這一點加以論證，材料是很充分的」——這有「抗日時期的材料，長征時期的材料」等等，前者，「比如什麼『自由、平等、博愛』，『抗日陣線不能分左中右』，『分左中右就是錯誤的呀』，『己所不欲，勿施於人』。在階級關係中無產階級與資產階級、壓迫者與被壓迫者，提出這樣的原則出來，什麼『王子犯法，庶民同罪』，這樣的一些觀點，就是不能說是馬克思主義者的觀點，完全不能說是馬克思主義的觀點。就是違反馬克思主義的，是欺騙人民的，是資產階級的觀點」；「他們從來就不是馬克思主義者，他們只是我們的同路人，他們只是資產階級分子、投機分子混在我們的黨內來。要證明這一點，要把這一點加以論證，材料是充分的。」毛澤東還提到「彭德懷在太行山的許多文件」，建議將之與孫中山實行「聯共」時的文件比較一下：「請同志們拿孫中山國民黨第一次代表會議宣言和彭德懷在太行山抗日時期發表的那些觀點比較一下」，他們——「一個是國民黨人，一個共產黨人」，而「共產黨員比一個國民黨員要退步」，因為孫中山有「階級分析這樣的思想」。毛澤東據此做出結論：「我說彭德懷不如孫中山，至於張聞天也不如孫中山，孫中山那個時候是革命的，而這些同志是倒退的，是要把結成了的團體破壞。」他更斷言：「資產階級革命家進了共產黨，資產階級世界觀，他們的立場，沒有改變，是完全可以理解的，就不能不犯錯誤，這樣的同路人，在各種緊要關頭，不可能不犯錯誤。」（一九五九年九月十一日，在中共中央軍委擴大會議上的講話）多年後，彭德懷生前的一位祕書王亞志看到溫家寶總理關於「普適價值」的一段話，即「民主、法制、自由、人權、平等、博愛等，這不是資本主義所特有的，這是全世界在漫長的歷史過程中共同形成的文明成果，也是全人類共同追求的價值觀」，不由感慨萬端，他說：「這實際上已為彭德懷六十多年前提倡民主及『自由、平等、博愛』的一樁冤案平了反。」隨之，何定也在一本由彭德懷元帥生前部下等組成的「彭德懷傳記組」歷時三十年撰寫和出版的《彭德懷全傳》（大百科全書出版社二〇〇九年版）中說：「抗日戰爭中，彭德懷為挽救中華民族的危亡立下汗馬功勞，一九四九年在延安整風運動中卻遭到了不公正的批判，批判中列舉的各種重大『錯誤』，已在過去的傳述中澄清是非，唯有這個《讀民主教育問題》，作者總是臨筆猶豫，感到與其含糊其辭，不如付之闕如，隨著社會的進步，思想的解放，今天來回顧這場是非，當可還彭德懷以歷史的公正。」所謂《讀民主教育問題》，就是上述彭德懷在《新華日報》（華北版）發表的關於「民主、自由、平等、博愛」的談話，它是彭德懷報告的一個文稿，後由八路軍總部祕書韓進又按照彭德懷的要求，「增加點理論性」，修改後擬成的。何定認為：「毛澤東在信中批評彭德懷『不以當前抗日鬥爭的政治需要出發』，『不強調民主是為抗日的』。其實，這一點在彭德懷文章的第一段就開宗明義地講過了。文章中羅列的關於自由的幾個要點，每一點都說明對『人民』而不是對敵人的。」何定還仔細考查了當年延安《解放日報》曾在紀念第二屆「聯合國日」發表了一篇題名《抗戰與民主不可分離》的社論，其中有這樣的話：「以為當前民主教育的目的主要的是為著反封建，就會走上另一極端，犯另一種錯誤。當前中華民族的主要任務，乃是打敗日本法西斯侵略者，如果有一時一刻忽視或忘卻了這個現實，就是不對的。」何定說：「這一段社論所批判的，不是敵人，而是彭德懷。雖然沒有指出姓名，明眼人一看便知。」不過，當時《新華日報》華北版在轉載時，「編輯慮及這一段從延安發出的對前方統帥的批評對我方不利」，「刪去了其中明顯針對彭德懷關於民主教育的談話的幾句」，「這加重了毛澤東的不滿」。於是，此後就有一九四四年華北座談會批判彭德懷時重提這個「關於民主教育的談話」的環節，有人批判彭德懷提倡的「實為舊民主」，「與毛澤東的新民主主義相違背」，甚至還說彭德懷的談話從「自由、平等、博愛」的原則出發是「投降主義」，「未從新民主主義實際需要出發」，「實際打擊了毛主席整風的實事求事思想」，是「從局部有過火鬥爭的情況出發」，等等。到了後來，更有廬山上的一齣戲；又到了再後來的「文革」，彭德懷過去的許多講話被人別有用心地透露給「紅衛兵」（「批鬥彭德懷聯絡站」）做為批判的材料，其中被列為「大毒草」的，赫然就有所謂

「關於民主教育的談話」，「紅衛兵」還對它加了一個「按語」，其稱：「老牌反革命修正主義分子彭德懷，他一貫站在資產階級立場上反對毛主席，反對無產階級專政。在我黨歷史上歷次路線鬥爭中，他都是站在機會主義方面，反對毛主席的正確路線。在抗日戰爭時期，他把他所主持的華北根據地當成自己的獨立王國，不經過黨中央的同意，擅自發表講話，大肆宣揚資產階級的極端虛偽的『自由、平等、博愛』，宣揚什麼『己所不欲，勿施於人』的反動觀點，在中國人民同民族敵人、階級敵人進行生死搏鬥的抗日戰爭中，他用這一套來愚弄群眾，他是資產階級、帝國主義的走狗，是反共、反人民的反革命分子。」彭德懷那時，大概只有黯然神傷而已。彭元帥不是搞理論的，他在自己被罷官以後，對別人批判自己的不實之辭，有過申訴，可是對於批判「民主教育的談話」等等，他卻從來沒有任何的申辯，並且一再檢討，他承認自己的理論修養不高，在這一問題上，他似乎是認栽了。何定在《彭德懷全傳》的最後，為彭德懷申冤，以為：「從他關於民主教育演講的原本看，與中國共產黨對民主政權建設的闡述和實施並無違背之處。他的發揮是：要民主建政，必須進行民主教育，即民主的啟蒙，因為他在敵後根據地，駐地相對固定，對中國社會的瞭解更深入、全面，他深感封建傳統對底層人民思想束縛之深和敵人利用群眾的封建觀念實行奴化教育之害，而毛澤東說民主是為了反法西斯，是從整個戰爭全局來看的。至於自由、平等、博愛、人權、人道、民主，今天它的價值已為國人認識、接受；『中華人民共和國公民在法律面前一律平等』已寫入憲法；『己所不欲，勿施於人』也成為舉世公認的金言。不會有人質疑人類會將這些觀念用在恐怖分子、暴徒、獨裁者和一切戕害人類生命和崇高價值的罪犯或惡勢力上。回顧六十五年前這一場是非，人們可以欣慰地說：中國的社會確實在進步，中國人民的思想確實在解放，而彭德懷在六十五年前提出的要進行民主建政必須進行民主教育這一命題，今天猶未過時。」這真是良有以也。

四、元帥彭德懷和作家趙樹理

彭德懷和趙樹理，除了彭德懷曾為《小二黑結婚》題過詞之外，似乎他們再沒有什麼關係，不過，兩人的精神聯繫卻似乎沒有中斷過，特別是在彭德懷一九五九年「出事」前後。一九五九年七月，彭德懷元帥因「萬言書」遭到批判。九月，中國文聯主席團召開擴大會議，座談和回應廬山會議（中共八屆八中全會）公報和決議，隨即中宣部召開全國文化工作會議，發起旨在批判包括十九世紀歐洲文學藝術內的資產階級文化的政治運動。此前，趙樹理反感於「三面紅旗萬歲」的口號，並向作協負責人邵荃麟寫信反映農村的「共產風」、「浮誇風」，不久，有人向中共山西省委書記陶魯笳揭發趙樹理的右傾言行，趙樹理在他組織關係的所在地山西陽城縣委也受到了排斥（他曾公開對縣委的浮誇風批評是「可悲、可恥」）。這一時期趙樹理的作品，他自己標名為「問題小說」，也就是所謂「中間人物」的典型。很快，《文藝報》等開始批判他的一些作品，如《鍛煉鍛煉》等，就在彭德懷因「萬言書」惹禍不久，趙樹理也寫了一篇「萬言書」，並寄給了北京《紅旗》雜誌社的陳伯達和作協的邵荃麟，題目是《公社應該如何領導農業生產之我見》，他就所謂「公社化」、農業生產「放衛星」、畝產萬斤糧和十萬斤糧的「浮誇風」提出了質疑，他們兩個人不同場合的「萬言書」，內容卻都是反映當時體制中的弊端，可以看出，他們的思路是不謀而合的，或許，他們的思想還是出於「反對封建」的民主訴求？

這裏似乎應該回顧一下趙樹理的心路歷程。一九五〇年，趙樹理回到山西，一邊創作，一邊同鄉親們一起生活勞動，開頭的三年，農業生產合作社發展比較順利，他創作的小說《三里灣》等受到了廣大讀者的喜愛，也被周揚稱讚為社會主義文學的「優秀成果」。到了一九五九年，中央有人約他為《紅旗》雜誌寫稿，讚揚農業戰線上的「大好形勢」，已深知「三農」問題的趙樹理感到十分為難，他回信說：「為《紅旗》寫文章，當然是光榮的任務。可惜自去年以來，發現公社對農業生產的領導有些抓不著要處，而且這些事又都是自上而下形成一套體系的工作安排，也不能由公社或縣加以改變。——使我聯想到領導農業上好多根本性質的問題——問題雖然千頭萬緒，總不外『個體與集體』、『集體與國家』的兩類矛盾。」他最後說：「在這種情況下，我不但寫不成小說，也找不到對國計民生有補的事。因此，我才把寫小說的主意打消，來把我在農業方面（現階段的）一些體會寫成了意見書式的文章。」這就是那「萬言書」，他明知「這文章與現行的領導方法是抵觸的」，但是為了農民的利益，「即使那樣，我也應該說出來」，因為「假話我不說」。八月，趙樹理在寄出「萬言書」不久，被喝令返回北京。途中，他在太原聽到中共八屆八中全會公報和決議的傳達，發現彭德懷的「錯誤」和自己幾乎非常相似。抵京之後，果然他就遭到了與彭德懷「一唱一和」的批判。不過，相較於彭德懷，趙樹理只是在作協黨組內部受到批判，情況要好很多。然而，在受到批判的同時，他仍然堅持自己的觀點，如認為「公共食堂」行不通，自己的意見「基本正確」等，但為了過關，仍寫了書面檢討。不久，文化部副部長錢俊瑞在一次談話時，把批判趙樹理一事講了出來，這似乎就是公開化了，至於趙樹理的態度，他心中不滿，又不好說什麼。一九六〇年四月，山西陵川縣委書記邢德勇不顧客觀條件，搞什麼開荒造林，趙樹理根據自己對當地地理等「鄉情」的認識，認為是勞民傷財之舉，向山西省省長衛恆告狀，而其結果則是可以想見的。後來他在自述中說：「瞎指揮的人並不認為他的指揮是錯的，可是他越認真，壞的事就越大。」他還說：「一個共產黨員在工作中看出問題不說，是自由主義，到處亂說更是自由主義，所以只好找領導。在那時候向領導方面反映工作中的問題是不太容易被重視的，因為浮誇餘風尚存，往往足以掩蓋真相。」言之不盡，他說：「我對問題性質的理解往往和領導上已掌握的情況有差距，因此領導上往往不先考慮問題本身，而先來打通我的思想——往往說：『同志！你所說的情況也不是沒有的，不過是暫時的，局部的，是個別的或很少一部分落後群眾的思想表現，是某些同志方法上的疏忽。』領導上越說這些，我越著急——我覺得能否打通我的思想才是個個別問題，最遺憾的是我所要反映的那個重要問題又被擱淺了。——我覺得只要及時反映真實情況，協助領導及時解決必須解決的問題，也算是對黨的一點貢獻。」一九六四年，趙樹理因為大寫「中間人物」和在大連會議上發言，受到了批判。一九六五年，他被迫舉家遷往太原，當時他兼任山西晉城縣委副書記，分管文教工作。此後，「文革」發動，趙樹理成為當時山西最著名的「牛鬼蛇神」（所謂「周揚黑幫樹立的文學標兵」、「資產階級反動學術權威」），最後慘遭迫害而死。

趙樹理是一九七〇年在隔離審查中含冤而死的，彭德懷則是熬到了一九七四年，才在北京含冤而死的。

16 周氏三兄弟的遺囑

一

一九三六年十月十六日魯迅在上海逝世。魯迅逝世前立下遺言，一共有六條，即「一、不得因為喪事，收受任何一文錢——但老朋友的，不在此例。二、趕快收斂、埋掉、拉倒。三、不要做任何關於紀念的事。四、忘掉我，管自己的生活。——倘不，那就真是糊塗蟲。五、孩子長大，倘無才能，可尋點小事情過活，萬不可去做空頭文學家或美術家。六、別人應許給你的事物，不可當真。七、損著別人的牙眼，卻反對報復，主張寬容的人，萬勿和他接近」。

一九六五年四月二十六日，時已八十歲的周作人自知將不起，也立下遺囑，其云：「余今年已整八十歲，死無遺恨，姑留一言，以為身後治事之指針。吾死後即付火葬或循例留骨灰，亦隨便埋卻。人死聲消跡滅最是理想。余一生文字無足稱道，唯暮年所譯《希臘對話》是五十年來的心願，識者當自知之」。適二年，周作人在「紅衛兵」暴打下身故，時為一九六七年五月六日。

一九八四年七月二十九日，周氏三兄弟中最小的周建人在北京逝世，他在三兄弟中是做官做到最高的、也是壽命最長的（九十六歲）。他在逝世前也留下了遺囑，即：「我身後的喪事要從簡，要改變繁文俗禮的舊習慣。現在大家都在努力建設社會主義現代化，資金很寶貴，時間也很寶貴，不能因為辦喪事花國家的錢，不能浪費大家的時間。我死後不要開追悼會，不要舉行遺體告別儀式，屍體交給醫學院供醫生做解剖。最後把骨灰撒到江河大海裏去。偉大的革命導師恩格斯的骨灰就是這樣處理的。我們作為馬克思主義者，應當學習他的徹底革命精神」。

三兄弟的遺囑，除了帶了各自不同時代的特點以及他們共同的對生死的達觀之外，長兄魯迅，最見本色；二弟周作人則是「壽則多辱」地冀望銷聲匿跡，連同他的肉體和文字（除了翻譯。那本「對話」也即《盧奇安對話集》，是他晚年的遺作，直到他死後的一九九一年才由人民文學出版社出版。為什麼他說這是他「五十年來的心願」？除了是他長久的宿願之外，西方文化源頭之一的希臘精神在這「對話」中反映出的「疾虛妄」，他以為正可與其同時代中國的王充（《論衡》）「一東一西遙遙相對」，此也是周作人身上嫡傳的文化精神）。至於三弟周建人，榮為國家領導人，移風易俗是他的遺願。他原來的專業是生物學，早就倡導科學，也關懷婦女、兒童。三兄弟都是「五四」後中國「人」（尤囑目於婦女、兒童）的解放事業的旗手，他們身上都有人的自由、平等的思想精神的流貫。

二

魯迅和周作人在遺囑中或多或少都提及自己身外的種種，比如對後人的遺訓、對文字的交代，周建人卻只說喪事。是不是這才是最徹底的唯物主義？或者是在大哥的光環下、而並不是靠了自己的能力「榮任」了國家領導人的他，再也沒有其他想說的話？我們甚至可以這樣遐想：設若魯迅長壽（或者周作人沒有「下水」的經歷），三兄弟都有了可以做官的可能（不僅僅是魯迅曾在教育部的「僉事」的小官，更不是周作人的「偽督辦」），他們會有如何的政績？那麼，從周建人身上可以看出來吧。魯迅弟弟周建人給人的印象，似乎是忠厚長者、徇徇儒者，這樣的人做官，褪去了鋒芒，可以如古人的蘇味道、婁師德、馮道、張幹那樣明哲保身，不爭、無辯、去鋒，以求自保，這好像不難吧，但事實證明，周建人身上有魯迅的骨頭，他也有金剛怒目的一面，於是，他也不是一個宜於做官的人。周建人去世後，柯靈先生有篇悼文說得非常精彩，他把周建人身上幾乎「完美無疵」的一面以及由此引發的他的思索說得淋漓盡致：

「權位是對人性最嚴酷的考驗。權位成為不少革命者生命的巔峰，至此就開始走下坡路，或者滑腳飛墮深淵。許多人坐上權力的黃金交椅，就會膨脹成為可憐可笑而又可怕的霸王。許多人在權位的透視鏡前面再也掩蓋不住自私、貪婪、卑污的靈魂。喬峰（周建人字）老人在荊榛遍地的長途中，恬淡自甘，施施然一路走來，到了楓林日晚，忽然因為積年的革命勞績，平步青雲，被送上權位的高層，『霜葉紅於二月花』，先後當選為中共中央委員、人大常委會副委員長、政協副主席、中國民主促進會主席，他無意追求權位，而權位送上門來。境況的變化有若天壤，只有一樣絲毫未變，就是他的書生本色」。

做官，尤其是衣錦還鄉，魯迅生前有所謂「包圍新論」，是說「闊人」等等如何被左右的人「包圍」而陷溺不拔，周建人卻講究自律，首先自己平生素寒，自奉甚儉，不貪不拿，雖說官俸戔戔，那時還沒有提出什麼高薪買廉，周建人也以方志敏「清貧、潔白樸素的生活正是我們革命者能夠戰勝許多困難的地方」為同調，並在思想和生活上向中共五老（即董必武、謝覺哉、徐特立、吳玉章、林伯渠）看齊，哥哥的話也時常在他耳邊響起：「生活太安逸了，工作就會被生活所累了」，甚至自己位居國家領導人，外出公辦可以坐專列（「公務車廂」），他一直也「不敢」坐（直到九十歲時一次去四川，由中央安排坐過一回），而「高車駿馬，顧盼自豪，是古人春風得意的境界，今人也不能免俗，機關團體濫耗公帑，競買豪華轎車，國務院三令五申也未能禁阻，喬峰老人則安步當車，怡然自得」（柯靈）。此外，對伸手有所請託的，他也一概婉言辭謝，秉公而不徇私，因此，在他擔任領導的那些機關裏，有人就不尊重他，甚至連他身邊的警衛員因為跟了他顯不出威風，也不很聽他的話，他其實工作得很苦。要說實權，應該是地方父母官的家鄉的省長一職，其時正是共和國「經濟浪漫主義」運動之後，以魚米之鄉竟哀鴻遍野，周省長自己清廉，眼裏也容不下沙子，見聞官員強行征糧、營私舞弊、魚肉百姓便怒不可遏，他感到：一些地方的幹部憑藉手中的權力強行派捐、吃貪挪拿、橫行鄉里，其勢頭甚至超過了國民黨時期的鄉保長，周省長實在憤懣不已，碰到些百姓村民的冤案，周省長就認真，派人調查核實，法院循私，他就打電話直通最高法院院長楊秀峰，如此等等，結果就惱了一些人，於是給他難堪，他也感到遇事掣肘，久之心情抑鬱，於是多次上書中央的劉少奇，請求調回北京。甚至，在他身為省長時，也在他最激憤難平的時候，他還給毛主席上書，要為一個普通的女村民討一個公道，這在共和國歷史上恐怕是罕見的。原來，一九六〇年大饑荒時，浙江臨海一個女社員饑餓難耐，偷吃了隊裏幾個玉米棒子，被村幹部發現後殘酷鬥爭，至剝光衣服遊街示眾，周建人聽了甚為震怒，因為從前他從事文化運動，主旨就是提升人權的，尤其是要解放和保護婦女和兒童權力的，怎麼解放了還會有這樣的事發生呢？周省長實在想不明白，於是上書毛主席，要求採取措施，以杜絕此類事件會再次發生（這封信不知保存下來沒有）。一九六一年年初，他還給胡喬木寫信，胡將信轉給毛的祕書田家英，胡並請田赴杭州時與周建人談話，此後周又給胡寫信，「著重談農村幹部作風問題」，說的也是浙江遂昌、黃岩等縣的幹部違法亂紀、對待農民群眾粗暴野蠻等等，當時正好劉少奇參加一個有胡喬木所在的小組會議，胡就把周信送給劉看，劉讀後「認為這封信說的是一個十分嚴重的問題，要我把原信送你和中央各同志看一下。」於是胡給毛主席寫信，信中說：「周建人同志說的問題，在別省也有，甚至還更嚴重，更荒謬。他的信態度懇切，語重心長。」毛澤東讀後在信上批示：「此信及附信印發工作會議各同志」。這個工作會議也就是此前「經濟浪漫主義」運動後糾左的一次重要會議，會上修改了《農村人民公社工作條例（草案）》，對被錯誤批判的「右傾分子」實行了甄別平反，還承諾以後不再給人戴政治帽子了，於是周建人的幾次上書也並無大礙。後來周建人返京，九十多歲的老人了，甚至身體到了「已經對面不相識，認人只能辨別口音」了，他「形體完全與世隔絕，只靠聽覺保持藕斷絲連的維繫，但心依然熾熱，口不甘緘默」，「對有些他認為違反科學的現象，還是忍不住要公開站出來說話」，尤其是「對婦女命運的關切也一如既往」，「報載東北某市有個婦女遭暴力強姦，一個身為廠長的共產黨員竟見而不救，他義憤填膺，上書黨中央，認為這樣的人必須開除出黨。重慶某縣有個小學女教師遭人毒打，當地政法機關反而包庇壞人，壓迫被害者，老人又仗義執言，在報上揭露，同時和葉聖陶老人聯名給中央書記處寫信，幫她們伸了冤，平了反。老人逝世，消息傳到重慶，這一家人痛哭失聲，如喪考妣。」當然，這又讓一些人很不舒服。周省長的老鄉柯靈先生後來為《周建人文選》作序，以為「人的價值觀，如果用真純和正直做砝碼，喬峰老人是完美無疵的」，但是「這種人可以是忠誠的革命者，卻不可能成為城府深嚴的政治家」，因為「革命和政治常常又統一，又矛盾」。所以，周建人是國家領導人和社會活動家，嚴格的說還不能稱為是「政治家」。

這不是「政治家」的例子，如原省長的沙文漢（黨內的「右派」）被罷免後，一九五八年請七十歲的周建人出山當浙江省長，他幾次懇辭不遂而終於服從組織決定，即他雖深感自己決非政治家而挺身上任，力求努力工作，以期不負所望，何況身為浙人，能為故鄉人民做些力所能及的事也是好事。結果呢？「原以為請一位有文化素養的知名人士主持本籍省政是適宜的，結果卻反而造成喬峰老人和黨的距離」。

三

周建人其實是身份不公開的共產黨員，但他很長時間是以愛國民主人士、魯迅弟弟、科學家的身份參加政治和社會活動的，這樣他比一般黨外人士要多一些資訊，卻又比黨內同志少一些資訊，就是「資訊不對稱」，結果，大概與曾也做過省長的（似應是他的前任）沙文漢一樣，他們「太單純了」，於是周建人妻子王蘊如回憶說周建人「當省長對他是極不愉快的經驗」，因為他「不能適應政壇錯綜的棋局」，王夫人又說：如果黨員要是都像周建人，那就好了；柯靈則說：通過周建人的事例，「『君子可以欺以方』，我看到了現實的例證」。什麼是「現實的例證」？毛澤東說過：「世界是怕就怕認真二字，共產黨就最講認真」，周建人也時常說：「『認真』是我們共產黨人辦事的作風，共產黨辦事最講認真，我們每做一件事情都要認認真真，不可馬虎，不管大事小事，都要一樣認真」。所以，他甫到任，就到基層視察，傾聽百姓的聲音，結果他發現解放十多年了，人民生活並沒有多少改善，文盲也很多，至於幹部素質更不敢恭維，他隱隱感到：作為執政黨，黨內普遍瀰漫著一種居功自傲、好大喜功的風氣，尤其在高層，民主作風隨高而落，家長制、一言堂抬頭，知識和人才得不到尊重，違反科學規律的事時有發生，他不勝憂慮，一有機會就傾吐意見，也不怕忤上和忌諱。他回到北京工作時，要警衛拆除掉住所周圍的鐵絲網，以為這會影響到與人民群眾的關係，無形中與人民群眾隔離開來，因為他已經意識到：正是因為脫離了群眾，聽不到他們的呼聲，才是主觀主義、官僚主義以及幹部特殊化、吏治蛻變的根源。

據說魯迅遺囑中原先是要求孩子長大後「萬不可去做文學家或美術家」的，馮雪峰看了認為恐會引起誤會：為什麼小覷「文學家或美術家」呢？所以魯迅又加了一個「空頭」的首碼，其實魯迅心裏明白「文學家或美術家」是沒有太大作用的，即「文學文學，是最不中用的，沒有力量的人講的」，「文學總是一種餘裕的產物」，那它和「政治家」去比，真是有雲泥之判。周建人本來可以是一個道地的生物學家或科普作家，然而「華蓋運」讓他身不由己入了「政治家」的隊伍，結果就有上述的尷尬和不適，包括以他名字出版的那些有關回憶魯迅的書籍和文章（現在還在重版）其實許多是它人代筆捉刀的，去真實的魯迅甚遠，因而影響不能算好，也是柯靈先生後來為之銓釋此之背景：「在『文革』的煉獄中老人經受的是另一種煎熬。『四人幫』不要告人的陰謀需要堂皇的旗幟，現成的偶像以外還要抬出一尊歷史的偶像，那就是魯迅。他們的鬼蜮伎倆是任意揉捏魯迅，利用喬峰老人的身份地位、和魯迅的關係，是更卑污的一手。老人那時已到八十開外，枯藤老樹，古道西風，生命的夕陽已經西斜，加以雙目失明，根本喪失了閱讀和寫作能力，而報上卻出現了由他署名的文章。這類文字不免招來白璧微瑕之感，但我們怎麼能要求他對此負責呢」？這就是「生命中不能承受之重」了。

17

胡風蒼涼中發出的五封告別信

一九五五年五月十三日，這一天的《人民日報》不同尋常，它以很大的篇幅發表了《關於胡風反黨集團的一些材料》，這說明「胡風事件」已經被定性，並且將迎來一場沒有人能夠預料到的政治風暴。十七日，胡風在這天的凌晨被逮捕，從此他開始接受公安人員的審查，據《周恩來年譜》的記載：此日「凌晨，（周）到毛澤東處開中共中央書記處擴大會議。會上談關於胡風問題」。顯然，胡風的被捕是最高決策層直接決定的。

胡風在看守所被隔離了三個月後，又被關押進北京的秦城監獄，而且是被關在一間單人牢房內，直到一九六五年底他被判刑為止。一九六六年二月，胡風的刑期以監外執行的方式開始，他被「流放」到四川。行前，胡風感到莫名的悲慟，於是在離京前寫下了五封信，分別向五個人告別，並表示此前與他們相交的謝意。這五個人分別是徐冰、喬冠華、陳家康、老舍、徐平羽。

一、徐冰

徐公足下：

出獄後雖曾動過求見求教之心，但隨即悟到了此負疚之身不應干瀆左右。現已受命即日遠戍（雖要求略緩時日，亦不可能），往事歷歷，前途渺渺，雖力強者可以萬事從此始，但氣衰者卻頗難以前種種譬如昨日死、以後種種譬如今日生也。回想霧城受助受教之情景，當此後會無期之際，敢冒俗套「辭行」之誚，遙望高旗飄揚，朝陽吐采，謹致一個不能自已的敬禮。夫人均此。

胡風

一九六六年二月

徐冰（一九〇三－一九七二），原名邢萍舟，又名邢西萍，河北南宮人。他青年時代在上海讀書，曾參加過學生愛國運動。一九二三年，徐冰赴德國留學，翌年在柏林加入中國共產黨，一九二五年又赴莫斯科中山大學學習。一九二八年，徐冰受命回到上海，任中共中央祕書處翻譯、上海反帝大同盟黨團書記。一九三二年秋，徐冰因叛徒出賣被捕入獄，但他堅貞不屈，嚴守機密，至一九三三年春經黨組織營救出獄，後赴北平從事地下工作，一九三五年冬曾參與組織和領導「一二九」學生運動。徐冰一九三七年初到延安，曾出席白區工作會議，並代表北方局做工作報告。「七七」事變後，徐冰任中共中央黨報委員會祕書長、《解放》週刊編輯，期間曾與成仿吾等合譯了《共產黨宣言》、《哥達綱領批判》等。一九三九年，徐冰奉命赴重慶，任中共中央南方局文化宣傳委員會祕書長兼文化組組長，成為周恩來在統戰、文化工作方面的一位得力助手，期間也曾給胡風以許多幫助。當時在後方開展革命和進步文化活動十分困難，甚至國民黨特務組織的軍統局還企圖把徐冰「爭取」過去，原來有一次軍統局的一個科長吳景中（曾在莫斯科中山大學學習，中共叛徒）向戴笠報告說在街上遇見了八路軍駐渝辦事處的蘇聯同學徐冰，戴笠十分重視，認為可以拉攏徐冰，遂急不可待地親自出馬，以出面請客吃飯的方式想接觸徐冰，伺機進行收買和利誘，但當沈醉隨吳景中去請徐冰時卻遭到了徐冰的嚴辭拒絕，戴笠的這一陰謀終未能得逞。解放戰爭時期，徐冰先後任北平軍調處執行部中共顧問、中共濰坊市委書記、中共濟南特別市委常委、濟南特別市副市長。一九四九年，他參加了和平解放北平的接管談判，並任北平市副市長。一九四九年以後，徐冰相繼任北京市副市長，全國政協祕書長和副主席，中共中央統戰部副部長和部長、全國人大常委會委員、中共中央候補委員等。「文革」爆發後，徐冰受到衝擊和迫害，於一九七二年三月二十二日病逝。

徐冰在抗戰期間活動在大後方，並曾在中共駐渝辦事處工作，當時與胡風有過許多接觸，而胡風當時在重慶文壇聲譽頗隆，甚至曾被人稱為是「中國的別林斯基」、「東方的盧卡契」和「魯迅的傳人」，因此，他在重慶的幾年，經常走訪中共的周恩來，並多次通過徐冰、陳家康、馮乃超等直接接受來自中共方面的指示和幫助，並且在與國民黨頑固勢力鬥爭中，與中共採取統一步調，如「皖南事變」發生後，為抗議起見，他憤然離開重慶，奉命赴香港活動等。後來在一九四四年的重慶，胡風主持的《七月》竟被吊銷，胡風也是從周恩來處獲得了資金，才出刊了另一個文學雜誌《希望》的，這一切，許多是由徐冰具體接洽的。到了一九四五年八月二十八日，當時毛澤東飛赴重慶與蔣介石談判，胡風也才第一次親眼見到了毛澤東，那是一個晚上，胡風和馮雪峰由徐冰帶領進入紅岩村八路軍辦事處，與毛澤東相見。當時隨同毛澤東一道來重慶的還有毛澤東的祕書胡喬木，胡還專門約了胡風長談，後來胡風在《胡風回憶錄》中說：「我向他彙報了國統區文藝界的情況」。原來，當時陝北和各根據地早已開始進行整風，中共在國民黨統治區的機構和組織自然也不能除外，而且特別是重慶，胡風和一些人的文藝思想與延安方面有所抵觸，這也牽連到了中共南方局的指導偏向，而胡喬木隨同毛澤東來渝，則是專程來解決重慶左翼文化界存在的問題的，胡風的問題即是其中之一。當時胡喬木又約胡風談了兩次，但胡風固執己見，雙方仍然談不攏，最後，胡喬木只好直言：「毛澤東同志對於中國革命的偉大貢獻之一，就是把小資產階級革命性同無產階級革命性區別開來，而你這個《論主觀》、《論中庸》問題的關鍵，恰恰是把這兩種革命性混淆起來。」也許是因此而負氣，或者是濃郁的文人習氣吧，在隨後的十月十一日歡送毛澤東回延安的重慶九龍坡機場上，胡風「雖然被徐冰從背後往前推了一下，但仍然沒好意思走上前去握手」。（《胡風自傳》）不曾想，這也就不意間成了一個讖語，後來種種，也就其來有自了。

胡風信中的「往事歷歷」，就是指當年的一幕幕往事，所謂「回想霧城受助受教之情景」：《七月》、《希望》，等等，徐冰奉周恩來之令在道義與經費上給予支持，他還通過郭沫若在第三廳為胡風安排工作，幫助其解決生活待遇問題——，此時此刻，胡風心頭自然湧出了感恩之想，也在離別「後會無期」之際生發了無限感慨。

二、喬冠華

喬公閣下：

十年多以來，常常瞻望行旗所向；聲音在耳，笑貌更在眼裏。歷史在前進，雖面壁之人，亦能感到氣旺。定論之後，曾向監獄當局提過，希望領導上代我向你轉詢，如還不至完全見棄，望能給一見面的機會，在思想上從你得到幫助。因為，當時突出地記起了最後一次見面，提到某一問題時，你動情地說過：「如果那樣，活下去有什麼意思！」（大意）在我，無論在怎樣困難和失敗的情況之下，也從未發生過「活下去，有什麼意思」的問題。糊塗人對階級事業的理想、對黨，總有一種糊塗的自信或癡想也。但這時候深深地記起了你的話和表情。我不由自主地面對著了這個問題，這才想起了你的真意何在，想有所請教。但後來懂得了：我這個階下之身，提這樣的要求就成為對你的一種不敬，寫書面感想時只好取消了。現已受命即日遠戍，想到後會無期，前塵種種，對你應感謝的，對你應請責的，不斷地襲上了心頭。語言有時是無能的，況且又在神情無緒之中，那麼，就請以言不盡意、語無倫次見諒罷。

敬禮！夫人均此。

胡風

一九六六年二月

相比較於胡風致徐冰的信，這一封給喬冠華的信，則千言萬語湧上心頭，感情更加濃烈，內容也更加複雜了。

喬冠華（一九一三－一九八三），江蘇鹽城人，在中共內部以「才子」相稱，並與胡喬木有「中共兩喬木」之稱。他十六歲高中畢業後即考入清華大學哲學系，讀書期間廣泛涉獵各種書籍，後又在日本東京帝國大學繼續攻讀哲學，後因參加進步活動被日本當局驅逐出境。一九三五年，喬冠華又赴德國土賓根大學留學，並在二十三歲時獲哲學博士。一九三九年，喬冠華由廖承志、連貫介紹加入中國共產黨。抗戰爆發後，喬冠華主要從事新聞工作，曾出任香港《華商報》和《大眾生活》編委等，期間撰寫了大量國際評論文章。一九四二年秋，喬冠華到重慶《新華日報》主持《國際專欄》，並在重慶中共辦事處工作，隨之與胡風相稔熟，兩人不僅有工作的往來，性格也都直爽，更有共同的愛好——哲學、文學等，所謂惺惺相惜不為過。當時喬冠華也是周恩來身邊的一位得力助手，直到一九四六年初，喬冠華還隨周恩來赴上海，參加中共代表團的工作。不久，喬冠華又赴香港，擔任新華社香港分社社長。中華人民共和國成立後，喬冠華歷任外交部外交政策委員會副主任、外交部部長助理、外交部副部長等，多次在重大歷史關頭留下其瀟灑有致的身影（如抗美援朝、中美建交等），尤其在中國重回聯合國之際，「喬公」率團赴美，並在會場上爽朗地開懷大笑，那張照片定格在歷史上，也成就了他傑出外交家的一世英名。但晚年的喬冠華因誤上「賊船」，與江青集團有脫不開的干係，這也損傷了他此前的「清名」和文名，胡風信中的所謂「瞻望行旗所向」，當然並不包括後來發生的一切。

也是在抗戰期間的重慶，喬冠華與胡風來往不斷，兩人在許多理論問題上達到共識，喬冠華還熱情支持胡風創辦大型文學雜誌的《希望》，自己也曾預備在《希望》上專門編發一期馬克思《關於費爾巴哈的提綱》發表一百年的紀念特輯，當時喬冠華還特地從德文入手，並參照了胡風所提供的日譯本，準備把《關於費爾巴哈的提綱》重新翻譯一遍，而其用意，則是針對中共歷史以及社會上曾甚囂塵上的教條主義的危害。喬冠華與胡風都認為教條主義的唯心論是與馬克思在《提綱》提出的歷史唯物論原則是格格不入的。這也不免要提到當時在中共南方局內部，也即在周恩來身邊存在的一個「才子集團」，當時它以喬冠華領銜。如前所述，喬冠華富有才氣，文采斐然，當時他與在重慶的幾位中共黨員如夏衍、章漢夫、陳家康等並稱「四大才子」，加上其他一些人如胡繩等，有的人乾脆稱之為「才子集團」，但也因此引發了不少的爭議。卻說一九四三年春胡風回到重慶後，他已經與喬冠華成為「可以無所顧忌地談話」友人，而據胡風的觀察，當時的喬冠華和胡風更要好的陳家康在思想上比較接近，兩人也很談得來，並經常在一起聊天。不曾想，不久在中共思想和組織整風期間，「才子集團」卻闖了大禍。原來，一九四三年六月和一九四四年三月，喬冠華在郭沫若主辦的《中原》雜誌發表了《論生活態度與現實主義》、《方生未死之間》兩篇文章，差不多同時，陳家康也在《群眾》週刊發表了《唯物論與唯「唯物的思想」論》一文，這些文章都是旨在批評教條主義的，如陳家康的文章以「唯『唯物的思想論』」來形容教條主義的實質，並用以說明它之所以嚇唬人並起了特別的危害作用的原因。隨即，這這幾篇文章引起了中共駐渝辦事處和《新華日報》社內部的一場爭論，特別是喬冠華的《方生未死之間》一文，更是引起了軒然大波，後來喬冠華自己回憶道：「《方生未死之間》這篇文章裏涉及的問題很廣，系統回答的一個中心問題是：大後方的進步作家的出路究竟在哪裏？這篇文章發表以後，引起相當強烈的反響，同時也引起了黨內（《新華日報》及辦事處）的一些同志的指責。這篇文章在一般的進步讀者中間反響是強烈的。我記得當時遠在福建的一批年輕的同志，曾經把這些文章和其他同志的文章收集起來，出版過一本小冊子，叫做《方生未死之間》，還有胡繩的文章。還有幾位我記不清了，小冊子如今也找不著了。這篇文章在高級知識份子中間也引起了一些反響，例如當時在昆明的聞一多先生，他就寫了一篇文章，不指名地回應了我在這篇文章中提出來的觀點，這篇文章發表在當時的《昆明日報》上。黨內的同志對我進行指責是集中在我在這篇文章中所表現的這樣一個觀點，即：作家要從生活當中吸收創作的源泉。可是在大後方並沒有接觸群眾的自由。我在這篇文章裏，片面強調了到處有生活這樣一個觀點。說實在的，這個觀點儘管在當時的大後方，有這樣的看法還是可以理解的。當時在大後方也應該強調，爭取一切機會到人民當中去，從人民群眾中體驗生活吧。

反正說我太片面了，你說到處有生活，不就可以不接觸群眾了嗎？這是他們當時的看法。在這裏我要附帶講一下，因為關於這篇文章當時有爭論，在重慶辦事處負責同志很多，周恩來同志到雲南去了，好像人們在議論，董老在黨內會上，公正地對這篇文章提出了批評。董老對這篇文章究竟有什麼意見，我不清楚，但是我負責地說一下，董老並沒有在會議上公開給我提出來，也沒有在私下和我說這篇文章有錯誤，這是歷史事實，因為當時在重慶的同志參加這個會的都可以證明這件事。」（喬冠華：《口述自傳》，見《那隨風飄去的日子》，學林出版社一九九七年十二月版）「大後方的進步作家的出路究竟在哪裏？」「到處有生活！」熟悉胡風的人也許會直覺地感到：這正是胡風的思想。反對者卻認為：這些口號是當時在第三國際解散、國民黨反共活動和特務活動更加猖獗的情況下提出來的，他們以歌德在《浮士德》中的那句名言「理論是灰色的，而生活之樹則常青」為論據（喬冠華可是一位「德國通」呵），形而上學地突出了生活，貶低了理論，又借用魯迅所說過的「世上如果還有真要活下去的人們，就先該敢說、敢笑、敢哭、敢怒、敢罵、敢打，在這可詛咒的地方擊退這可詛咒的時代」這幾句話，要求每一個進步分子甚至每一個處在祕密狀態中的黨員，都要行動起來，都要無所顧忌地「敢說」、「敢罵」、「敢笑」，而且「敢叫」、「敢吼」，並把一些不同觀點的人都稱為教條主義。那麼，當年那場由喬冠華文章引發的爭議，時過境遷，應該隨著胡風文藝思想的平反而塵埃落定了，因為提出「到處有生活」這一口號，是客觀和正確地闡述了文藝與政治、文藝與生活的辯證關係，也是在強烈的憂患意識驅使下又從馬克思主義人道主義出發提出來的，也是因此，就在喬冠華的文章受到非議之時，胡風會不以為然，反而熱情稱道文章富於才情，點到了文藝戰線上發生庸俗和混亂現象的痛處，也是為了給予呼應，胡風又在《希望》發表了舒蕪的《論主觀》一文。但結果卻更加引發了眾人的不滿，如茅盾、葉以群、侯外廬等均加以反對，周恩來也為此召集胡風、茅盾、葉以群、馮乃超、馮雪峰、徐冰、喬冠華、陳家康、胡繩等開會討論，最終在周恩來的協調下各方以息事寧人暫告一段落。

一九四三年六月，周恩來返回延安參加整風，由董必武主持中共南方局工作，這時，中宣部來電，批評了在《新華日報》和《群眾》上發生的問題，強調大後方的思想鬥爭的中心任務不是黨的自我批評，而是反對大資產階級反動派；要多加宣傳唯物主義世界觀和革命人生觀；報紙應堅持群眾性，多登群眾需要的和自己寫的，使人民覺得這是自己的報紙；等等。隨之董必武立即對《新華日報》、《群眾》刊登的文章進行詳細的檢查，並召開座談會，用自我批評的方式，批評在理論方面出現的錯誤，圍繞「思想與感覺」、「理性與感性」、「理智與感情」的關係問題，批評唯心論和小資產階級個人主義的錯誤。隨之，在中共南方局內部展開了一場激烈的爭論，最後由董必武做出了結論，他認為：理論同生活（實踐）是不能脫節的，理論如果脫離實踐，就會變成失去生命力的教條；而離開理論的實踐，就一定會迷失方向，會走到「盲人騎瞎馬，夜半臨深池」的險境。此後據夏衍在《章漢夫文集》的代序中所回憶：一九四四年《新華日報》的「小整風」，其結局是：「漢夫作為黨報總編輯，就得為我和喬冠華、陳家康等人在副刊上發表的那些有錯誤的雜文負責。好在當時主持整風的董老堅持了治病救人的原則，所以我們幾個人作了檢討，就沒有受到處分。」其實，問題並沒有結束，只是後來我們對此的研究幾乎沒有展開，也就將這一問題擱置了起來而已，特別是胡風與「才子集團」的關係問題、陝北中共中央與重慶中共南方局之間的問題，更是乏人問津的課題了。這且不說，卻說此後不久，喬冠華與胡風的「蜜月期」也接近於尾聲，「才子集團」在受到批評後，與胡風不同程度地拉開了距離，更到了一九四八年春，當時在香港的中共「文委」主持領導了對胡風思想的批判——曾是「才子集團」的喬冠華、胡繩以及馮乃超、邵荃麟、林默涵等都在《大眾文藝叢刊》上發表了針對胡風文藝思想和路翎小說的批判文章，固執的胡風仍然堅持己見，並以《論現實主義的路》等論文給予駁辯。一晃，已是新中國成立，到了一九五五年年初，對胡風思想的批判運動已波及全國，此時，就是始終堅持自己觀點的胡風也不得不寫了《我的自我批判》。

真是「十年多以來，常常瞻望行旗所向；聲音在耳，笑貌更在眼裏」呵，一九五五年三月的一天夜晚，喬冠華又一次來看望胡風，一道來的還有陳家康和邵荃麟。在這次持續很長的談話中，話題還是胡風的文藝思想問題。這次喬冠華傳達了周總理的指示：「應檢查思想，應該打掉的打得愈徹底愈好，這才更好建設新的。但是，要實事求是，不能包，包不是辦法。」喬冠華希望胡風能積極地檢討自己的問題，並苦口婆心地勸道：「別的不說吧，你跟黨這多年，至少是你沒有積極提出要求入黨，這在思想上應該檢查檢查，也可以回憶一下歷史情況，看有什麼問題。」邵荃麟也說：「你老指責宗派主義，左聯的事情我不清楚，至少我和你的關係應該是沒有宗派的，但你也把我劃入宗派了。」陳家康卻認為胡風的問題「一切可以說是一個認識問題」，但他的話還沒有說完就被喬冠華厲聲打斷了：「家康這個同志就有這個毛病。」陳家康囁嚅地不再說下去了。據說這次談話是喬冠華與胡風的最後一次接觸，喬冠華「如果那樣，活下去有什麼意思」這一句話讓胡風後來言猶在耳，在信中，他說：「在我，無論在怎樣困難和失敗的情況之下，也從未發生過『活下去，有什麼意思』的問題。」不過，胡風絕不會想到兩個月之後的自己竟會被逮捕，又最後被逐出京城，以至此時不得不想起：「糊塗人對階級事業的理想、對黨，總有一種糊塗的自信或癡想也。但這時候深深地記起了你的話和表情。我不由自主地面對著了這個問題，這才想起了你的真意何在，想有所請教。」胡風過高地估計了喬冠華和自己的交往，他絕對想像不到：信發出後不久，喬冠華便把胡風的信轉給了章漢夫、姬鵬飛和周揚，喬冠華還寫了一封附信：

漢夫、鵬飛同志並轉周揚同志：

忽接胡風一信。最後一次，大概是一九五五年，根據（陸）定一同志指示，我曾去勸過他一次，講過些什麼具體內容，已經記得不清楚了。來信這樣寫的用意很明顯是希望對他的處理有所緩和。此人已不可救藥，我的意見是，不便再理會他了。

近閱喬冠華女兒喬松都的《喬冠華與龔澎——我的父親母親》（中華書局二〇〇八年版）一書，其中說喬冠華「性格耿直，急公好義，遇到不平的事喜歡站出來仗義執言，歷次政治運動總因為說一些過頭的話而受批評」，這也許是事實，不過，對照上述他的信，顯然喬冠華的「仗義執言」是有「底線」的，他和胡風原來是文友，一旦胡風被視為是「反革命集團」的首要分子時，喬冠華絕不可能會為他「仗義執言」的。此外，也許會讓胡風絕對想像不到的是，曾經和自己一同在重慶戰鬥過的章漢夫，當然還有「論敵」的周揚，他們都在喬冠華的信上畫了圈，同意喬的看法。章漢夫還特意寫道：「我意不理。」

三、陳家康

陳公足下：

閱報知已功成返斾，階下之人亦大感欣慰。糊塗人難有自知之明，記憶不易全消更為一大憾事。出獄後曾託主事領導方面向你轉詢，是否不至絕對見棄，可能時希望給一見面的機會，在思想上予以幫助。但主事領導方面既表示有所不便，我自己亦即悟到此又為太不自量之舉。現已受命即日遠戍（雖要求略緩時日，亦似不可能），雖知我、助我、罪我均將要、已經了了無痕，但這個終於被時間摒棄了、但又不能太上忘情的血肉之身，不向你致送一瓣問好、請責之意，在後會無期的心情中，是無法自諒的。前塵如夢，對我的種種關懷和規勸，致由衷的感謝，我對你的種種打擾和辜負，請大度地原宥。

胡風

一九六六年二月

不同於上述的徐冰、喬冠華，陳家康是胡風在抗戰時的武漢、重慶以及以後的日子裏與自己相交甚歡的一位中共友人。

陳家康（一九一三—一九七〇），湖北廣濟人。陳家康早年肄業於武漢大學，一九三四年冬在上海參加左翼社會科學者聯盟，一九三五年加入中國共產黨，一九三八年在武漢中共長江局擔任周恩來祕書、中英文翻譯等工作。重慶時期，他是中共中央南方局統戰委員會外事組副組長、外事委員會委員，此後曾任中共江蘇省委軍事委員、中共中央軍委外事組科長等。一九四四年他曾在延安參加接待中外記者參觀團和美軍觀察組，一九四五年又以董必武祕書身份參加了聯合國制憲會議，一九四六年負責中共中央外交工作委員會聯絡處工作，並任中共上海工作委員會委員、中共上海發言人等，他還是中共「七大」的候補代表。新中國成立後，陳家康歷任共青團中央委員、團中央聯絡部副部長、外交部亞洲司副司長和司長，外交部部長助理、中國駐埃及和葉門大使、外交部副部長等。「文革」時陳家康被迫在「五七幹校」接受隔離審查，後因心臟病發作，於一九七〇年七月七日去世。陳家康除從事統戰、理論工作外，還多年活躍在外交舞臺上，他的夫人徐克立也是一位具有嫻熟外語能力的才女，曾擔任英文《中國婦女》社長兼總編輯。

一如喬冠華，陳家康也是中共的一位才華過人的「才子」；也一如喬冠華，陳家康在從事黨的工作時，也對哲學特別是中國哲學有著濃厚的興趣，而且頗具研究的水平，如他對馮友蘭等的「新理學」的批判。當時在後方的理論界，陳家康還以尊崇墨子出名，其筆名即是「歸墨」，當時他還曾對喬冠華流露出希望有機會從事著述的想法。在重慶時，有一次路翎拿著舒蕪研究墨子的文章送給胡風看，胡風因為自己不懂墨子哲學，就轉請陳家康審閱，陳看了後馬上與喬冠華一齊要胡風約舒蕪見面，胡風遂引舒蕪去見了陳、喬兩人。此後，為了回應中共的整風，反對教條主義，陳家康、喬冠華、胡繩、楊剛等都撰寫了不少文章，並與胡風等形成一支「友軍」，引起了輿論界極大的反響。後來舒蕪回憶說：「舊政協在重慶開會，我從報紙上看到中共代表團工作人員名單中有陳家康，就特意去重慶看了他一次。他很忙，我們還是擠時間交談了一點情況。我介紹了與胡喬木談話的情況，他的態度和喬冠華大不一樣，當即表示出對胡喬木不以為然。胡喬木曾說像我那樣的錯誤不是個別的，指名道姓說在陳家康的文章中就發現有類似問題。陳家康說：『我們是穿開檔褲一塊長大的，誰還不知道誰的底細呀！想騎到我的脖子上拉尿可不行！』陳家康認為胡喬木他們反對主觀主義，結果連主觀也反對；提倡客觀，結果提倡到客觀主義。我們談得很親切，他請我到小館子裏吃了一頓飯，然後才分手。」由此可見，在當時後方反對教條主義的人中，陳家康是個中代表性的人物，因此他也與胡風結下了濃厚的友誼。新中國成立後，胡風與陳家康仍保持著緊密的聯繫，在某種程度上，陳家康還起著中共聯繫人的角色，在胡風的日記中，也不時有陳的記載，而胡風信中所說「糊塗人難有自知之明，記憶不易全消更為一大憾事」，似就是指的他和陳家康之間的往來。如胡風一九五〇年十一月二十一日的日記：「和家康談了一次，他勸我（一）不要得罪人，（二）多寫應景文章。」不是一般的朋友，不會說這樣不一般的話。

一九五一年十二月二十七日，胡風寫道：陳家康來閒談，似是「海闊天空」，「但還可以看出，還是有所為而來的：一、現在，文藝所走的幾條路，都死了。二、還是要照五四的路子摸。三、勸我和軍師

（似指毛澤東。筆者注）接近，介紹了他的性格和接近辦法。四、勸我暫不寫大論文，也可以寫寫文藝性的政治論文之類。五、何必不多住幾天，看一看大勢——。」胡風又寫道：「約他再作一長談，但他不敢約，怕沒有時間失了信，而且說，現在父周不聽他的話（因為他是在父周桌子腳邊長大的），父周頂信任的是兩個喬，云云。這小鬼，機靈得很。」這裏的「父周」，就是暗指周恩來，當時周恩來在巨大的政治壓力之下，已經與在他身邊工作多年的陳家康有所隔膜，「兩喬」，則是指胡喬木和喬冠華了。繼之，胡風又寫道：「剛才家康告訴了我許多做人『祕訣』，我想，要用起來，我也並不是不會的。」所謂「知我、助我」，包括陳家康這種政治舞臺上的「做人『祕訣』」，胡風對此雖並不陌生，奈何秉性梗直（正如魯迅對他的評價），也就不會「用」了。一九五二年七月二十八日，胡風寫道：「晚上，又與家康作了長談。上次談話的結果，歸納成了這一點：上策，靜聽他們批評，是錯的地方檢討，不錯的地方不理，也不反撥；中策，一句話不說，另外做什麼工作或做研究去；下策，公開討論，成一對立的形勢。他說下策萬萬不可取。昨晚，他改取了勸服的口吻了，要我不消極，並且說，『反動的唯心論』，不過是幾個下面有成見的人如此想而已。顯然地，上次談話以後，他是和誰商量過的，談話口氣中也偶然露了風。還有，對我過去沒有處好人事，說了很多。不用說，是一個人事問題。但誰也不肯承認是人事問題。就是如此。上次談話中，他說，你向來批評人，現在就是要你也認一次錯。也就是所謂拿下架子的問題。這次不這樣明說了，改成了尊重毛澤東思想，檢查自己，是一件好事，云云。看來，要檢討的原意還是不願意放棄的。我攻擊了三花（馮雪峰。筆者注），把紀念文留給他看，兩三天內再談一次。彼此不明說，很可能，他和父周和軍師是有所聯繫的。總之，我表示了破釜沉舟的意思。要麼，公開戰論，要麼，一聲不響。總之，最後是改行或沉下去不響。我拋了出去，要他們考慮。這就要看他們是逞意氣呢還是從政治道德上著想。當然，這所謂拋了出去，是側面的，至於對『正面的』人們，我是當然謙虛的。不過，見見面也不大容易了。果然，是一個空城計。原來要周文起草綱要，但跟著人都沒有了。後來由邵爺（邵麟荃。筆者注）寫，但他到北戴河休養去了。說是，由林默涵在起草云。也許是文章，也許是討論提綱。這裏面，掌舵的是軍師。也許如你所估計的，最後的法寶是由他拿出來的罷。」顯然，作為摯友，陳家康對胡風仍然授以「祕訣」，即所謂上、中、下的三策，順帶又帶出了好心人的看法，並且囑其「不消極」，同時在性情和待人脾氣上要有所緩和。真是「前塵如夢，對我的種種關懷和規勸，致由衷的感謝，我對你的種種打擾和辜負，請大度地原宥」，胡風最後所表達的，就是這種情不能已的感動和感傷。此後八月十五日的胡風日記說：「昨天打電話家康，說是無時間，他一有時間就約我云。很可能，他也要去請示，因為我和他說話隨便些，而且，他對這事也很關心。如約去玩，這次談話當特別謹慎。我也要通過他透露一些東西出去的。」再後十月三十日：「和家康談了一次。他這次好像是受了命的。單刀直入地提出了兩個問題：（一）對路翎是肯定還是否定，（二）主觀精神的說法能不能站住。我都給了肯定的回答，因為不能不攤牌了。對路翎，他提出了否定的意見，我作了一些說明。對第二個問題，我也作了一些說明。對路翎，他沒有再說什麼，似乎有點動搖，對主觀精神問題，他最後說：這不是沒有問題了麼？他說：如果這個問題站得住，其餘的問題都沒有關係云。他透露了不應隨便認錯，也透露了以後慢慢談也好的。情形如此，看得出來是冷靜一些了。但也很難說，看這些時的發展如何。」這些文字都說明在胡風事件之中，陳家康不是若有若無的，但在那種氛圍下，他能起的作用，也只能是「受命」的傳達者而已。

在後來胡風漫長刑期的日子裏，胡風一直想念著陳家康。在獄中，胡風寫了許多舊體詩，其中不乏是懷人之作，在《記往事・九》中，胡風寫的標題是「抗戰中期。並藉以沉痛地追悼用黨性精神教育過引導我的陳家康同志」。詩云：

羞聞盜世營三窟，誓為匡時執一端；
是是非非邀智者，蠅營狗苟斥昏官；
昂頭午夜豺狼叫，跣足隆冬水土寒；
偶摘長虹懸戶壁，遙瞻北斗倚欄干。

胡風後來批註道：此詩的第一聯上句指的是「看風使舵的中間人越來越多了」；第二聯上句則是指「國民黨破壞統戰越來越頑固，共產黨不得不進一步採取通過鬥爭求團結的方針了」，下句則是指「國民黨的一般政治情況」；第四聯的上句是指「在被逼得幾乎不能工作的處境下，我也不得不對自己的工作做點小結」，而下句是指「雖然過去的工作也有一點收穫，但都是仰仗黨的政治領導（北斗）取得的。陳家康同志就是在周副主席的授意下長期引導了我的一個。」胡風出獄後，陳家康早已不在人間，胡風沉痛地寫道：「陳家康毫無消息，（我）常常懷念他。——二十多年來，我就是靠吮吸生平中助我惠我者的精神奶漿而苟活了過來的。——他是我多年來最擔心的關係人之一，但一直無消息。如果他也因我而受禍，對黨的事業說來，那我造的孽就太大了。當我精神變態的那兩年間，夢裏以至白天都常常出現形象，聽到聲音，說他因我受了奇冤慘禍。加上其他的精神變態，我差不多日夜都陷在瘋狂狀態裏面。後來中央來人調查，喬冠華墮落到了投靠『四人幫』、反對總理的那種可恥地步。對家康我的看法相反。也許他受到了『四人幫』的謀害，那和我的友誼就可能是口實之一。但願不致如此，也許他在為黨做不出面的重要工作（他是不以權、位、名為念的人）。如果如此，你又能和他見面，他也想瞭解我的情況，就把這信和詩稿給他看看。」這裏，胡風用他那一軀「太上忘情的血肉之身」，最後向地下的陳家康「致送」了「一瓣問好、請責之意」，歷史的沉重在這裏留下了一抹印記。

四、老舍

同樣，一九六六年二月，胡風出京之前，在給老舍的信中，表達了自己一番情不能已的感情。

舍予公席下：

共患之情不能忘，相隔之境不必通；出沐自由空氣已月餘，不應、因而也就不曾動過致候左右之心。現已受命明日遠戍，以階下之身，所謂「辭行」，雖不一定是俗套，但此身此境只能成為對您的無禮之妄事。但回憶到相濡以沫的涸轍之日，微末的悲觀竟未全消。當此後會無期之際，不寄奉片言略表多年來對我關懷的感謝，尤其是對我規勸的歉意，實不易慨然向茫茫前途揮袂而去也。祖國正在華年，群芳競放當指日可望，文章又正如稼穡，非灑下滴滴的汗水以至心血則不能幸致。足下深知此中甘苦，又正在境順年盛之期，千祈珍重，珍重！夫人均此。

胡風

一九六六年二月

這裏，兩位中國新文學史上的巨匠，此前種種，此時胡風竟是以「您」來相稱了，所謂「相隔之境」，所謂「規勸」，真是此一時也，彼一是也，今日讀來頓感痛徹肝腸。而且，接下來將要發生的事（胡風當然是不知道了），卻又更加讓人寒心了，因為胡風的那些舊友，當時竟沒有一個人對胡風表示了最起碼的「老朋友」的同情心，或者，這些友人也在即將到來的更大一場的政治颱風前會不知所措呢，而老舍自己也竟沒有能夠度過這場劫波，以致他沒有機會像巴金一樣，在事後重讀自己當年批判胡風的文章，懺悔說：「我好像挨了當頭一棒，印在白紙上的黑字是永遠揩不掉的，子孫後代是我們真正的審判官，究竟對什麼錯誤我們應該負責，他們知道，他們不會原諒我們。」

老舍（一八九九－一九六六），原名舒慶春，字舍予。老舍曾在青島山東大學任中國文學系教授，一九三六年夏他辭去教職，專事文學創作，又在抗戰爆發後赴武漢、重慶，期間主持「中華全國文藝界抗敵協會」的工作，任常務理事、總務組長，並組織出版會刊《抗戰文藝》。在胡風寫信給他的時候，老舍是政協全國委員會常務委員、中國文聯副主席、中國作家協會副主席及書記處書記、中國民間文藝研究會副主席、中國劇協和中國曲協理事、北京市文聯主席等，可謂榮華於一身。不同於胡風，教授和作家的老舍曾把自己侷限在書齋中，只是抗戰的烽火把他捲進了時代的漩渦之中。一九三八年三月，「中華全國文藝界抗敵協會」在武漢成立，由於老舍的地位和名聲，他被選為理事兼總務股主任（胡風是研究股副主任，郁達夫任主任），並主管協會的日常事務，即成為這個團體實際上的主要負責人，此後以及在重慶期間，老舍和胡風都共同在周恩來的安排和授意下，參加和組織抗戰文藝運動，後來胡風回憶說：「舉老舍這個有文壇地位、有正義感的作家當總務股主任，這是符合眾望的。——抗敵文協在整個抗戰期間一直維持著存在，成了國民黨統治下唯一繼續活動的全國性群眾文化團體，除了共產黨的領導外，和老舍的態度和地位是有關係的。」他還說：「在抗敵文協內，團結有正義感的真誠的現實主義作家老舍，抵制了國民黨任何分裂或利用的陰謀企圖。」茅盾也曾說：「如果沒有老舍先生的任勞任怨，這一件大事——抗戰的文藝家的大團結，恐怕不能那樣順利迅速地完成，而且恐怕也不能艱難困苦地支撐到今天了。」然而，所謂「共患之情不能忘，相隔之境不必通」，此後的老舍如眾人一樣，都參加了對胡風的大批判，而且那時老舍的文字，寫的格外風霜凌厲，如在《看穿了胡風的心》這篇文章中，他稱：「我認識胡風已快二十年，應該說是老朋友了。二十年來，我總以為他的毛病不過是心地褊狹、目空一切而已。看了舒蕪先生發表的

『胡風信札』，我才知道原來胡風並不只是心地褊狹，而是別具心胸。原來他把他的小集團以外的人，特別是共產黨，都看成敵人啊！他的文章裏引證了多少馬克思、列寧和毛澤東的名言呀，可是他要用『鐵筋皮鞭』毒打黨內的作家和進步作家們，殺人不見血！這是什麼心腸呢？我猜不透！我只能說，除了受過美蔣特務訓練的人，誰會這麼想一想呢？看了那些信札以後，我才知道原來胡風並不只是目空一切，而是要鎮壓革命，去作文壇的暴君！」

可以想見胡風看到這些文字時的心情，不過，「回憶到相濡以沫的涸轍之日，微末的悲觀竟未全消」，後來胡風在深牢之中聽說老舍竟在「文革」中跳湖自殺了，心中無比慘然，他寫詩道：

> 贊成腐敗皆同志，反對專橫即異端。
> 昨日葫蘆今日畫，人為奴隸狗為官。
> 敢忘國亂家難穩，不怕唇亡齒定寒。
> 勇破堅冰深一尺，羞眠白日上三干。

胡風還批註云：這首詩是「藉以悼念整個抗戰期間，一同對國民黨作鬥爭，『文革』期間屈死了的老舍先生」的。

五、徐平羽

徐公足下：

在古代史時期，曾蒙寄予厚望；在中古史時期，又曾蒙賜予規勸。智有所不及，力有所不勝，義有所不忍，以致負黨累人，雖深欲向足下致謝請責，亦難於摘言也。現已受命即日遠戍，以階下之身，絕不該動趨訪「辭行」之心，但舊惠難忘，前情難泯，後會無期，前途無際，不略表致謝請罪的微末之情，實難於自已也。並祝在毛澤東思想的光明大道上奮勉前進。專此，匆匆不盡一二。

胡風

一九六六年二月

胡風的最後一信是寫給徐平羽的。徐平羽（一九〇六－一九八六），原名王元健，又名白丁，江蘇高郵人。徐平羽早年在上海大夏大學肄業，後加入中國共產主義青年團，又轉入中國共產黨，曾任共青團上海滬西區委祕書。一九三二年，徐平羽參加了「左聯」。此後，徐平羽曾任中共陝西省委宣傳部幹事、延安「抗大」區隊長、「新四軍」服務團副團長、教導總隊政治教員、蘇北行政委員會祕書長、中共蘇中區委敵工部、城工部部長、山東野戰軍縱隊政治部副主任、蘇皖邊區政府交際處處長、黃河大隊副大隊長及政委、第三野戰軍隨營學校政治部副主任等。一九四九年後，他歷任南京市文教接管委員會主任、南京市教育局局長、上海市人民委員會祕書長、上海市文化局局長、中共上海市委宣傳部副部長、文化部副部長及顧問等。

徐平羽是胡風在「左聯」時期的一位老友，胡風去四川監外服刑前給他寫信，是對他的告別，也是自責辜負了友人，所謂「智有所不及，力有所不勝，義有所不忍，以致負黨累人，雖深欲向足下致謝請責，亦難於摘言也」。不過，如徐平羽那樣地位的人物，在當時的反胡風運動之中，也竟未能保身，當時哪怕只是在胡風的書信和日記中出現有名字，大概就無法倖免於難，徐平羽因此而被株連，以至被隔離。

18

胡風為什麼反對其外孫報考文科？

一

有讀者置疑拙文《「新儒家」的梁漱溟與閻宗臨先生》（《博覽群書》第五期）中關於胡風反對其孫輩報考文科一事，認為當係胡風對其子所言。我對自己的記憶力往往是頗自信的，所以，當編輯詢問的電話過後，思緒就回到了當年自己參加高考時的現場，因為：上世紀七十年代末的恢復高考，如今看來其歷史意義是堪與一九〇五年清廷廢除科舉一樣的重要，而有多少年齡懸殊卻求知慾一樣極強烈的青年，卻也在「to be, or not to be」之後，不免為「文科，還是理工科」犯難，當然，這在今天早已是不言而喻的從容選擇了——為市場所決定，可是當時文科真是風光呵——「真理問題」的討論、「傷痕文學」的火爆、「存在主義」的不脛而走、撩人心房的「時代的報告」——，於是，當年有許多人是不假思索報考了文科，那麼，到了今天，他們會作何感想呢？記得前幾期的《博覽群書》上，馬斗全有一篇哀歎「學術文化世家」消逝的文章，其實，如今「文化世家」（當然是指文科了）的絕跡尚是皮相之見，可驚的倒是整個文科的難以為繼、或是後繼乏人，這除了馬先生所指的「世家子弟」的「二世」或「三世而斬」的事實（對應的則是另一句名言：「出一個貴族則起碼需要三代」），恐怕在「世家子弟」自身素質之外，更應該要來考察整個社會的變化——或者這就是說要看看如今文科的生態情況如何了。

胡風為什麼要反對他的孫輩報考文科呢？胡風的三個子女——張曉谷、張曉風、張曉山，都是新中國成立之前的生人，張曉谷後來是教員，但不是文科的，否則他的文章不會那麼少，他是從事航空專業的。張曉風呢？後來她回憶說：「我高中畢業考大學時，正值『反右』的一九五七年，雖然我的考分不低，但是政審通不過，沒有學校敢錄取我」（《我的父親胡風》，下同），因為她是胡風的女兒麼，於是「我不能上大學是一定的了，但我卻不知進退，第二年又考了一次，當然還是不成，我這才徹底死了心，認了命，開始找工作」，「那年月，高中畢業生還比較吃香，可是對我來說，卻沒有合適的工作，只能在工作條件極差點的車間裏當學徒工」，此後當然是一番歷煉，她現在是中國藝術研究院當代文學研究室的副研究員了，或者不妨說，她是從事文科的，因此，胡風晚年曾對友人說：「她受的苦最多了。」張曉山是胡風的幼子，記得在一九七九年一月十一日胡風出獄之前，張曉山已經在內蒙古「插隊」的漫長生活中通過高考進大學了，我還記得當年張曉山參加高考，社會上很是關注，張曉風回憶說：「到了一九七七年秋，高考制度恢復，曉山在插隊十年後，以優異的成績考上了內蒙古師範學院，《中國青年報》特地發了報導，以示黨的政策是重在教育的。」不過，很有意思的是在後來彭柏山之女彭小蓮的《他們的歲月》一書中，卻是這樣說的，她寫道：「看著曉山，我更沒有什麼可說，他在內蒙古草原上整整待了十二年。直到七七年重新開始恢復高考時，他才有一次機會，他的成績考得非常優秀。即使這樣，上面還下了頭文件，胡風的兒子不能進京，不能學文。」這麼說來，倒是「上面」不讓胡風之子讀文科了。張曉山出生於一九四七年十月，在恢復高考時正是三十歲上下，由於上述的原因，當年他考的也不是文科，如今他已是中國社會科學院農村發展研究所的研究員和所長（一九七九年他又入讀中國人民大學農業經濟系的研究生，此後到中國社會科學院農村發展研究所工作，又在社科院的研究生院通過並獲得了農業經濟管理專業的博士學位），繼吾鄉前輩的杜潤生之後，如今已在農業經濟、農業合作經濟理論與實踐、農村組織與制度等領域頗有建樹了，我相信：在如今「三農」問題（所謂「真問題」）持續困擾中國的時刻，曉山的研究比單純的文科要有意義得多，或許說這只是一種巧合，不過，即使是這種實用性極強的學科，也需要出自文科（或是人文的）的某種激情和理念的精神燃燒，因此，張曉山後來會這樣寫道：「與父親相比，我感到了自己的渺小。父親平反後，政治地位和生活待遇得到了較大的改觀，這也必然惠及到我們。地位的改變易使一個人迷失本性，有人對我說：『我頭一次見你時，感到你身上有極濃的平民氣息，但以後每次見到你，都感到你有變化。到現在，這種氣息一點也沒有了。』我聽後心頭一震，細細審視自己，不得不承認這話有道理。」難得身處研究所和高樓中的張曉山還有這種其父胡風之輩受益於偉大俄羅斯精神承傳的自審體驗，就此而言，我認為即使是胡風的敵人舒蕪，他晚近所說「我覺得魯迅二十年代關於文藝與革命的幾篇文章，都是千古不朽之文，至今我們覺得大徹大悟的，仍沒有超過他的範圍一步」（《碧空樓書簡》）為會心之言。到了胡風的第三代，他們會去報考文科麼？胡風在世時，他的態度呢？張曉谷回憶說：「妹妹的孩子正要考大學，我問父親對報考志願的意見，是報文科還是理工科。他不假思索地回答：『不報文科！不報文科！』這件事好些文章都提到了，引起了不少感慨。」張曉風則回憶說：「一天，將要考大學的我的大兒子來看望外公，並徵求對他報考專業的意見。不料，父親聽後竟急切地說：『不報文科！不報文科！』他一生致力於文學工作為它而戰為它而受苦從不言悔，卻不願自己的兒孫們以它為專業。當初我哥哥的選擇航空專業，後來曉山的選擇農業經濟都使他很滿意。我不由得想起了魯迅先生著名的《死》中所說的：『孩子長大——萬不可去做空頭文學家』的囑咐，據說最初是沒有『空頭』二字的。更想起了先生沉痛的詩句：『弄文罹文網，抗世違世情，積毀可銷骨，空留紙上聲！』」胡風子女的回憶，十分真切地描摹出受盡苦難的魯迅嫡傳胡風晚年的心境，它還讓我想起胡風舉喪時聶紺弩的一首詩：「精神界人非驕子，淪落坎坷以憂死。千萬字文萬首詩，得問世者能有幾！死無青蠅為弔客，屍藏太平冰箱裏。心胸肝膽齊堅冰，從此天風呼不起。昨夢君立海邊山，蒼蒼者天茫茫水。」嗚呼哀哉！

二

如果說胡風的滿意於子輩的學科選擇和反對孫輩的報考文科，是出自魯迅「萬不可去做空頭文學家」的警示和專制主義之下文科學人的動輒得咎，後來文科則面對的是更加冷酷的「市場選擇」，當然，其中還包含有更複雜的內容，比如說為什麼會有那麼多的人看輕甚至討厭文科？它為什麼不再是提升、充實人的心靈的美妙領地？為什麼我的同行在退休的第二天會把自己所有的教學資料和圖書統統售給廢品站？為什麼沒有聽說過有同行的子女接班？——這豈是僅僅一個「文化世家」消遁的問題？

又想起了一本書——《八二屆畢業生》，那大概也是包括了張曉山在內的一代人吧。已經二十多年了。二十多年前，也就是大學剛畢業吧，那彷彿還是昨日的事情，但畢竟已經遙遠了，遙遠了，人生最重要的經歷已經過去，比如愛情，比如事業，甚至前塵往事，許多也已經不可尋了，從前一同報考文科的同窗（我是學歷史的），後來各自經歷了生活的坎坷和命運的不測，他們中有的是一畢業就輕擲了生命的，而歲月倥偬，如今我們的發際已經染上了霜色，肉體和心靈的疾病也逐漸爬上了這日漸老衰的軀殼，在如今「全球化」、「資訊化」、「小資化」、「市場化」的面前，我們手足無措了。當初呢？文科，它是理想主義或者說是人文主義的園地，曾記否？我們熱讀過多少中西的經典名著，討論過《新階級》和薩特、「西馬」和潘曉、對越作戰和《卡珊多拉大橋》——，當如今人們說「新三屆」是社會的中堅力量、當我們承受著家庭和社會競爭的重負、當我們在太陽餘暉的背景下從人生的巔峰開始下山時，那曾被周氏兄弟所深喜的藹理斯的句子：「我們所有的技巧，便在怎樣的將那光明固定的火炬遞在後人手中，我們自己就隱沒在黑暗裏去」就上了心頭。那麼，我們從哪裏來的？又到何處去呢？或者說，我們仍在十九世紀英國小說家狄更斯所描述的語境之中——「這是最好的日子，也是最壞的日子；這是智慧的世代，也是最愚蠢的世代；這是信仰的時期，也是懷疑的時期；這是光明的季節，也是絕望的冬天。我們面前好像樣樣都有，但又像一無所有；我們似乎立刻便要上天堂，但也可能很快便入地獄」（《雙城記》）。不是嗎？只要你想想這二十世紀，想想我們的文科。

胡適十二歲讀書大上海，他那時讀的是《新民說》、《天演論》和《群己權界論》，老師出的作文題目則是「論日本之所由強」、「言論自由」；過了一個甲子，龍應台回憶說：她在臺灣讀書，讀的卻是《蔣公訓詞》，作文寫的是「民族救星」、「忠勇為愛國之本」、「孝順為齊家之本」等等；一九七七年那年，「鄧大人」欣然接受湖北大學查全性先生的建議改革高校招生辦法並恢復高考（接著又有李春光先生建議鄧小平實行擴大招生），在那黑鴉鴉的由中年、青年和少年組成的考試大軍之中，甚至也有了胡風兒子的張曉山，於是，「胡風分子」的賈植芳看了《中國青年報》的報導，他在日記中寫道：「老胡的兒子張曉山已批准上大學，新聞說，曉山在北京高中畢業後，去內蒙古插隊，表現良好，在農業技術上有貢獻，被評為五好社員，當地群眾幾次推舉他上大學，都未獲准，這次才准了，已進入內蒙古師範學院——（這）對我們說來，也是一種安慰」；也是那一年，我步入太原的一所考場，望著語文的作文題目，揣度如何用歷史唯物主義立論去感恩華主席，就在這本《八二屆畢業生》中，也收錄了當年在廣州參加高考的陳平原在考場上寫的一篇《大治之年氣象新》（刊於當年四月七日的《人民日報》上），不知如今的陳先生重讀少作，會作何感想？後來，「八二屆畢業生」又共同走過了這樣的歷史過程：「上世紀七十年代末、八十年代初，左傾思潮干擾和發難既頻繁又嚴重，不是批判某些人，就是批判某些書；不是說這部電影在『醜化』，就是說那本小說有問題；不是要整治某種思想，就是要清除什麼『污染』。凡此種種，在『文革』中的『文革』前是司空見慣，但現在在大學生中間卻很難找到市場。那宣告『我不相信』的詩句不脛而走，那針砭時弊的話劇《假如我是真的》大受歡迎。在此期間，遇羅克、張志新的冤案得到平反，『誰之罪』的追問直逼人心；『文革』中的所謂『反動大字報』《關於社會主義的民主和法制》得到肯定，『馬克思主義是人道主義』的論斷令人耳目一新」（徐友漁《一代人的使命》），於是，「八二屆畢業生」後來就被人們稱作是「懷疑的一代、思考的一代、真正意義上的批判的一代」了。但是且慢，回過頭來一看，「八二屆畢業生」當年所自詡、自稱、自譽為「解放的」、「批判的」、「理想主義的」一代，也即當他們或我們以承傳傳統知識階層聖哲性格和現代社會的社會良知以及真善美的立法者自居時，再回首，就難免有些尷尬了。因為所謂的「解放的一代」——當年他們（我們）「沉湎於八十年代初思想的開放和豐富，其實，這種開放和豐富相當之有限，不論是恢復到實踐標準，不論是為包產到戶辯解，還是替按勞分配原則證明，所有這一切都不過是恢復常識的努力，中國閉關鎖國、脫離世界文明三十年的差距不能僅僅靠這種努力彌補，何況撥亂反正的工作往往不得不以『猶抱琵琶半遮面』的言說和戴著腳鐐跳舞的方式進行。回想當年的『美學熱』、『主體性學說熱』，許多人在性靈之學和玄虛之論中探微索隱，少有人涉足政治學、法學等有關制度安排的領域，在社會分化日趨明顯、社會利益和矛盾日趨複雜的今天，這種思想上、知識上的缺陷越來越明顯」了；所謂的「批判的一代」——其實他們（我們）當年的反思和批判「既不深刻，也不廣泛」，於是「當極端民族主義、國家主義或民粹主義浪潮洶湧時，他們要麼隨波逐流，要麼手足無措」，就是說「他們沒有完成批判和清算文化大革命的歷史任務」，「他們自以為經歷過深重苦難，但對苦難的淵源並無深刻認識，對如何根絕苦難並無高見」；而所謂的「理想主義的一代」——「這種理想在很大程度上並未與五六十代的意識形態灌輸劃清界限，不少人的理想不過是舊日的道德說教，他們沉湎於過去的『高尚』與『純潔』，把苦難當風流」，因而他們（我們）「時常處於上下兩代人的夾擊之中而處境尷尬：上一代人指責他們心懷異志，下一代人嘲笑他們冥頑不靈」（同上），這或許就是我們那批文科學生的宿命？

由胡風的故事再讀《八二屆畢業生》（拉家渡主編，廣州出版社二〇〇三年出版）一書中徐友漁、鄢烈山、陳平原、陳建功、韓少功、許紀霖、馬莉等眾多「同科」的回憶與訪談，聽他們讀大學和二十年的故事，真是心潮澎湃，浮想聯翩。「八二屆畢業生」，正如印在這本書封底上的文字所說的：「從某種意義上可以說，八十二屆人是當年撥亂反正、改革開放政策的既得利益者。當初，他們懷抱著對文革的極左、專制和不正義的仇視和為正義社會而奮鬥的決心入校，由於自己的努力，由於機遇，其中不少人現在已經功成名就。這一代人的成就確實比較特殊，令人矚目，但也應該明白，這只能在較小程度上歸之於自己的才幹和奮鬥，在更大程度上，這不過是全民族和同齡人的苦難和代價的副產品。從這種意義上，人們可以對八十二屆畢業生的幸運者提出責任和義務的問題，」主編拉家渡還說：「我對這個人群充滿了敬意，因為他們在時代中的喧嘩更貼近我所理解的『命運』，他們曾經就人生觀的問題進行過熱烈的討論，然後長久的二十年使他們沉默」，這「沉默」包括了「八二屆畢業生」中朱學勤所說的「思想史上的失蹤者」以及被二十多年的生活所圍困、所煎熬、所慘澹經營因而失語的更多的人們（這本書還收錄了當年中山大學中文系學生劉軍那篇導致他不能畢業、即最終沒有成為「八二屆畢業生」的畢業論文《試論賈寶玉形象的時間性》，只是因為它是襲用了西方心理學的方法寫就的，也就是「沒有運用馬克思主義的立場、觀點和方法」，因而鎩羽而歸，從此改寫了自己的人生道路。此外，這本書還追敘了一九八〇年在《中國青年》上由「潘曉」的文章引發的大討論，這是新時期中國社會開始走向價值觀的多元化的一個標誌，然而「潘曉」其人卻為此付出了不輕的代價），我的一位老同學甚至還曾感慨地說：咱們不就是憑了讀了些書本麼，於是成為國家幹部等等，有了近乎於身家性命的鐵飯碗，於是有了免於下崗失業的「自由」。如此說來，「八二屆畢業生」對晚生代所提出的「責任和義務」，對文科的理解，還需交上一張滿意的答卷呵，否則，真是愧對同樣和你經歷和付出了「苦難和代價」的其他人們，否則，胡風在地下還會連連叫著說：「不報文科！不報文科！」

19

「批林批孔」運動學人眾生相

引言：也許是後人永遠無法理解的那場滑稽的所謂「批林批孔」運動，已經過去三十餘年了。余英時先生曾說：「一九七六年『四人幫』倒臺後，史學界發生了根本的變化。正如我們所瞭解到的，不僅『中國歷史中的儒法鬥爭』的主旋律遭到擯棄，而且對孔子的批判也降了調。有幾次在預料到我會持否定意見的情況下，他們還特地邀請我去評論儒法鬥爭。如同我們的中國同行現在看到的，在『四人幫』控制下（特別是從一九七三年到一九七六年），中國史學研究的學術規範已完全遭到破壞，史實受到全面地、有組織地歪曲和篡改。『四人幫』的『那夥史學家們』對中國歷史並無興趣，他們是用歷史來為當前的政治服務。孔子先是與周恩來掛鈎，接著是鄧小平，最後是華國鋒。秦始皇與毛澤東，漢代的呂後和唐代的武則天與江青，法家與『四人幫』及其追隨者，儒家與部分老一輩革命家，也都劃上了等號。因此，『影響史學』一詞被用來描述『四人幫』直接影響下所出版的『歷史』著作的特徵。反『影射史學』運動幾乎在『四人幫』垮臺後就立即開始了。據我所知，『影射』一詞最早見於一九七六年十月份那期《歷史研究》。自從『文革』後期復刊以來，《歷史研究》一直受那夥人牢牢控制。這份專業刊物呈現出非常嚴重的症狀，大多數文章採用影射方式。正如一篇簡要評論所批評的：『（那夥人）借古諷今，影射比附，弄虛作假，斷章取義。』在我們訪問中國時，這場運動正有聲有色地進行著。從私人交談中，我得知『四人幫』在北京、上海有兩個聲名狼籍的寫作班子，分別以梁效（與『兩校』諧音）和羅思鼎（與『螺絲釘』諧音）為名發表文章。有些人對濫用影射史學也負有很大的責任，其中，楊榮國、趙紀彬、周一良、劉大杰尤值關注。」

關於「批林批孔」運動，這裏不須多說，那是一場有政治背景的特殊的意識形態的鬥爭，如余先生所描述的，那時的學術已經完全政治化了。這裏要說的，是余先生提出的幾位學人，當年他們曾大紅大紫，而且被作為眾多中國知識份子「識時務者為俊傑」的典範，當然，後來又成為笑柄，這樣臉譜化的書寫可能並無助於人們汲取歷史的教訓。

一、趙紀彬

「批林批孔」運動，涉及學人的，最著名的當屬所謂「『梁效』學人」，不過，按照出場先後，這裏首先要說的，是哲學家的趙紀彬和楊榮國兩先生。因為在一九七八年以前中國大陸出版的關於儒學的著述中，幾乎清一色是「反孔」文章，其中最具代表性的則是楊榮國的《反動階級的「聖人」——孔子》、趙紀彬的《關於孔子誅少正卯問題》，它們都受到了當時毛澤東的關注，而且被印成了「大字本」（此外則有《魯迅批判孔孟之道的言論摘錄》、《魯迅批孔反儒文輯》、《五四以來地主資產階級反動派尊孔言論集》、《批林批孔文章彙編》的兩集以及若干學人所寫的《孔丘教育思想批判》、《從雲夢秦簡看秦代的階級變動》、《馬王堆漢墓的葬制與西漢初期復辟反復辟的鬥爭》、《讀〈鹽鐵論〉——西漢中期儒法兩家的一場大論戰》、《王安石（中國十一世紀的改革家）》、《論商鞅》、《論商鞅的歷史功績》、《尊法反儒的進步思想家李贄》、《儒家的仁》、《美德乎，枷鎖乎？》、《尊儒反法的〈辨奸論〉》、《孔丘的仁義道德與林彪的修正主義路線》以及被當作「反面」讀物的郭沫若的《十批判書》等），並且廣泛被要求「學習」。

趙紀彬（一九〇五－一九八二），原名濟炎，字象離，筆名向林冰、紀玄冰，河南內黃人。據說民國時期河南有「高教四傑」之說，這指的是馮友蘭、嵇文甫、趙紀彬和吳紹駿，其中馮友蘭是二十世紀中國最重要的哲學家之一，也是教育家，當然，他也是「批林批孔」運動中非常重要的一位學人；嵇文甫、趙紀彬，他們則是以「紅色教授」著稱的，說到河南的高等教育，這兩人是繞不過去的，如嵇文甫曾是中原大學、河南大學、鄭州大學三校的校長，趙紀彬也曾主持籌建解放後的平原大學，又先後是平原師範學院（今河南師範大學）、開封師範學院（今河南大學）的院長，且二人都是中國科學院的學部委員，並相繼兼任河南省歷史研究所所長等職，此外在學術上，二人都有相當的造詣，如趙紀彬的《中國哲學史》、《古代儒家哲學批判》等，嵇文甫有關先秦諸子與王船山思想研究的著作等，都與馮友蘭的《人生哲學》、《中國哲學史大綱》等構成二十世紀中國學術的重鎮；至於吳紹駿，則是著名的農業教育家和新中國玉米雜交育種科學的奠基人。趙紀彬的父親趙鍾慶是一位晚清的秀才，他愛書成癖，於是趙紀彬從五歲起就開始背誦唐詩和孔、孟的語錄，他大概沒有想到：他後來的一生從此就與「孔孟之道」有了不結之緣。趙紀彬十七歲時考入大名中學，讀了不到一年，因學潮被開除，後靠親友資助，去北平求學。不久，在北平受到新思潮的影響，開始接受馬克思主義，期間寫有《與人論「孔學」書》，由此開始了他一生的「批孔」生涯。此後，保定一位教授謝台岑返鄉創辦了大名「七師」，趙紀彬赴該校應考，結果名列前茅。一九二六年春，趙紀彬在該校教員馮品毅的介紹下，加入共產黨，隨後即於翌年麥收前參加了紅槍會反抗軍閥的鬥爭，並在進攻大名縣城時，充總參謀長。在國民革命運動的高潮中，趙紀彬是當地十分活躍的人物，舉凡回應北伐、改組國民黨、發展黨員（如王從吾、平傑三等）、開展農民運動等，他都傾力為之。一九二九年，時任中共濮陽縣委宣傳部長的趙紀彬因叛徒出賣而被捕，獄中他與人合作寫有《波格達諾夫〈社會意識學大綱〉批判》，對當時由脫黨的陳望道、施存統合譯的這部書進行了批判。至一九三一年刑滿，趙紀彬又潛赴西安，任中共陝西省委宣傳部長，後赴北平參加救亡運動，並參與察綏抗日同盟軍的籌備活動，先後任華北九省民眾抗日代表大會祕書長、察哈爾民眾抗日同盟軍政委等。一九三三年九月，趙紀彬赴北平彙報工作時再次被捕，判刑後轉送杭州反省院。一九三四年，趙紀彬經保釋出院，此後被迫脫黨，開始以賣文為生，當時他除了向顧頡剛主持的《禹貢》投稿之外，還撰有《中日關係條約彙釋》、《中日馬關條約集釋》等。一九三六年，趙紀彬還參與了《民眾週報》的編輯，又赴南京為日本研究會編書，期間譯有秋澤修二的《東方哲學史》一書。一九三七年九月，趙紀彬經中共北方局軍委書記朱瑞的介紹，前往延安。行至西安，接受了「八辦」讓其接替鄧穎超恢復「文總」的工作，遂由林伯渠介紹赴國統區活動，並以參加「通俗讀物編刊社」為掩護。一九三九年夏，他參加了「新哲學研究會」重慶分會（本會在延安），致力於介紹蘇聯哲學。在「通俗讀物編刊社」工作時，趙紀彬接觸了大量的所謂「通俗讀物」，並且出版了一本《通俗讀物論文集》，由此他對「五四」以來新文藝的發展有所感觸，於是，一九四〇年三月，趙紀彬以「向林冰」為筆名，在重慶發起了一場「民族形式」問題的辯論，當時他發表的論文被胡風收入《論民族形式問題》一書。所謂「民族形式」問題的辯論，也即當時影響至國統區和解放區的關於文藝的民族形式的討論，是繼此前三〇年代文藝大眾化討論之後的又一次內部的爭論，從實質上說，它是對「五四」新文學運動接受外來影響與繼承本民族傳統得失的一次檢討和回顧。在討論中，趙紀彬認為「五四」新文學並不成功，如它與廣大人民群眾的隔膜，「未能普遍地走入大眾」；在形式上普遍存在的「歐化」、「西化」的痕跡，以致「完全變成了少數近代化知識份子的專利品」；等等。由此，他又認為「五四」新文學形成的新傳統「在創造民族形式的起點上只應置於副次的地位」，並轉而肯定民間文學。然而，這又是在完全抹殺「五四」新文學的基礎上提出來的。接著，他又提出了以「民間形式」為創造中國新文藝民族形式的「中心源泉」論。隨即，趙紀彬的主張受到了胡風等人的強烈批評。

眾所周知，當時的胡風是一位「魯迅精神」的捍衛者，他對趙紀彬乃至郭沫若、周揚、艾思奇、胡繩、潘梓年、光未然、何其芳、張庚、艾青等一大批從延安到國統區的中共文化人提出批評，批評的話題則圍繞在究竟是維護還是反對「五四」啟蒙以來形成的新傳統、是讓啟蒙服從於當下的救亡運動，還是應將啟蒙注入到救亡運動之中。不同於趙紀彬的觀點，胡風認為：「民間形式」作為傳統民間文藝的形式，不能作為新文藝的民族形式的革新或發展的基礎和起點，它只能充當借鑒和幫助的作用，而趙紀彬則認為：「民間形式的批判的運用，是創造民族形式的起點；而民族形式的完成，則是運用民間形式的歸宿；換言之，現實主義者應該在民間形式中發現民族形式的中心源泉。」循此，流行於民間的傳統形式如章回小說、舊戲、民歌等等，不但可以「舊瓶裝新酒」，其作為新文藝的民族形式，本身就是新文藝一脈相承的民族傳統。應該說，趙、胡的觀點都各有偏執，按照趙紀彬的看法，「民間文藝既不是純粹的封建意識形態，又不是純粹的大眾的前進意識形態，而是在自己內部存在著兩個對立的契機或兩個可能的前途的矛盾的統一物。民間文藝的出現是封建社會自己矛盾的產物，民間文藝在抬頭是封建社會自己炸裂的指標。總之，它是封建文藝的對立物。」這就疏忽了「民間文藝」內核中不可避免的「封建性存在」，須知，它無法不是脫胎又被積澱於封建社會的一種精神產物。但胡風在注意「民間形式」的另一面時，又簡單地將之與封建社會相提並論，忽略了其中的合理成分如民族形式等，這恰恰就是趙紀彬提出的人民大眾「喜聞樂見」（以「習見常聞為基礎」）的「中國作風與中國氣派的民族形式」。瞭解了以上的內容，如果再輔之以相應的歷史背景的瞭解，可能就會再將之與延安文藝座談會等相聯繫，這就如李澤厚在《中國現代思想史論》一書中所說：這場爭論的意義，「但關鍵卻在於當時中國的政治鬥爭形勢。解放區在迅速地擴大，八路軍新四軍的力量飛速加強，中共領導下的廣大農民和農村在開始進行著翻天覆地的變化。如何進一步動員、組織、領導農民進行鬥爭，成了整個中國革命的關鍵。從而，文藝如何走出知識份子的圈子，自覺地直接地為廣大農民、士兵及他們的幹部服務，便成了當時焦點所在。要領導、提高他們，就首先有如何適應他們（包括適應他們的文化水平和欣賞習慣）的巨大問題。從民歌、快報、說書到舊戲、章回小說，『民間形式』本身在這裏具有了某種遠非文藝本身（特別是非審美本身）所必然要求的社會功能、文化效應和政治價值。從當時的政治角度看，要進行革命的宣傳和鼓勵，『舊瓶裝新酒』和通俗化、大眾化便是十分重要甚至是首要問題。只有在這具體的歷史背景下，才可能理解胡風所反對或批評的對方，為何絕大多數是中國共產黨的文藝家、理論家，才可能理解胡風所希圖維護的五四新文藝傳統及其『啟蒙』精神再一次必須為『救亡』主題所戰勝，也才可能理解毛澤東《在延安文藝座談會上的講話》的歷史性的意義和地位。」李澤厚最後還說：「中國革命的道路既然是農民為主體的土地革命，一切就得服從於它，並為此服從而付出代價。值得注意的倒是，傳統實用理性的文化心理構架使廣大知識群安然地接受了和付出了這一代價。」後來胡風的悲劇、趙紀彬的跌宕起伏，都似可以說明這一切。

「民族形式」問題的討論後，趙紀彬先後在「文化服務社」主編《青年文庫》、又赴川北三台東北大學任教，一九四六年，他被「異黨分子」的罪名解聘後，赴上海東吳大學任教。不久，侯外廬約趙紀彬、陳家康、杜守素合寫《中國思想通史》，此後至一九四七年夏，趙紀彬又因參加「大教聯」而被教會學校的東吳大學解聘。一九四八年年末，趙紀彬受到困獸猶鬥的國民黨的通緝，於是他在中共地下黨的安排下，通過封鎖線進入了解放區。一九四九年六月，青島解放，趙紀彬隨「軍管會」赴山東大學，並擔任文學院院長、校委會副主任。卻說趙紀彬到了山東，後來以「小人物」著稱的李希凡就寄居在姐夫趙紀彬家裏。後來他回憶說：當時他的「工作是早晚接送外甥上下學，晚上給馬克思主義哲學教授姐夫的趙紀彬做筆錄」，當時李希凡也在山東大學學習，那時的山東大學聚集了許多著名的教授，「教課的老師們如陸侃如、馮沅君、丁山、黃公渚、楊向奎、蕭滌非、王仲犖等都已是當時國內知名的教授；而我的姐夫趙紀彬是一位馬克思主義的哲學家，他那時正在寫作，又是論述先秦諸子百家的《中國思想通史》、《論語新探》、《中國古代儒家哲學思想》。」不僅是這些宏著，當年的趙紀彬在宣傳馬克思主義的熱潮中，為普及馬克思主義哲學，還曾寫有《什麼是唯物論、什麼是唯心論》、《關於辯證唯物主義的體系和內容問題》等小冊子，產生過廣泛的影響。李希凡還回憶說：「我雖幼年時在父親的私塾裏讀過《論語》和老莊，但並無『甚解』，也不熟悉。至於對馬克思主義更是一無所知，因而，我想生存，就必須苦讀求知。一九四七年至一九四九年上半年，我不只硬啃過《諸子集成》，還大量閱讀了馬恩列斯的原著（選集），而為了弄懂它的科學概念、範疇的內涵，又不得不廣泛閱讀不少闡述同一原理的著作，如薛暮橋、許滌新、王亞南、于光遠的政治經濟學著作，范文瀾、胡繩、華崗的史學著作，艾思奇、趙紀彬的哲學著作，侯外廬、杜守素等的思想史著作。他們都是中國共產黨人的知名學者，他們的書不只滿足了我求知的慾望，而且在當時也給了我革命的啟蒙思想的教育。」李希凡發奮學習，「近水樓臺」就有姐夫趙紀彬的提攜，顯然，李希凡後來的一炮打響，與趙紀彬的教誨不無關係，而當時山東大學的《文史哲》雜誌（楊向奎先生為第一任主編），就成為李希凡「一鳴驚人」的園地。一九五〇年，趙紀彬被任命為當時的平原省政府副祕書長、省政協副主席、平原大學籌備處主任（後任平原大學常務副校長兼黨組書記）。一九五六年年末，趙紀彬被調任開封師範學院院長兼河南歷史研究所所長。一九六三年，又調往中央黨校任哲學教研室顧問。一九六六年「文革」爆發後，與眾多知識份子一樣，趙紀彬也慘遭迫害，曾長期被審查、隔離，直至一九八一年底，他的所謂「歷史問題」才得到澄清。

在「文革」末期的「批林批孔」運動中，趙紀彬忽然又大紅大紫。原來，毛澤東對趙紀彬並不陌生，從前在延安時他就讀過趙紀彬就邏輯問題與潘梓年的商榷文章《模寫論中的感覺與思維問題》等，並肯定了他的觀點。趙紀彬在學術上更一向以「批孔」著稱，他的一些著作和文章也得到了博覽群書的晚年毛澤東的關注，如趙紀彬曾著有《釋一二》，這本書主要是對先秦的若干哲學範疇如「一」、「二」等進行探討，一九六五年，該書的部分內容曾在《哲學研究》發表，當時毛澤東仔細閱讀了其中《孔子「和而不同」的思想來源及其矛盾調和論的邏輯歸宿》一文，據龔育之等的《毛澤東的讀書生活》透露，當時毛澤東還寫了批語：「孔門充滿矛盾論。」後來毛澤東大概還收閱過趙紀彬的其他著作，為此還給康生有一封信：「此書有暇可以一閱，有些新的見解。本年九月號《哲學研究》，有他的一篇文章，也可以一看。」毛澤東信中所說的「此書」，即趙紀彬的另一本著作《論語新探》，這本書也是趙紀彬生前最用力也最珍視的一本書，它曾以《古代儒家哲學批判》為名出版，後多次修改，至一九七三年八月他的《關於孔子誅少正卯問題》出版後，由中共中央決定予以修訂再版。（一九七六年出版。一九七八年該書又被美國學者莫斯．羅伯茨譯成英文在美國出版。一九八一年，高橋均翻譯的該書日譯本也在日本出版）後來李希凡說：「早在『文革』前，我就聽說毛主席很稱讚兩本哲學書，一本是任繼愈先生的《中國佛教史》，一本就是趙紀彬的《論語新探》。」很可能是康生曾將這一資訊告訴給了別人，到了「文革」開始之後，一九六九年八、九月間，當時中央黨校領導小組的車志英向趙紀彬組稿，至一九七三年九月，人民出版社出版了趙紀彬的《關於孔子誅少正卯問題》一書，不料此書遂被「四人幫」利用，成為「批林批孔」運動中的一部「名著」。由於此書延續了趙紀彬一貫的「批孔」思路，加之對史料的理解又有不同，於是此書出版後，在海外學界引起了軒然大波，如當時香港《大公報》連載了趙紀彬的這本書，唐君毅先生讀後氣憤難當，為了維護孔子及儒學，他先後寫了《孔子誅少正卯傳說之形成》、《孔子誅少正卯問題重辯》等文章，對趙紀彬的觀點加以辨正，並指出此說是出自歷史上「法家」的偽作。然而在當時的大陸，對這本書是不能有公開的反對和質疑的，相反，這本書卻成了「學術」的典範之作，如馮友蘭後來的回憶：一九七三年秋天，有一天去清華大學開會，會議由遲群、謝靜宜主持，說是要組織力量「批林批孔」，並成立了北大、清華兩校的「大批判組」（是謂「梁效」），當時謝靜宜還拿了一本《孔子誅少正卯考》給眾人看，並對馮友蘭說：「江青要你看看。不久還要找你談談」。後來，果然馮友蘭就成為「趙紀彬第二」，開始轉向「批孔」了，又充當了「梁效」的一位「顧問」。據梁紅伍寫的《康生死前為何揭發江青和張春橋》（《百年潮》二〇〇六年第九期）：「江青在一九七四年一月二十五日的中央機關『批林批孔』動員大會上說，康生同志有功勞，康生同志立了一功……他特意請教授寫了關於孔子誅少正卯問題這本書。」則顯然是指趙紀彬的《關於孔子誅少正卯問題》。「江青還在大會上表揚了由康生主管的中央黨校『很快就搞出了批林批孔的材料』。會後第二天，康生即打電話給中央黨校，詢問動員大會那位教授去了沒有？

康生說：『請轉告他，江青同志的講話說《誅卯》不通俗，不是批評，在研究成果上還是肯定的。現在再叫他寫一篇東西，題目為《柳下蹠痛罵孔老二》。』」這裏所提到的「那位教授」，顯然也是指趙紀彬。此後，在評論這一階段中國哲學的發展歷史時，在《中國當代哲學史》的記述中，就留下了這樣的記載：「康生控制的中央黨校寫作組唐曉文的顧問趙紀彬則說：『儒法鬥爭這條線索的明朗化，使得中國思想史上學派、體系、範疇，都要重新加以研究』。」以上說明：趙紀彬因為受到康生的「推薦」，結果被江青所利用了。

由於「西子蒙不潔」，「文革」結束後，趙紀彬也受到了審查，他也逐漸被人們所淡忘。此後到了一九八〇年六月，老友侯外廬先生和邱漢生先生等來看他，隨即他們把趙紀彬的情況向當時中共中央總書記的胡耀邦作了彙報，此後趙紀彬的情況得到了改善，由於趙的原因而不能重印的多卷本《中國思想通史》，也解禁得以再版。此後，時為中國社會科學院歷史研究所所長的侯外廬也給趙紀彬發來聘其兼任研究員的聘書。一九八二年二月十七日，趙紀彬在北京衛戍區醫院病逝。蓋棺論定，趙紀彬並不是一個粹然的學者，與那個時代的許多學者相似，在「宏大敘事」的革命年代，他們兩棲於現實政治鬥爭和理論研究的闊大舞臺，生動、緊張的前者勢必影響至「灰色」的後者，並給後者帶來些許不易窺察到的底色。

趙紀彬的學術領域，主要是哲學和哲學史、邏輯學和邏輯史，尤精於先秦哲學史的研究。他的幾部主要的學術著作，有——1、《中國哲學史綱要》。此書原是胡繩代表生活書店約他寫的，於一九三九年冬在重慶出版，當年曾是一本暢銷書。此書寫作時採用了日本學者秋澤修二《東方哲學史》的「魏晉封建說」，後來因得知秋澤修二參加了侵華戰爭，遂不再印行。至於所謂「魏晉封建說」，因與郭沫若等主張（受到毛澤東的推許）的「春秋戰國分期說」相抵觸，也不宜再印行。但此書卻是以馬克思主義的觀點和方法研究中國哲學史的一本開拓性的著作。2、《章太炎哲學思想評述》。（後由侯外廬收入《中國近世思想學說史》）3、《中國知行學說簡史》。此書的提綱曾經凱豐的審定，出版後又對毛澤東的《實踐論》一書有所印證。4、《哲學要論》。該書用文言寫就，是以中國哲學史上的範例來講述馬列主義的哲學原理。5、《中國思想通史》。（與侯外廬、杜國庠等合著，其中趙紀彬在前四卷的有關章節裏有五十餘萬字的貢獻，主要述及中國歷史上的唯物論和無神論思想家）。6、《先秦邏輯史論稿》。7、《哲學常談》。8、《中國哲學思想》。9、《困知錄》、《困知二錄》。10、以上趙紀彬的著作，後結集為《趙紀彬文集》，統由河南人民出版社於一九八五年始出版，合四卷（未見第四卷出版），總計一百七十萬字，楊向奎先生為之作了序言，也許是楊先生此前早已上過「賊船」，驚魂之餘，對趙紀彬晚年的事情竟不書一字。

二、楊榮國

楊榮國（一九〇七—一九七八），中國哲學史和思想史學者，湖南長沙人。楊榮國出身於一個商人家庭，後因父親早逝、家道中落，遂被迫繼承父業，但他終究無意從商，在親戚的幫助下，一九二五年他赴上海求學，後畢業於群治大學，繼返長沙，在中學任教。抗戰爆發後，楊榮國參加了當地的文化抗日協會，當時郭沫若、茅盾、鄒韜奮、聞一多、朱自清等文化人均來到長沙，更不用說湖南人的呂振羽、翦伯贊、田漢、張天翼、廖沫沙、黎澎等，也紛紛返鄉參加救亡運動，他們與楊榮國等本地的文教界人士配合，有聲有色地展開了救亡文化活動，使長沙一度成為後方抗日文化人的基地。不久，由於日本侵略軍的鐵蹄逼近，楊榮國隨眾多抗日文化人多次流亡，一九三八年第一次逃亡至邵陽，他與張天翼、譚丕模等創辦了《新觀察日報》，繼續宣傳抗日；翌年又流亡至桂林、南寧等地，他曾在桂林的文化供應社擔任編導，編輯出版一些進步刊物；一九四二年，他第三次流亡，最終到了「陪都」重慶，在重慶，他結識了一批史學工作者，並在共同的戰鬥中結成了深厚的友誼，後來侯外廬先生在回憶錄中曾提及此事。在後方，楊榮國曾在「計政班」和東北大學等處工作，期間化名「楊天錫」，在《讀書與生活》、《群眾》、《中蘇文化》等一些進步刊物上發表文章。在抗日戰爭中，他參加了中國共產黨，當時他還熱心地將馬克思主義辯證唯物論運用於古代哲學和思想史的研究，並確立了自覺地將史學服務於現實政治的思想，如他撰寫的《孔墨的思想》，即是對當時的國民黨借助於孔孟的道統來反對馬克思主義和中國共產黨的批判。抗戰勝利後，楊榮國接受廣西師院的聘任，赴桂林從事歷史教學，講授中國古代思想史。當時這所學校聚集有一大批的進步教育家和學者，如林礪儒、陳翰笙、穆木天、歐陽予倩、宋雲彬、譚丕模、王西彥、舒蕪等，楊榮國同他們一起，在桂林這座「文化城」，把這所學校搞得像民主堡壘一樣。內戰爆發後，楊榮國為了取得合法身份從事理論鬥爭，遂加入了「民盟」，當時他曾把自己收藏的毛澤東的《辯證唯物論提綱》介紹給桂林文化供應社出版，借此宣傳馬克思主義哲學。一九四六年七月，楊榮國因支持學潮，受到國民黨特務的注意，後與進步學者張畢來一道被捕入獄，關押在南寧監獄。在獄中，楊榮國仍然繼續研究他的中國古代思想史，後來出獄後即出版了他的代表作《中國古代思想史》。

一九四九年十月，新中國成立後，楊榮國回到了家鄉，他被任命為湖南大學文學院院長兼歷史系主任，並被選為湖南省人民政府委員、民盟中央委員。當時楊榮國已是知名的左派學者，於是不免與一些過去很少過問政治的學者發生了矛盾。如在湖南大學，就曾發生過他與同事楊樹達先生不和睦的插曲。謝泳後來在文章中說：「楊榮國這樣的學者，今日已成為學者的一個教訓。因為他以學術為政治服務來治學術，已完全背離了學術精神。但像他這樣的學者在新環境裏，卻處處如魚得水，在楊樹達、陳寅恪、顧頡剛這些學者不適應的時候，楊榮國這樣的學者正是喜氣洋洋的時候。」其實，這是毫不奇怪的。楊榮國當時是湖南最高學府——湖南大學的文學院院長兼歷史系主任，顯然，這對那些學有專長的學者來說，是有一點不服氣的。一九五一年，楊樹達在回憶錄中寫道：「本校文學院長楊榮國發佈文字於《新建設》雜誌，引金文、甲文錯誤百出」。楊樹達是文字學（即訓詁學等「小學」）的大家，楊榮國文章中的錯誤被他一一挑了出來，當然這也是意氣所至。不僅於此，楊樹達因早年就認識毛澤東，還給毛澤東寫了信，反映這一情況。毛澤東讀了信，將楊樹達的信轉給校長李達看。後來，有人轉告給楊樹達：「今日教授當以思想為主」，於是楊樹達只好在日記中「自悔孟浪」。（後來毛澤東回信給他說：「違教多年，最近兩接惠書，甚為感謝。所論問題，先生在第二封信裏已作解決，我以為取這種態度較好的。」但他又不甘休，又給當時的教育部長馬敘倫寫信，說：「湖大文學院院長楊榮國學識低劣，萬不可任之為師範學院院長」。不久，湖南大學評選教授，一共有十名教授，最高為六級，楊樹達為其中之一，從學術的角度，這是理應如此的，不過楊樹達卻覺得是一種恥辱，他恥與左派學者的楊榮國、譚丕謨等為伍——「譚丕謨並《中蘇條約》極淺之文字看不通，亦評六級。余提議應減，無人見信也。平心論之，余評最高級，決不為少；而與楊榮國、譚丕謨同級，則認為一種侮辱也。」當然，這也是他情緒的發洩而已。此後一九五二年院系調整，傳說楊榮國將出任新成立的湖南師範學院的院長，楊樹達聞之不爽，又於一九五三年一月二十五日「作書與馬夷初（即高教部部長馬敘倫），言湖大文學院院長楊榮國學識低劣，萬不可任之為師範學院院長」。可能是因為這些原因，左派學者的楊榮國、譚丕模等，都被調任它處，楊榮國去了廣州中山大學歷史系，譚丕模則去了北京師範大學中文系。楊榮國在廣州中山大學一直到他逝世為止，期間他先後擔任過中山大學歷史系系主任、哲學系系主任、校黨委常委，並兼任廣東歷史學會會長、民盟中央委員兼廣東省副主委、中國科學院歷史研究所兼任研究員，廣東省人民代表等。期間，他還著有《中國古代思想史》（三聯書店一九五四年出版）、《譚嗣同哲學思想》（人民出版社一九五七年出版）、《初學集》（三聯書店一九六一年出版）等，並主編有《簡明中國思想史》（中國青年出版社一九六二年出版）、《簡明中國哲學史》（人民出版社一九七三年出版）等。果然，楊樹達先生沒有看走眼，一向用學術來為政治服務的左派學者楊榮國，後來他的命運可謂跌宕起伏，他以自己的經歷痛苦地告訴後人：治學如果脫離了「自由之精神，獨立之立場」，是很難不做「尷尬人」的。

早在「文革」後期的「批孔」之前，楊榮國已在共和國歷次意識形態的鬥爭中鋒芒畢露，這如批判胡適、梁漱溟以及「拔白旗」運動中批判中山大學的劉節等，他先後寫有《胡適的反動觀點和他對中國古代哲學的歪曲》、《梁漱溟的「鄉村建設運動」如何為國民黨反動統治服務》、《批判劉節先生的中國史學史講話》等。大概也是因此，根據于光遠的回憶：一九六一年科學院哲學社會科學部召開第四次會議時，當時毛澤東對這次會議很重視，他提出願在會議期間找一些社會科學工作者座談，名單當時是中宣部開的，報上去後毛澤東同意了。在這張名單裏，年長者有高亨、楊榮國，至於青年人，則有王若水、姚文元。據說毛澤東和姚文元就是在這個座談會上第一次見面的。此後的「文革」初期，楊榮國與眾多「牛鬼蛇神」的知識份子一樣，受到嚴酷的批鬥，除了在「文革」初期被隔離審查，還遭到過非人的迫害，抄家、毒打（左胸及腎受傷）、扣發工資（每月只准拿其中一小部分，用以養活一家八口，以致其子女不得不到菜場撿爛菜）、被派送到「五七」幹校從事體力勞動，其妻子陳慧敏更因受到株連，被折磨成精神病患者，後棄家出走，又溺水身亡。（又據舒蕪的《憶楊榮國教授》，一九七三年楊對其說：其妻是患神經病，不慎落水而死的，並非投水自殺）然而出人意料的是，在隨後的「批林批孔」和「評法批儒」運動中，楊榮國卻突然走了「紅運」。在經過「文革」的長期審查之後，一九七三年，楊榮國恢復了工作，此後他還曾任廣東省理論工作小組副組長、中山大學哲學系革命領導小組組長、中山大學革命委員會副主任、中山大學黨委常委、第四屆全國人民代表大會常委等。也是在「批孔」運動中，他出於對毛澤東的個人崇拜，按照形勢的要求，對《簡明中國哲學史》一書作了相應的修訂，在書中加入了關於儒法鬥爭的內容（一九七三年由人民出版社出版），因而成為紅極一時的「批孔」學者。

卻說「文革」到了一九七三年五月，毛澤東在中央工作會議上提出了批孔問題，而此前的一九七二年，楊榮國在《紅旗》第十二期已發表有《春秋戰國時期思想領域內兩條路線的鬥爭》一文，顯然，毛澤東注意到了這篇文章。（《南風窗》一九八六年第十期曾發表有《楊榮國的榮辱沉浮》一文，文章稱楊是「文革」期間第一個寫「批林批孔」文章的人，他是應當時《人民日報》一位高級編輯汪子嵩之約寫的）一九七三年八月七日，楊榮國又在《人民日報》發表了《孔子——頑固地維護奴隸制的思想家》一文，文章說：「春秋時代奴隸制國家先後滅亡的有五十二國，奴隸制度日趨崩潰，這時候，孔子提出來的政治口號是：『興滅國，繼絕世，舉逸民』。（《論語・堯日》）就是要復興被滅亡了的奴隸國家，恢復奴隸主貴族的統治權力，讓那些已經沒落的奴隸主貴族重新出來當政。這是徹頭徹尾的復舊反動的政治口號。」文章還認為：「孔子思想的核心，是個『仁』字。這個『仁』，原來就是殷周奴隸主階級的意識形態。」文章最後說：「用馬克思主義的觀點去評價歷史人物，首先要分析當時的階級矛盾和階級鬥爭，看在當時歷史發展的條件下，他是站在進步階級方面，主張革新呢，還是站在反動階級方面，主張保守。馬克思主義者的任務，就是要推動歷史不斷向前發展。我們要肯定的，只是在歷史上起過進步作用的東西，對反動的、保守的東西，我們必須堅決否定它，批判它。所以，批判孔子的反動思想，對參加現實的階級鬥爭，特別是對抓上層建築意識形態領域的階級鬥爭，是會有幫助的。」不久，八月十三日，《人民日報》又發表了他的《兩漢時代唯物論反對唯心論先驗論的鬥爭》一文。九月八日至十一日，當時國務院科教組召開了教育戰線批判孔子問題座談會，楊榮國又在會上作了《儒法兩家的鬥爭和孔子反動思想的影響》的報告。楊講完後，科教組負責人遲群提出：「要把『批孔』作為貫徹黨的十大精神、深入『批林整風』的一項大事來抓。」並且還「要把『批孔』與深入開展『教育革命』結合起來」。遲群還惡狠狠地說：「哪些地方不重視批孔」，哪些地方就是「針插不進、水潑不進」的地方。十七日，楊榮國又在《南方日報》發表了《林彪販賣孔孟哲學「天才論」的反動實質》一文；隨即又於翌年先後發表有《桑弘羊的哲學思想》（《歷史研究》第1期）、《林彪、孔丘都是開倒車的反動派》（《南方日報》三月五日）、《先秦儒法兩家思想是根本對立的》（《光明日報》八月二十四日）等。

在一九七三年「評法批儒」運動如火如荼之時，楊榮國的文章紅極一時，成為各地組織學習的典範之作。不過，由於是奉命而作，加上多年意識形態鬥爭的套路和慣性，這些文章只堪是「幫派文章」，很難有學術價值。如他在《儒法兩家的鬥爭和孔子反動思想的影響》中說：「南子長得漂亮，孔子對他有野心，特地去會見她，由此可見孔子的所謂品性，所謂道德，看出他到底的是個什麼樣的人，孔子並不那麼正派。」這幾乎是對孔子一味進行人身攻擊的文章了。更加不幸的是，如果說楊榮國此前的「批孔」還算得上是一家之言，這時卻已完全成為「四人幫」攻擊周恩來等的炮彈了。此後，江青等借反對「走後門」發難，楊榮國被「四人幫」牽著鼻子走，進行所謂「周遊列國」式的巡迴報告（後來舒蕪在其隨筆集《未免有情》中有一篇《憶楊榮國教授》，其中提到楊榮國最「紅」的時候，是「已在中共中央政治局和中央文革小組講過評法批儒，接著到各省講學，都是各省省委和省革委領導人到飛機場火車站迎送，在省報頭條上發消息，特號字大標題報導『楊榮國教授來我省講學』，正是紅遍全國的大左派大學者」云云），報告中也竟不顧歷史學家的本份，妄將「子見南子」解釋為孔子「想到衛國去做官，走內線」，以及「孔子走後門，想通過南子在衛君面前講些好話，使自己能在衛國上臺，做大官」等等。到了一九七三年十二月，人民出版社又出版了他的《反對階級的「聖人」——孔子》一書。一九七四年一月二十七日，江青在新華總社學習班講話，她講到「批林批孔」運動發動時的經過。她說：「我大概是去年春天去看望主席」的。「去年春天」，正是一九七三年五月毛澤東在中央工作會議上提出「批孔」話題的時候。江青回憶當時毛澤東看了郭沫若的《十批判書》——是為了「批判」而看的，又特意印發了此書，此後八月五日，「主席把我叫了去，叫我作筆記，寫了一首詩，標題叫《（讀封建論）呈郭老》」，當然，這是「批判」郭沫若的。此外，江青還說：「主席那天還給我講了，楊榮國教授說孔子是為奴隸主服務的，這樣我才看了楊榮國的文章」。她又說：「主席給我講：北京才怪呢，北京就不欣賞上海、廣州的學者。現在北京不同了，北大、清華的教授、助教和青年三結合的班子搞出了《林彪與孔孟之道》這個材料，立了大功」。

「上海、廣州的學者」，包括楊榮國（上海，想必則是劉大杰先生了），跑在了「批孔」的前列，及後而跟上的，則是北京的「梁效」，這，又包括馮友蘭諸先生了。其實，「上海、廣州的學者」也須區別來看。也是在一九七三年「批林批孔」運動風起雲湧之時，在楊榮國所在的中山大學，楊因「反孔批儒」紅極一時，他的一些同仁卻不同凡響表現了學者應有的風采。有論者謂：「在這場全國的群眾性大批判運動中，敢冒天下之大不韙，始終堅持肯定孔子的知名學者在全中國可能只有兩人，一位是以當代新儒家而聞名著世的梁漱溟先生，一位就是劉節先生。」此外，古文字學家、中山大學中文系教授的容庚先生也曾聲明：「再強迫我批孔，我就去跳珠江！」而當時楊榮國則動員容庚要向「老朋友」馮友蘭學習，加入「批孔」的行列，容庚嚴辭峻拒，並直率地批評楊的批孔文章。至於中山大學學者的陳寅恪，此前吳宓於一九六一年探訪陳寅恪時在日記中寫道：「寅恪兄之思想及主張，毫未改變，即仍遵守昔年『中學為體，西學為用』之說（中國文化本位論）——但在我輩個人如寅恪者，則仍確信中國孔子儒道之正大，有裨於全世界，而佛教亦純正。我輩本此信仰，故雖危行言殆，但屹立不動，決不從時俗為轉移。」等等。以之看視楊榮國，所謂高下立見矣。這又如同梁漱溟在晚年言及馮友蘭時說：「這個人呢——一個人有一個人的性情，個性不同了——他好像是儒家，好像是發揮中國傳統思想，好像是這樣，可其實呢，他的為人是老莊的吧，老子一派。老子一派，就是不像那個儒家，好像忠於自己，一定要很正直，他不是那樣。」「他不是那麼本著自己的相信的道理，很忠實，不隨風轉舵，不，他有點像玩世不恭。」梁漱溟還說：「毛主席晚年的時候，有點老邁昏庸」，「廣東中山大學有一個叫楊榮國的教授，寫了批孔的文章，毛主席就大加欣賞、稱讚，那麼一時間就搞起來一個批孔運動。馮友蘭也就迎合這個，他就寫了批孔運動。」嗚呼，馮友蘭、楊榮國，所謂「西子蒙不潔」矣。正所謂「此一時也，彼一時也」，「文革」結束後，在清查「四人幫」的運動中，楊榮國必不可免地再次受到了「批判」，只不過這一次是不點名的「批判」了，當時許多報紙上的文章在提到他時，都用了「廣東那個教授」的說法。一九七八年八月，楊榮國由於受到審查和批判，心情抑鬱，在廣州患癌症過世。在病中，因為當時他的名聲，導致他在醫療中也受到了一定的歧視，他從廣東的迎賓館總統樓，相繼遷至部長級房間、高幹病房，曾經的那些絡繹不絕的探望者，忽如一夜之間，不見了。所謂世態炎涼，楊榮國是親身體會到了。關於此事，當時舒蕪曾聽有這樣的傳聞：「到了粉碎『四人幫』之後，撥亂反正之中，評法批儒運動當然要作為一場政治陰謀受到清算，楊榮國也免不了受到批評，但報刊上並未點他的名，只稱為『南方某教授』，留有餘地。不久就聽說楊榮國病逝廣州。後來又聽說，已經查明，他與『四人幫』的陰謀活動並無關係。還看到他女兒發表的文章，寫他父親病重住院時，粉碎『四人幫』消息傳來，她父親立刻從首長住的特級病房被遷入高幹病房，又被遷入多人合住的普通大病房，飽嚐頃刻炎涼的滋味。還說當時批判揭發中有一些過火不實之詞，例如有此一說：美國總統特贈周恩來總理一種名貴特效良藥，被移用於楊榮國身上，致使周總理不治，此說最使群情激忿，楊榮國最感冤屈，幾次言之淚下。我看了也不禁浩歎。我確知楊榮國幾十年前就鼓吹法家，此在『文革』初期，並未使楊榮國能免於『牛棚』受難，家破人亡；到了『文革』後期，不知怎樣被『四人幫』發現了，適合了政治陰謀的需要，遂使楊榮國一跤跌進大紅大紫的榮譽裏。大概他自己還真以為吾道大昌，天將以為木鐸，卻不知只是被擺到場面上利用利用而已，密室陰謀是不會讓他這樣一個老書生與聞的。他的悲劇是註定的。幾十年來中國知識份子，包括自以為懂馬列，掌握了歷史規律的知識份子，都掌握不了自己的命運，受盡造化小兒的顛倒播弄，楊榮國就是一例。」可慨也夫！當然了，寫這文章的舒蕪先生，豈不是這隊伍中的一員？則又是可慨也夫！

一九八二年六月，在楊榮國病逝四年之後，中共廣東省委紀委對其作出結論：「楊榮國同志在『批林批孔』期間，為迎合『四人幫』所謂『儒法鬥爭』的需要，不惜歪曲事實，散佈了不少錯誤觀點。但未發現楊榮國同志與『四人幫』有組織上的聯繫。考察到當時特定的歷史條件，同意不給處分。」說楊榮國「與『四人幫』沒有組織上的聯繫」，以及楊榮國「與『四人幫』的陰謀活動並無關係」，這也是說楊榮國並不是「四人幫」的御用文人。的確，所謂「評法批儒」，楊榮國教授和發動者的心思就是不同的，正如舒蕪所知：「我也知道楊榮國講法家，不自今日始，解放前他在南寧寫中國思想史時，已經對法家評價很高，正好適合了目前某種需要，倒不是有意迎合，曲學阿世。」

關於楊榮國的「批孔」，應該說他並非都是「唯上」，因為在學術上，他從來都是一個「抑孔」的學者。早在抗日戰爭期間，在桂林和重慶，楊榮國先後寫有《中國古代唯物論研究》和《孔墨的思想》等著作，書中他持「揚墨抑孔」的主張，這也是他一貫的主張，可謂終生不渝。當時後方的進步學者，代表者如郭沫若是「揚孔抑墨」的，翦伯贊、杜國庠、侯外廬和楊榮國等則相反，《讀書與出版》介紹楊著《孔墨的思想》，稱：「對孔家與墨家學說的估價，在抗戰時期學術界中曾引起過一番爭論。郭沫若先生對於這問題的意見在《十批判書》的《孔墨的批判》一篇中說得非常清楚。郭先生認為，在從奴隸社會到封建社會的變革過程中，『孔子的立場是順乎時代的潮流，同情人民的解放的，而墨子則和他相反』。但別的學者，如翦伯贊先生和《孔墨的思想》一書的作者楊榮國先生的看法則恰恰與郭先生的相反。楊榮國先生在這本書中認為，孔子生在『奴隸制正趨沒落，封建制則正在那裏開始發芽』的時代，而孔子的立場則是：『出身於舊的貴族，他非常不甘心舊的社會就這樣沒落下去，總在想方設法把這一舊社會維護住。』至於墨子呢，他『和孔老夫子成了敵對派，孔老先生是在如何維護貴族，墨子則反是，他就甘和下層社會為伍，來反對貴族』。當然不能把郭先生的意見和復古派的歌頌孔孟並為一談，郭先生是企圖從封建專制時代的儒家的煙瘴下恢復孔子思想在當時時代中的真實的地位。當然也不能以為翦、楊諸先生的意見就是把墨家的思想看做是完整的革命思想，他們也是企圖把墨家在當時時代中的本色揭露出來。這一個爭論在學術界中可說並沒有十分展開，所以這也未得到一致公議的結論。現實的許多迫切需要人們去解決的問題使得學術界不可能多花精力在這類問題上。但這顯然不是一個小問題，這裏不僅是有關在三千年來的歷史上極有影響的兩大學派的估價問題，而且是從這一問題上接觸到如何總結中國的思想史，如何估價歷史上的種種思想學派的根本問題。」當然了，這只是學術上的分歧，當時雖然是戰爭年代，學術爭鳴的環境還是正常的，這正如侯外廬在回憶錄中所說：「學術研究的隊伍中，存在觀點分歧是在所難免的，重慶時期，就拿史學來說，同是馬克思主義的信仰者，彼此的學術觀點大相徑庭，對具體疑難問題的歧見，更俯拾皆是，就是唯獨不存在自己營壘內部以勢壓人的過火鬥爭。」侯外廬還記憶猶新感慨地說；「那個時代，凡是沒有國民黨當局作後臺的學者和文化人，生活一概窘迫難堪。但是，正是那個時代的鬥爭，造就了整整一代人。那個時代是非常出人才的，社會科學領域還特別出成果。」無疑，那個時代也造就了進步學者的楊榮國，而那個時代的學術進步又往往是通過正常的學術爭論所取得的。楊榮國當時的幾部著作，如《孔墨的思想》，如《中國十七世紀思想史》，都反映了他執著的打倒「孔家店」的立場，當然，當時他也認為孔子在教育思想方面有值得肯定之處，不過，「孔丘的政治思想是保守的，反映了奴隸主貴族的意願」，這是他根據研究得來的體會，遙自「五四」之後，有許多人贊同這種意見。至於後來的楊榮國，其弟子之一的李錦全曾評論說：「楊榮國在學術上取得一些成就，主要是在這個年代通過艱苦奮鬥得來的。他曾經說過，自己不是出身於名牌大學哲學系，亦沒有受過名師指點，學的是教育，做過幾年中學教師，參加革命後做的是抗日救亡宣傳工作。對研究中國歷史和中國思想史，是他自學馬克思主義作為指導，通過學術爭鳴形成自己的觀點。如對孔子思想的評價和郭沫若不同，他認為孔子說的『復禮』和『吾從周』，從社會發展的觀點來看，這是主張歷史的倒退。『文革』時期『四人幫』胡說什麼『批林、批孔、批周公』，這是別有用心來影射攻擊周總理。而楊榮國所以批評孔子說的『吾從周』，並非反對周公本人，更與影射周總理無關。他認為春秋時代的孔子，卻主張『復禮』、『從周』，即恢復到西周社會，那是開歷史的倒車，所以提出批評。由於他對中國古代社會性質和古史分期的看法，認為殷周是種族奴隸制社會，到春秋戰國才轉向封建制。他在『文革』時寫的批孔文章：《孔子——頑固地維護奴隸制的思想家》，這不過是他在《孔墨的思想》一書中原有學術觀點的發揮。但由於『四人幫』的利用和歪曲附會，把批孔說成是批判『劉鄧復辟資本主義的反動路線』，後來又說可以反擊『鄧小平的右傾翻案風』，這完全是政治上的附會，並非是楊榮國本來批孔的原意。」這就把問題說清楚了。「往事並不如煙」。斯人已逝，其功、其過，皆已化做塵埃。不過，所謂前車之鑒，這倒是要後人須多加體會的了。

三、馮友蘭

和眾多中國的知識份子以及學者一樣，馮友蘭先生在「文革」中曾飽嚐了折磨與迫害，但不同的是，就在「文革」的末期，他有了一番別樣的命運安排。就在林彪墜機的「九一三」事件發生之後，在北京毛家灣林彪的住處，發現和整理出了一些林彪揣摸「孔孟之道」的文字，這些東西隨即被送給毛澤東翻閱。當時毛澤東在「儒法之爭」的古代思想問題上是主張「法家」為進步、「儒家」為「厚古薄今」的倒退，因此，毛澤東又主張應將「批林」和「批孔」結合起來。一九七三年八月七日，《人民日報》發表了經毛澤東批發的中山大學歷史系教授楊榮國的文章《孔子——頑固地維護奴隸制的思想家》，隨即九月八日至十一日，國務院教科組召開了「全國教育系統批孔座談會」，此後許多報刊出現了許多「批孔」的文章。與此同時，江青等指示北京兩所高校——北大、清華成立專門的「大批判組」，並編輯有關「林彪與孔孟之道」的材料。待編成後，王洪文和江青寫信給毛澤東，要求將這些材料批轉全國，毛澤東表示「同意轉發」。一九七四年一月，《林彪與孔孟之道》（材料之一）作為中共中央「一號文件」被轉發到全黨，於是「批林批孔」運動便在全國範圍內開展起來。

「批林」，又「批孔」，是現實與歷史的有意糾纏，其真正的原因，即這場政治運動的動機，其多樣性和複雜性是毋庸贅述的，即其主旨是在借此證明：在經受了林彪事件的衝擊之後，「文革」依然具有其歷史的合理性的。雖說它看起來是頗為詭譎的，然而，但凡是過來人，都心知肚明它的針對性，比如後來又開始批「周公」，這就是隱射周恩來了。這也是當時有許多人會表現得十分曖昧的原因，而北大和清華的「大批判組」中的某些成員（著名學者），卻表現得十分懵懂，或者說是十分「傻冒」，但他們大多在後來又表現得十分委曲，因此，有許多人對此不以為然，這也是其來有自了。據謝靜宜的回憶：所謂「批林批孔」材料小組，是毛澤東提議建立起來的，他認為光是清華搞理科的不行，要找北大的文科教師一起搞；此後這個小組由編寫材料轉向了寫作批判文章，並正式改名為「北京大學、清華大學大批判組」，其中寫作組組長是范達人（北大歷史系教師），材料組組長是湯一介，後來又分出一個注釋組，專門為毛澤東注釋古典詩詞。這個「大批判組」，就是所謂「梁效」（北大、清華兩校的諧音），大致成員有四十餘人，引人注目的，還有馮友蘭、周一良、魏建功等，他們的身份，有的是「顧問」。後來范達人著有《「文革」御筆沉浮錄：「梁效」往事》一書，說到奉命成立之時，其心情是「受寵若驚，感恩戴德」八個字，大概其他人也似之；他還承認：當年「梁效」的文章確實有所影射，如曾影射李德生、八大軍區調動等，但說是曾影射過周恩來，卻從來沒有想到過云云。有一些研究中國知識份子和「『文革』學」的學者說：應該深入研究一下「梁效」、「羅思鼎」、「唐曉文」、「初瀾」、「池恆」、「石一歌」等一系列的「『文革』遺產」，這樣，對中華民族的文化品格的重建、對中國知識份子靈魂的重塑，等等，都是至關重要的，因為即使是歷史教訓，也是一樁巨大的精神財富，所以，回顧一下「批林批孔」運動中若干學人的表現，也不無意義了。

一九七四年一月二十五日，在首都體育館召開了聲勢浩大的「批林批孔」大會。當時北大哲學系教師湯一介宣講了《林彪與孔孟之道（材料之一）》，隨即北京大學歷史系教授周一良補充講解了文件中的歷史典故，馮友蘭此後也有一個發言，他從「林彪特別欣賞孔老二所講的『克己復禮』」說起，認為「孔子所說的『禮』，就是奴隸主階級的規章、制度、社會秩序。孔子『復禮』，是要復辟奴隸制，妄想把當時中國社會恢復到奴隸社會。劉少奇、林彪一類政治騙子『復禮』，是想復辟資本主義，使中國重新淪陷到半封建、半殖民地的地位。」至於他自己，他說：「過去我的立場是大地主、大資產階級的立場。我的世界觀和所走的路線，都是復古主義的。其突出的表現，就是尊孔。」隨之，又自我否定了他的《中國哲學史》、半部《中國哲學史新編》。此後，他又撰寫並發表了一些「批孔」的文章和詩詞，並隨同江青等赴天津等地宣講「批林批孔」，儼然成為當時舊式知識份子得到「改造」的典型。一晃，「文革」結束，所謂「此一時也，彼一時也」，「梁效」被批，當年的一些參加者也「身敗名裂」，如一九七七年《歷史研究》發表有一篇《評「梁效」某顧問》的文章，雖是匿名的「批判」，讀者一看即知是指馮友蘭。文章厲聲斥責他對江青「讒媚逢迎」，並說他曾是蔣介石的「御用哲學家」和「謀臣策士」，最後還「奉勸」之：「好生記著偉大的領袖和導師毛主席解放初年對你的告誡，做人還是採取老實態度為宜。」（一九四九年十月，馮友蘭給毛澤東寫信，表示：「我在過去講封建哲學，幫了國民黨的忙，現在我決心改正錯誤，學習馬克思主義，準備於五年之內用馬克思主義的立場、觀點、方法，重新寫一部中國哲學史。」毛澤東回信說：「我們是歡迎人們進步的。像你這樣的人，過去犯過錯誤，現在準備改正錯誤，如果能實踐，那是好的。也不必急於求效，可以慢慢地改，總以採取老實的態度為宜。」」）再如舒蕪也撰有一首《四皓新詠》，所謂「四皓」，是專門嘲譏、譴責「梁效」成員中的馮友蘭、魏建功、林庚、周一良的，如說馮友蘭，是：「貞元三策記當年，又見西宮侍講筵。莫信批儒反戈擊，棲棲南子是心傳。」此詩當時不脛而走，在一定程度上代表了所謂「清議」。對此，後來輿論和學者之中有很大的分歧。如牟鍾鑒先生在《試論「馮友蘭現象」》一文中說：「馮先生是尊孔的，他剛剛從『牛棚』裏放出來，怕『批孔』的災禍臨到自己頭上，為了自保，他採取了『表面上順著』的策略，主動『批孔』。當然其中也有糊塗的成分，他已經失掉了自信，覺得應該緊跟潮流，『相信黨，相信群眾』。不過最深層的還是避禍消災的意識。」這是「避禍」說。這又如馮友蘭的女兒宗璞所回憶：「開始『批孔』時的聲勢浩大，又是『黑雲壓城城欲摧』的氣氛。很明顯，馮先生又將成為眾矢之的。燒在鐵板下的火，眼看越來越大，他想脫身，想逃脫燒烤——請注意，並不是追求什麼，而是為了逃脫！——哪怕是暫時的。他逃脫也不是因為怕受苦，他需要時間，他需要時間寫《新編》。那時他年近八十。我母親曾對我說，『再關進牛棚，就沒有出來的日子了』。他逃的辦法就是順著說。」（《向歷史訴說》）也就是說，馮友蘭所以如此，是為了爭取時間完成他的《中國哲學史新編》。因此，牟鍾鑒以為「這是他最初參加『批孔』的動機。事實上當時『批孔』是在政治學習中進行的，他不得不參加。不意他的發言被人拿去發表，得到毛澤東的表揚，這就不僅使他逃脫了被批判，而且很快有了較高的社會地位。這使他寫下了一些感謝毛澤東的詩篇，從而喪失了更多的自我。馮先生一時改變了，他不再是人們所熟悉的持有獨立學術見解、不斷受到批判的馮先生，而成了極左政治的追隨者和賞識者，他的形象恰在這個時候受到了嚴重的損害。」那麼，事後的馮友蘭自己是如何認識的呢？牟鍾鑒接著說：「『四人幫』倒臺以後，馮先生因為『梁效顧問』的事受到一段時間的審查批評，處境非常窘迫。然而他沒有垮下去，也沒有文過飾非、為自己辯解，他認真檢查自己，不是過去的假檢查，而是誠懇的檢查，並且是他一生中最重要也是最後一次自我反省。他把這次反省的結果寫進《三松堂自序》，向社會公開自己的錯誤。他願向社會貢獻出自己的精神遺體，並且在別人予以解剖之前，先自己解剖自己。」

馮友蘭「解剖自己」，見之於《三松堂自序》。他說：「一九七三年，『批林』運動轉向『批林批孔』運動，『批孔』還要批『尊孔』。當時我心裏又緊張起來，覺得自己又要成為『眾矢之的』了，後來又想，我何必一定要站在群眾的對立面呢？要相信黨，相信群眾嘛。我和群眾一同『批孔』『批尊孔』，這不就沒有問題了嗎。在這種思想指導之下，我寫了兩篇文章。這兩篇文章在會上念了一遍，果然大受歡迎。……自從這兩篇文章發表以後，各地方的群眾向我鼓勵的信，蜂擁而來，每天總要收到好幾封。寫信的人，有青年、也有老年；有男的，也有女的；有學生，也有解放軍，有農民，有工人；有的來自黑龍江，有的來自新疆；有的信寫的很長，很好，有真摯的感情，有誠懇的希望。在領導和群眾的鼓勵之下，我暫時走上了『批林批孔』的道路。」對此，他反省道：「我們說一句話，寫一篇文章都要表達自己的真實的見解，自己的見解是怎麼樣，就怎麼樣說，怎麼樣寫。這就叫『立其誠』。自己的見解可能不正確、不全面，但只要確實是自己的見解，說出來寫出來，就是立其誠了。自己有了確實的見解，又能虛心聽別人的意見，以改其錯誤、補其不足，有則改之，無則加勉，這就叫走群眾路線。如果自己沒有真實的見解或有而把它隱蔽起來，只是附和暫時流行的意見，以求得到某一方面的吹捧，這就是偽。這就叫嘩眾取寵，……我在當時的思想，真是毫無實事求是之意，而有嘩眾取寵之心，不是立其誠而是立其偽。」晚年馮友蘭還在《為學自述》中說：「經過這兩次折騰，我得到了一些教訓，增長了一些知識，也可以說，在生活工作和鬥爭中學了一點馬克思主義的立場、觀點和方法。路要自己走的，道理是要自己認識的。學術上的結論是要靠自己的研究得來的。一個學術工作者，應該是寫的就是他所想的，不是從什麼地方抄來的，不是人依傍什麼樣本摹畫來的。在考試中間，一個學生可以照抄另外一個學生的卷子，在表面上看，兩本卷子完全一樣。可是稍有經驗的老師，一眼就能看出來，哪一本卷子是自己寫的，哪一本是抄別人的。吸取了這個經驗教訓，我決定在繼續寫《新編》的時候，只寫我自己在現有的馬克思主義水平上所能見到的東西，直接寫我自己在現有的馬克思主義水平上對於中國哲學和文化的理解和體會，不依傍別人。當然也有與別人相同的地方，但我是根據我自己所見到的，不是依傍，更不是抄寫。用馬克思主義的立場、觀點和方法，並不等於依傍馬克思主義，更不是抄寫馬克思主義。我的業務水平還不高，理論水平更低。我生在舊邦新命之際，體會到一個哲學家的政治社會環境對於他的哲學思想的發展變化有很大的影響。我本人就是一個例子。因此在《新編》裏邊除了說明一個哲學家的哲學體系外，也著重講了他所處的政治社會環境。這樣做可能失於蕪雜，但如果做得比較好，這部《新編》也可能成為一部以中國哲學為中心而又對於中國文化也有所闡述的歷史，如果真是那樣，那倒是我求之不得的。」馮友蘭的態度，是認真和虔誠的，於是，牟鍾鑒又認為：與「文革」中間多少「擢髮難數，罄竹難書」的事例相比，「馮先生的過失既是被迫的，又是微不足道的」，況且「在『文化大革命』結束後，那些對『文化大革命』負有重要責任的人、在『文化大革命』中拼命製造冤案大整別人的人，有幾個出來作誠心的懺悔、公開的道歉？更多的是趕快忘卻，順風轉舵，搖身一變，依然『正確』，依然走紅，假話連篇，毫不慚愧，被稱為『風派』。然而馮先生卻不原諒自己的錯誤，他引《周易・文言》『修辭立其誠』的話來批判自己，認為自己的問題『不是立其誠，而是立其偽』，這是很重的自責。立誠是做人的根本，立偽是做假人，人既已假，則滿場皆假。馮先生本來很注意立誠，自己想到哪一步就說到哪一步，不隨聲附和，所以總不免受批判。但『文化大革命』中他本來的一點誠也堅持不住了，說了假話，而當時許多人都靠假話來維持生存和實行自救，可見扭曲的社會把人扭曲到何種地步。當馮先生意識到他已經被『批孔』運動所異化，給社會造成不良影響時，內心一定很痛苦很不安，所以『文化大革命』結束不久他就著手寫《三松堂自序》，回憶自己的一生，特別檢討『文化大革命』中的過失，這正是馮先生誠心未泯的表現。一位八十多歲的老人，還需要檢討，我們只能對他表示敬意，而對把大學者拖到政治運動中去的瘋狂時代表示憤恨。」誠哉斯言，這也是大多數論者的意見，即人們對於馮友蘭的一度「失足」，表示了一定的理解和諒解。或者又如馮友蘭親戚的張岱年先生所說：「荀子說：『言而當，知也；默而當，亦知也。』在所謂『文化大革命』時期，『言而當』很難；『默而當』也是不容易的。應據當時的情況來看這類問題。」（《懷念馮友蘭先生》）馮友蘭弟子的劉鄂培先生更說：「『其過也，如日月之蝕』，以芝生師在學術界的地位，在『文化大革命』時期犯一些『錯誤』，的確是『如日月之蝕，民皆有之』，迴避是不可能的。芝生師不但不迴避它，而是重視它，承認它，分析它，在實踐中改正它。這對一位學者來說又是極為可貴的。」（《心懷四化，意寄三松》）另外一位馮友蘭的弟子蒙培元則是這樣解釋的：「文革」中「接踵而來的『批孔』、『評法批儒』，完全是一種政治陰謀，馮先生已身不由己。由『尊儒』變成『批儒』，在他自己看來，是一場『脫胎換骨』的自我革命，這一點與他對馬克思主義的真誠信念分不開。在這場『天翻地覆』的運動中，凡是身臨其境的人，無不感到『驚心動魄』，先生豈能例外。」（《回憶與斷想》）然而，有的人卻不同意以上的意見，或者說他們更要「較真」，這就比如晚年梁漱溟和馮友蘭父女發生的一次爭持。

一九八五年十一月，時逢馮友蘭的九十歲大壽，梁漱溟也接到了壽席請單，但他拒絕出席。在一封沒有上款的回信中，梁漱溟不客氣地說，他的拒絕，「實以足下曾諂媚江青」。馮友蘭回覆說：「來書竟無上款，竊其意，蓋不欲有所稱謂也。相待以禮，復如是乎？疾惡如仇之心有餘，與人為善之心不足。忠恕之道，豈其然乎？譬猶嗟來之食，雖曰招致，意實拒之千里之外矣。『如何金石交，一旦更離傷。』詩人誠慨乎其言之也。非敢有憾於左右，來書真率坦白，甚為感動，以為雖古之遺直不能過也。故亦不自隱其胸臆耳。」馮的覆信，可謂心情複雜。不久，這兩位世紀老人相晤，交談中，宗璞向梁漱溟說明：所謂「曾諂媚江青」，並非事實，因此，梁的回信，乃是「不問事實的主觀妄斷」，而且「這種態度很要不得」。這裏所提到的馮友蘭「曾諂媚江青」一事，是指一九七三年謝靜宜代表江青訪問馮友蘭，此後有人建議他上書銘感，「信是寫給江青的，但表示感謝毛主席、黨中央。」再後，江青「導演」「批孔」的鬧劇，可憐一代「大儒」的馮友蘭竟被其玩弄於股掌之上，所謂開會發言、外出參觀，等等，當時馮友蘭還在天津小靳莊見農民賽詩，詩興大發，又在醫院吟詩有《詠詩》二十五首，其中赫然有稱道「女皇」武則天的詩句，如「則天敢於作皇帝，亙古中華一女雄」，這在當時便被人非議為「諂媚江青」了。何兆武先生的新作《上學記》也提及馮詩有「爭說高祖功業大，端賴呂后智謀多」等，他以為：「這話說得毫無根據。現在有關漢初的史料主要是《史記》和《漢書》，可是這兩部書從來沒提到漢高祖打天下全靠（「端賴」）呂后的智謀，捧呂后其實是捧女權，跟著江青的意思走。」他還提及當年西南聯大的同學鄒承魯曾說：在西南聯大的教師之中，「最佩服的是陳寅恪，最不欣賞的是馮友蘭」，所以「最不欣賞」馮友蘭，在當年倒不是出於學術觀點的差異，而是出於政治的原因，即許多同學反感於馮「對當權者的政治一向緊跟高舉」，如當年他那本《新世訓》最後的《應帝王》，「是為蔣捧場的」，因而有失學者的身份。可見，人們認識馮友蘭，也是其來有自。）到了一九七六年華北地震，江青又到北大的地震棚來看望馮友蘭，事後馮友蘭又「奉旨」獻詩，所謂「主席關懷如旭日，萬眾歡呼勝夜寒」云云。不久，江青又赴清華講話，再次召見了馮友蘭。把這一系列的事情聯繫起來，就與所謂「曾諂媚江青」差幾相似矣。對此，事後馮友蘭曾為自己解脫，他說自己是從「批儒」的觀點出發，以為武則天「反儒」最為徹底，卻並不知道「江青有作女皇的企圖」，儘管當時有許多人私下議論「女皇」的種種傳聞，馮友蘭說自己「向來不信小道消息，我坐在書房也聽不到多少小道消息，我認為小道消息大概都是國內國外的資產階級編造出來的。我只信報紙上的消息，我對於國內外形勢的認識都是以國內的報紙為憑」，於是，局促於書齋中的馮友蘭教授果然「畢竟是書生」，他大概不曾料到：「向來說，『詩無達詁』，可以靈活解釋，但是靈活也不能靈活到這樣的地步。」說這話的宗璞還譴責道：「有些人慣於歪曲詩的本意，甚至在所謂研究文章中杜撰，把自己的揣測硬安在別人頭上，這種做法甚不足取。」之後，經過了馮友蘭父女的解釋和辨白，梁漱溟得知了「批孔」運動中馮友蘭的真實情況，此後，他們恢復了交往。一九八九年，宗璞又在對汪東林《梁漱溟問答錄》一書的訂正中，詳細敘述了馮、梁之間的誤會，並認為所以會有這些「誤會」，即發生在他父親身上的「悲劇」，是完全出於「中國知識份子既無獨立的地位，更無獨立的人格，真是最深刻的悲哀！」不過，這又讓人想到了梁漱溟。當年「批孔」之初，梁漱溟沒有表態，後來他回憶說：「不料保持沉默也是有『罪』的。在全組二十餘人都紛紛『表態』，積極參加這場運動，努力改造思想之後，我依然沉默，便有人說話了。有人在會上不指名地警告說：『對重大政治問題保持沉默本身就是一種態度，這裏邊有個感情問題，立場問題。』緊接著有人又在會上指名道姓地說：『前幾天北京大學某教授公開在報紙上發表文章，有一貫尊孔而轉變為支持批孔，影響全國，群眾歡迎。據悉，某教授五四時代在北大還是一名學生，而梁先生那時已經在北大講壇上講授印度哲學和儒家哲學了。時至今日，如果梁先生也向某教授學習，公開表態和支持批孔，影響將會更大，大家都會歡迎你的轉變。』我聽罷直擺手，不禁脫口而出：『某教授的文章我拜讀過了，我與他相熟，前不久還碰見他呢。我懷疑他文章所說的是否是他內心要說的真話。』會上馬上有人反擊，嚴厲地說：『你有什麼根據懷疑別人？就憑這句話，你對當前運動持什麼態度，已經暴露無遺了。如何端正態度，在你自己。我奉勸梁先生不要再一次作運動的對立面了。』」

梁漱溟不能「沉默」，遂於一九七四年二月二十二日至二十五日，用了兩個半天，發表了著名的《今天我們應該如何評價孔子》的長篇發言，其中有一句讓人印象十分深刻的話：「三軍可奪帥也，匹夫不可奪志。」那麼，同是「新儒家」的馮友蘭呢？因此，後來的梁漱溟對馮友蘭就不可能再如從前了，他對馮有了另樣的眼光。如其所回憶：「在『批林批孔』運動開始後不久，我見他在報紙上發表了文章，一反自己的歷來主張，隨著潮流百分之百地否定孔子，我心裏很不舒服，便寫信批評他，要他答覆我為何這麼做。不多久，他便在女兒的陪同下，悄悄地同我見面，敘述他的理由，包括他的苦衷。我依然堅持自己的觀點，批評他不對。但他當面向我作了解釋，我心裏的氣也平和了一些。人各有志，且各有所難，律己可以，何必強求於人呢！現在，這一切都已成了歷史。我想某教授如今回過頭來看看，應該說可以作出一個他自己滿意，別人亦認為公正的答覆了。」

晚年的梁漱溟與美國學者艾愷交談，其中還提到了馮友蘭。他說：「有一個人叫馮友蘭，我在北京大學教書的時候，他是我班上的學生，他是留美，在美國。他留美的時候還常常從美國寫信給我，通信。從美國回來就做大學教授，很出名。寫了三本書，特別是他有一部《中國哲學史》。這個人呢——一個人有一個人的性情，個性不同了——他好像是儒家，好像是發揮中國傳統思想，好像是這樣，可其實呢，他的為人是老莊的吧，老子一派。老子一派，就是不像那個儒家，好像忠於自己，一定要很正直，他不是那樣，他是有點……有點那個叫什麼，『什麼世不恭』啊，有那麼一個四個字，『玩世不恭』，他不是那麼本著自己的相信的道理，很忠實，不隨風轉舵，不，他有點像玩世不恭。後來不是那個江青很賞識他，到北京大學去看他，他還把詩詞送給江青，後來江青失敗了，所以他的名氣也就不好了。」（《梁漱溟晚年口述：這個世界會好嗎？》）由此看來，晚年的梁漱溟對馮友蘭還是依然保持了他的基本看法的。

討論和分析馮友蘭在「批孔」運動中的「失足」，其意義當然不僅侷限於其人，後來學術界有一個「馮友蘭現象」的名詞，就是從其代表性而論。用馮友蘭的女婿、學者蔡仲德先生的形容，馮友蘭的一生，可以分為「實現自我—失落自我—回歸自我」幾個階段，他還認為：這是「中國現代知識份子苦難歷程的縮影，是中國現代學術文化曲折歷程的縮影，具有典型意義。」（《論馮友蘭的思想歷程》）此外還有許多學者認為：就其代表性和普遍性而言，「它可以與『金岳霖現象』、『賀麟現象』、『湯用彤現象』等聯繫起來考察，它們有共同的地方」，即：除了他們都是中國的愛國知識份子和著名學者之外，「在五十年代初期的思想改造運動和各種批判運動中，他們都帶著矛盾的心情，在形勢壓力下，半自願半被迫地表示放棄自己過去的學術思想，接受馬克思主義，參加自我批判和批判別人。他們都沒有了自信，覺得過去世界觀是唯心主義的，研究的學術沒有價值甚或有負罪感，必須進行脫胎換骨的改造，向工農大眾學習，跟上急劇變化了的時代。但是由於這種轉變是在急速的帶有強制性的政治運動中進行的，不能自然而然的發展，違背了世界觀與學術思想演化的漸進性和自覺性，把學術信仰的改變同政治立場的轉變混在一起，在突擊式的政治學習中對馬克思主義的學習只能是生吞活剝、尋章摘句、囫圇吞棗，作簡單化的理解，不可能熟練運用，其結果便是：要麼索性不再進行理論創造和學術求索，如賀麟和湯用彤；要麼勉強去做，而做不出上乘的精神產品，如金岳霖和馮友蘭。」（牟鍾鑒：《試論「馮友蘭現象」》）

上個世紀，學界中如「金岳霖現象」、「賀麟現象」、「湯用彤現象」、「馮友蘭現象」等諸如此類的「現象」不一而足，堪稱是「現象」之大觀，柳鳴九先生在一篇題為《兩點之間的伽利略——回憶與思考朱光潛》的文章中還揭示了「朱光潛現象」，它與「馮友蘭現象」頗為相似，即除了上述的內容，如果說馮友蘭在「批孔」運動中不幸「西子蒙不潔」，其原因如宗璞所回憶是其父「想脫身，想逃脫燒烤」，因為「他需要時間，他需要時間寫《新編》」，那麼，朱光潛也好，馮友蘭也好，他們都是「兩點之間的伽利略」——「一六一〇年，伽利略繼打破了地球中心說的哥白尼之後，證明了地球繞太陽運動的科學真理。不到十年前，同樣證明了此說的布魯諾雷被宗教法庭活活燒死在羅馬，而一六一六年，宗教法庭正式將哥白尼的著作列為禁書。伽利略在沉重的壓力下先沉默了八年，一六三三年宗教法庭召他前往羅馬『受詢』，六月二十二日，他不得不在宗教法庭上悔罪，表示放棄他的地動說。一六四二年，他逝世。逝世前，他終於寫出了他的力學巨著《對話錄》。對此，布萊希特的《伽利略傳》中有這樣一段描寫，他的一個朋友對他說：『一六三三年，您欣然否定您學說中最為人們所稱道的內容時，我早就應該明白，您只不過抽身退出一場毫無希望的政治鬥爭，以便繼續從事真正的科學工作……您贏得了時間來寫只有您才寫得出來的科學著作。』從出發點到既定目標，兩點之間最便捷的路往往並不是一條直線。我之所以常想起這樣一種生存軌跡，是因為它常見於二十世紀中國知識份子的存在狀態中。」（見《「翰林院」內外》，長江文藝出版社二〇〇六年版）既然有那樣的「存在狀態」，於是就會有基於此而產生的種種「現象」，所謂大名鼎鼎的學者如朱光潛或馮友蘭，「在學術上有體面風光、矜持尊嚴的一面，也有躬身彎腰、尷尬委屈的一面」，也就不奇怪了，謂之為「學術界的傅作義」，或者也並不突兀，因為：「顯而易見，這決不是他個人興趣所致的舉動，更不至於是他自己樂於去幹的一件事，而是有組織、有領導的社會潮流的一個組成部分，是國內從五十年代中期至六十年代中期愈來愈『左』的政策導向與調門愈來愈高的意識形態強音的直接產物，而這股『左』的導向不久就彙結成了一次為期十年的文化浩劫與政治動亂。」社會學家鄭也夫先生在《知識份子研究》一書（中國青年出版社二〇〇四年版）中也提道：馮友蘭以及郭沫若這樣的知識份子，是一九四九年以後老一代中國知識份子六個類型中的「機會主義者」，其中馮友蘭在「『文革』中在經歷了一番苦難後，擇機批孔，再次成為風頭人物」，對此，馮後來反省說：「我在當時的思想真是毫無實事求是之意，而有嘩眾取寵之心。」（《三松堂自序》）那麼，當年郭沫若或者馮友蘭的「表演」性質的表態，鄭也夫先生也以為：「他們固然曾處在一種引誘和迫使人們說假話的社會環境中，但說出了假話的畢竟是他們自己。而又正是他們的機會主義行徑，同政治家的失誤、騙子手的勾當，一同組成了那時的惡劣政治環境。」由此看來，要認識自己，看清自己，我們還有許多工作要做。比如：許多人在談到晚年的馮友蘭時，要從他的早年說起；那麼，反省當下的中國知識份子，也就不得不從它的歷史出發，從而取「同情之理解」，以及明白其宿命和使命，等等。又如後者，蔡仲德先生對其「泰山」的一番分析可謂肯綮：從一方面說，「『闡舊邦以輔新命』的『平生志事』表明馮友蘭一代知識份子具有強烈的愛國熱情」；另一方面呢，「他們對於群體與個體、國家與個人的關係，往往重視前者而輕視後者，……

這種國家至上的觀念決定他們往往把國家的獨立、統一看得高於一切，以致在國家的強權面前放棄知識份子應有的獨立思考與獨立人格。」這樣的結論當然也就十分沉痛了。

四、周一良

「文革」結束之後，周一良對「批林批孔」運動中的「梁效」事件有一些回憶，他說：所謂的「梁效」，是由八三四一部隊的幹部和北大、清華兩校以及中國人民大學的一些教師組成的，總共有三十餘人，除了寫作組之外，還設有研究組（即注釋組），後者多是一些文史專業的老教授，其任務是為因眼病無法閱讀、只能聽讀的毛澤東在注釋古籍詞語。至於被選入的這些學者，用周一良先生的公子周啟銳的話說，是：「這是沒學問的幹不了，不服貼的還不可用，只有這種把自己批判得體無完膚，抄家退還的存款也全部上繳黨費、就剩下一條命也已肝腦塗地了的學者，才能接受如此光榮而特殊的任務。」（《家父周一良教授的尷尬人生》）也是因此，「注釋組成員認為這項任務直接為毛主席服務，都兢兢業業，盡心竭力去從事這個任務。」（周一良：《畢竟是人生》）當然了，選入與沒有被選入，也是有原因的。

在「批林批孔」之前，周一良曾撰寫有一篇《關於柳宗元〈封建論〉》，刊登在《北京日報》，毛澤東看了以後非常讚賞，於是又被轉載在《紅旗》雜誌；此外，當時有點名氣的《諸葛亮與法家路線》一文，也出自周一良先生之手。後來一九七四年首都體育館的「批林批孔」大會上，周一良更擔任了一個主講的角色。在當時他的發言中，很難讓人相信，以下的語言竟出自於一位陳寅恪先生看好的一位歷史學家之口，如：「從林彪這個地地道道的孔老二信徒的鬼花招，可以看出他跟兩千多年前的祖師爺孔老二是一脈相承的兩面派。」周一良此後又被選為中共第十次全國代表大會代表，再後毛澤東逝世，他又被列名治喪委員會，並參加了「守靈」。據說在「四人邦」的組閣名單中，還有讓他出任教育部部長的傳聞。所謂「此一時也，彼一時也」，以上的「榮幸」，不久之後就變成「恥辱」了，後來周一良先生撰寫《畢竟是書生》，他是這樣回憶的：「『四人幫』倒臺，萬眾歡騰，群情奮激，不少人形諸歌詠以表達鞭撻的心情。我輾轉讀到文學所舒蕪先生的《四皓新詠》，譴責『梁效』成員中的四名老教授——馮友蘭、魏建功、林庚、周一良。」「據云：以後唐蘭、王利器先生皆有和《四皓新詠》之作，足窺當時人心大快、敵愾同仇的情景。」（周一良還自稱：他在「文革」中有三件公案，即「四皓新詠」、「乞活考」和「無恥之尤」。）當年舒蕪所做的《四皓新詠》，有「射影含沙罵孔丘，謗書筦鑰護奸謀。先生熟讀隋唐史，本紀何曾記武周？」這一節，說的就是周一良。至於《四皓新詠》的來歷，據說是傳聞「梁效」成員被審查期間的一天，幾位文史學者程千帆、舒蕪、周紹良等在一起議論，程千帆提議為「梁效」成員作詩立傳，於是舒蕪下筆，草成《四皓新詠》，隨即程千帆等應和，隨之又有王利器、唐蘭等先生的唱和。王利器的《和新四皓》，分為四闋：「河南佬」、「蘇北生」、「徽商」、「福建子」，暗指馮、魏、周、林「四皓」，其曰：「東魯歸來道益尊，無端狗曲忞窮經。世間笑罵由他去，自有諸生呼聖人」；「盜丘女謁啟宗風，國子先生一脈通。若問當年齊楚事，是咻是傳大江東」；「回黃轉綠無定期，又是經筵侍講時。一部宮闈彤管史，野雞先諱漢宮儀」；「美人芳草寄幽思，不盡閒扯說楚辭。自古談詩無達詁，腐儒集注有朱熹。」唐蘭的《和四皓新詠》，其云：「貞元世論闡天書，元老丘明學譴儒。耳畔繆然環佩響，招搖過市女同車」；「盲目詩人辱愛羅，少年輕薄記曾呵。濯纓濯足須重論，山鬼能知事幾多」；「司寇重新論孔丘，尚須含蓄隱機謀。捉刀盡爾翻雲雨，學舌鸚鵡豈識羞」；「獺祭蟲魚老玉溪，巫山滄海總無題。鄭箋昨日翻新樣，前度劉郎漫比齊。」又據《畢竟是書生》一書中的回憶：正當周一良因「梁效」問題受到審查後，一九七六年十一月下旬，他在抽屜中發現了一封家人拆開後又藏起來的信，該信的上款稱「周一良道兄」，下署「一個老朋友」，而一張信紙只有毛筆書寫的繁體四個大字：「無恥之尤」。周一良從繁體字和「道兄」的稱謂，推測是一位老先生（啟功或孫毓棠）所為。若干年之後，魏建功先生去世，其公子魏至告訴周一良，當年魏建功也曾收到類似的匿名信，且署名亦相同，信的內容也只有五個大字：「迷信武則天」。當時魏建功父子還做了一番調查研究，比對了字跡，推斷是啟功先生改變字體所書，魏建功一怒之下，把啟功此前所贈書畫一撕了之，周一良也中斷了與啟功的交往。此後，經過解釋，兩人方釋然。以上諸人之詩和四字之案等，就「四皓」的「歷史」與「現行」的種種瑕疵申論，曲盡了當時人們對「失足」的幫派文人的輕蔑與不屑，至於其中的具體「情節」，也就是當時所傳聞的，是：「把江青捧為『鳳凰』的，是馮友蘭；為江青講《離騷》的，是魏建功；積極『批林批孔』的，是周一良；為江青講李商隱是『法家』的，是林庚。」（余傑：《心靈獨白》）當然，其所述事實與程度等等，也就容有不符了。

一九八〇年，北大黨委宣佈：「周一良等同志參加『梁效』工作是由組織派去的；他們在『梁效』期間犯有錯誤，寫過錯誤文章，應以當時的歷史條件來看待，進行解釋，他們個人是沒有責任的。」這是一個合情合理的定讞，用北大新一代的學人陳平原的話說，是：當年的「梁效」，其「主事者當然罪責能逃，但一般參加者不一樣，一方面是外在的壓力，一方面自己也有私心，當初江青點名要誰進，絕大多數人真是受寵若驚。不是說不該反省那個時代中國知識份子的骨頭為何如此軟，而是希望更多關注制度上的問題。關注大的政治背景，同時也不推卸個人責任，只是不糾纏於歷史細節。」（《當代中國人文觀察》）這裏，是指從「歷史條件」即具體的歷史場景出發，「主事者」與「被動參加者」當然應有區別，但雖說後者「沒有責任」，如果從反省的角度，還是可以討論和自省何以如此等的問題的，庶幾這與制度或體制、責任與倫理，等等，也不無關係。相比較於「梁效」成員中的其他學人，甚至是馮友蘭，後來關於這一段歷史的評說，周一良成為最重要的一個焦點。之所以如此，如馮友蘭先生是事後認真思考和懺悔了的，（當然，如果具體而論，則還未達到西方文化精神如希臘悲劇中「俄狄浦斯」的那種地步）其他幾位則當年陷得並不深，也就容易從人們的視線中漸漸消失；至於周一良先生，由於他曾是中國歷史學界不多的幾位「驕子」之一，後來在「批孔」運動中又表現不凡，（借用也是「梁效」成員的范達人的回憶：所謂「梁效」中的「北大四老」，即後來被人稱為「新四皓」的馮友蘭、周一良、魏建功、林庚，其中，「一良先生似比較積極，還擔任『梁效』黨支部委員，寫過柳宗元《封建論》政策性的論著。」）特別是他事後又寫了一部記述這一過程的《畢竟是書生》，（以及多種集子，如《周一良集》、《郊叟曝言》、

《鑽石婚雜憶》等）並且引起了廣泛的注意，周一良先生還不時對輿論的評論多有表態，這可能是周一良先生是一位歷史學家，因而「他深知斜陽古柳之下、負鼓盲翁口中身後是非的似是而非，一心要憑一己之力去解釋、證明、澄清。」（韓敬群：《不了之情，以情了之》）於是，這就如同乾柴烈火，引起了種種的爭議。

一九九八年第八期的《讀書》，周一良繼《畢竟是書生》一書出版後，又發表了《還想說的話》，文章就其在「文革」中的遭遇和表現，「說」了一些「改變」了「想法」的「話」，即對本來就沒有任何贏家的「文革」，「紅衛兵」也好、被批判者的自己也罷，都應取因「信神」而「上當」的「寬容」，而且主張「寬容應該是每個人具備的美德」，甚至還可以「讓我們學習魯迅所說的『相逢一笑泯恩仇』」。至於在那場後來回憶起來真是匪夷所思的「大革命」裏，周一良認為是只有他的老師陳寅恪先生是「從來不信『神』，也從未上當受騙。他始終堅持『獨立之精神，自由之意志』」的。晚年的周一良，經常提到的人物，就是陳寅恪。我們由此可以揣度：他的心情是複雜和苦澀的。不過，自古以來人們月旦、品藻人物，一般有三種情況：這一是仰視，這主要是出於其同人或門生、弟子等，這也是人之常情；二，則是俯視，這主要出於史家之眼，因為他（她）或者與其所論之具體的歷史人物已經有了隔世的「距離」，或者能夠站在一個相對的高度來觀察人物；三，所謂平視，即陳寅恪先生曾提及的持「同情之理解」或「理解之同情」，這尤其可用於同一時代的人物，當然，也就往往不易。由周一良問題引發的風波，無疑，主要就是後者。

一九九九年第六期的《讀書》，發表了陳來的《史家本色是書生》，他對周一良《畢竟是書生》做了一個回應，即所謂「瞭解之同情」。文章追述了周一良作為「史家」的功德，同時對其為人處世和出處大節的「本色」即「書生」，也予以了基於「瞭解之同情」的揄揚；至於人們對周一良在「文革」中的若干表現的非議，陳來將之與其恩師馮友蘭並論，取「視界相融」的觀照，所謂「君子可以欺其方」，乃至「西子蒙不潔」，以至「外間對此不明而竟有疑之者」，即「全不知其中情勢皆需身置此特殊時代特殊環境始可瞭解，豈可以常情而臆議之」等。文章發表後，《讀書》第九期很快就有了周一良為之欣然的文字，他稱陳來的文章「高屋建瓴，論證嚴密，通情達理，深為佩服」云云，至於對《畢竟是書生》「個別書評的論點」，他倒是「不同意的」，甚至是「一笑置之」的了。一些讀者隨之感到某種警覺或不安。上述兩個「特殊」、一個「常情」，或者這就是「同情之瞭解」與「臆議」的區別，但是陳來沒有「具體」區分「文革」之初人們基於「信『神』」的虔誠、隨大流與「文革」末期「神」已不「神」之後（如「九一三」事件後的「批林批孔」和「批周公」的運動），人們的冷漠和反抗之間的關係，自然也就沒有「具體」區分此之情勢下，如周一良教授等的被動選擇是否合理，抑乎是否可以以常情揆之。接下來，陳來又批評時論有「跟著時下的某種風氣隨意指摘過去的人事，是最輕易不過的，也最易流為標榜」，他痛概之餘，還以為「正確理解歷史和歷史情況中的人」，莫過於「必須在當時當地的具體情況下具體分析」，這是「知人論事、通情達理」的風人準則。一些讀者卻認為：儘管這其中有許多的「具體」，但這「具體」從當時來說，卻對任何人並不構成「具體」，否則也就沒有了馬寅初、梁漱溟、顧准甚至林昭、遇羅克、張志新等與馮友蘭、周一良等等的區分了，當然，這或許就是徒有意氣的「流為標榜」了。其實，問題是歸結到了「書生」二字。讀周一良或陳來的文字，都不外乎一個「書生」了得。那麼，什麼是「書生」？「畢竟是書生」抑或「書生意氣」？有意思的是，陳來在此前的《讀書》（一九九八年第十期）有一篇煌煌大論——《誰之責任？誰之倫理？——從儒家倫理看世界倫理宣言》，是不是可以說，對周一良在內的許多中國知識份子的「同情之瞭解」，是可以從「亞洲價值」中得以解釋呢？這比如說「社會和國家比個人重要」等；而「亞洲價值」，如果說它是「亞洲傳統性與現代性的視界融合中所發展出來的價值態度和原則」，它也一定容納有普適的人類政治文明和精神文明的成分，這又如這篇文章中所引述的《世界人權宣言》中的「人的固有的尊嚴的充分實現，一切人本質上不可讓渡的自由與平等」等等。所以，由周一良問題引發的討論和爭論，是既有「具體」的「大的政治背景」，同時也有「個人責任」可言，否則這就是一個「假問題」了。

「文革」結束之後，病中的譚其驤先生給周一良先生寫了一封信，他說：「吾兄自五十年代以來，雖聲名洋溢於一時，然論學術上成就，竊以為轉不如解放以前，其故當由於改行不得當，非業務活動太多之故。入七十年代再改為搞『儒法鬥爭』，則不論出於被動主動，總之是大錯特錯。」此後，在眾多關於周一良的文章中，要說最為肯綮的，所謂知父莫如其子，還是周啟博的一篇《百般委曲難求全——一個人文學者的悲哀》。相似於譚其驤先生的遺憾，周啟博評論其父，他說：周一良「少年青年時潛心文史，所在學科前輩和同儕對他頗為看好。如果他能按自選方向走下去，學術上當有可觀成就。然而他生不逢時，在中年以後被社會環境壓倒，奉領袖為神明，把改造思想以達到領袖要求當作高於學術甚至家庭的終極目標。每當他未泯的人性和常識與領袖的方針衝突，他都認為人性和常識是自己未改造好的表現，『改造思想』成為他永遠追求也永遠達不到的目標，而他從不懷疑『神』即領袖是否有什麼不對。直到被領袖的黨招進『梁效』寫作班子，又被同一個黨定為反黨反領袖而予以整肅，才開始反思。」這一反思，又要提到當年其「前輩」學人的陳寅恪，因為後者成為了另外一種的「典範」。

周一良先生出身於名門，學殖深厚，早年曾在燕京大學、輔仁大學師從鄧之誠、洪業、陳寅恪諸大師，特別是曾得陳寅恪先生的厚愛，（一九四二年，陳寅恪在一篇文章中情不自禁地寫道：「周君又遠適北美，書郵阻隔，商榷無從，搦管和墨不禁涕淚之泫然也。」）時人曾以為他將是陳寅恪先生的事業繼承人，即「很多人說他最有資格繼承陳寅恪先生的衣缽，從他早年著述所反映的天賦、學養來看，此言並非過譽。」（張帆：《六次謁見周先生的回憶》）但在後來，陳寅恪對不啻是「易幟」的周一良深感失望了，當然了，那時的周一良也無法理解「文化遺民」的陳寅恪了，因此，陳寅恪視其為「曲學阿世」，周一良後來雖表示「對此不僅毫無怨懟情緒，而且充滿理解和同情，毫不因此而改變對陳先生的尊敬與感情」，並且寫了《向陳先生請罪》的文章。然而，兩人畢竟有了無形的隔膜，這在周一良看來，就是「他作為『文化遺民』的種種表現與行動的是非評價，則又當別論」。所謂「又當別論」，可分兩解：一是依人見解，如公開出版的《畢竟是書生》之類；二，則是私下的體會，如周一良致余英時書信中所稱：陳寅恪之所以為「文化遺民」，「實寅老思想（如吳雨僧所認識）發展之自然結果，不必為寅老諱也。」

至於「一良向讀寅老晚年著作，有兩疑問：一，考據著述中何以一再羼入表達自己思想感情之詞語以及詩句；二，晚年不總結魏晉隋唐史研究成果，可以駕輕就熟，水到渠成，而費驚人之毅力追尋錢、柳事，用意究何所在」，及至他讀了余英時的《陳寅恪晚年詩文釋證》之後，遂恍然為「久蓄之疑得以冰釋，不禁稱快！」（余英時：《「陳寅恪熱」的新收穫》）顯然，歷史繞了一圈之後，晚年周一良對晚年陳寅恪的理解，應該是「同情之理解」的了。這種「同情之理解」，用逯耀東的話說，就是陳寅恪和他的父親陳散原先生一樣，都自覺地與「政治」保持距離，「他對所經歷的任何政權都白眼相看，不加青睞」，因為「中國知識份子自古以來，無法完全和政治絕緣，但在儒家價值系之中，早已有明確的劃分，就是兼善和獨善，也就是出處的選擇，將自己置身於政治漩渦之中，一申治平之志，或蟬蛻塵囂之中，自置於寰區之外，和政治保持某種程度的疏離，仍然可以自我選擇的。」（《舊營壘過來的人》）於是，當晚年陳寅恪出於文化的選擇，（他並非是「政治遺民」，這又如吳宓為捍守文言而對當局心存憤恨一樣。可參見《吳宓日記》的續篇。）抑或為了捍守「獨立之精神，自由之思想」的原則時，他自然地會做出這樣的一種選擇。周一良對此雖然有了「同情之理解」，可他自己卻不可能達到這樣一種境界，這也就是他對《畢竟是書生》一書出版後的種種議論屢屢加以辯難的心理動機。因此，周一良「畢竟」不是陳寅恪，或者說，晚年周一良的反省或懺悔是不徹底的，儘管他也熱讀過李慎之的文章以及謝泳的《逝去的年代——中國自由知識份子的命運》、陳徒手的《人有病，天知否》等，並且意識到歷史上「有些事是要重新認識」的，以及感慨自己「除了這套房子，這輩子還剩下什麼呢？」（郭熹微：《哭周師》）這又如有論者以為：晚年周一良開始了某種回歸，如謝泳以為「這時的周先生已經開始重新確立自己的獨立性了」，並向陳寅恪、胡適「請罪」，（後者見之於他的《追憶胡適之先生》一文）或者以為這「是書生自我釋負的有效辦法，對周先生的心境很有好處，等於又卸下一個包袱。」（田慶餘：《周一良先生週年祭》）然而，不合邏輯的卻是：何以周一良可以向前輩的陳寅恪、胡適「請罪」，以及對同儕的譚其驤表示：「然為評法批儒鼓噪，儘管不預聞陰謀，終乏科學良心，此一紙四字（指「無恥之尤」。筆者注）還是永遠為誡也。」（葛劍雄：《最難評說是書生》）卻對一些批評者表示了「不屑」、甚至是「一笑」而已呢？或者，他真的是對那段不堪回首的歷史「無話可說」，（郭熹微：《哭周師》）那麼，除了「非設身處地」感覺不到的「強大和可怕」的「外在的壓力」，（謝泳：《周一良：畢竟是書生》）以及在這種「壓力」之下「多數人的實際情況是既不想拒絕，也拒絕不了」，（丁東：《周一良與陳旭麓》）又為什麼「無話可說」呢？對此，有人這樣解釋：這一，所謂「清議」，（以沙葉新寫的《「書生」乎？「梁效」乎？——評北京大學教授周一良》最為嚴厲）往往是高論，專撿「軟柿子」拿捏，「他們高懸的道德準繩似乎只是針對知識份子的，你看那些呼風喚雨的政治家，何曾受到過『清議』的道德拷問？」因此，「該懺悔的首先不是知識份子，應該詛咒的，是那種逼良為娼的政治環境。」（劉浦江：《書生本色》）二，於是，這些「清議」不啻是苛論，而「現在仍然還有，而且數量不少的，真真假假，虛虛實實，腦袋仍然寄存在不知所云、不明所以、不識所謂的瘋狂歲月裏的，堅持以先知加烈士的標準要求一良先生那樣無法控制自己命運的人的那些高尚君子。」（錢文忠：《「畢竟是書生」》）至於周一良生前給自己定位的「書生」——一介書生，也有論者以為：「自古以來，書生們的命運便顛簸莫測，難免被擺弄、被排擠，被帝王將相們忽加諸膝，忽棄之淵」，「可是，對『書呆子』必定都要以天下相繩，要他們未卜先知政治迷宮的每一個暗道、夾牆和出口嗎？」以及「確實，書生們研討政治史時辨析毫髮，可是未必真就懂政治，也不會趨利避禍；而政客們憑藉政治經驗反能洞悉底蘊，且如魚得水，總是全身而歸。」（閻步克：《真理必叫你們得以自由》）三，或以為「譴責周先生政治氣節的人都是史學界以外的學者，說實話，他們對周先生實在缺乏瞭解。」（劉浦江：《書生本色》）事實卻是「先生沒有在『文革』中『玉碎』，但蒙受了鮮為人知的痛苦和委屈，也實現了常人難以企及的超越」，而「人們對『文革』中過來的知識份子，有時有一種不近情理的道德苛求」。（夏麥陵：《如沐春風中》）其實呢，辨難的雙方並沒有什麼真正意義的分歧，如果是以周一良「畢竟是書生」的體會而言，「書生」當然不免會在政治勢力的揑揉打壓下示人以「書生」的窘相，所謂欺之以方，或者「書生讀書多了深了，讀通了透了，就要獨立思考，常不免傲上乃至犯上，乃至罹禍又可能轉而懼上乃至媚上。」（黃宗江：《書懷「書生」周一良》）這裏，周一良等（包括寫了《四皓新詠》的舒蕪），都可以與陳寅恪等「書生」們共同比較一下，借此得出「書生」們處世的經驗之談。因為，周一良先生的經歷畢竟不是孤例，「周先生建國後升沉隱顯的人生道路其實折射了絕大多數中國知識份子的共同遭遇，他的『梁效』經歷也無非是重現了中國文人無計逃脫『御用』的規律，並不足指為詬病。」（韓敬群：《書生襟懷，史家卓識》）如此說來，「大的政治背景」的荒誕不經，以及「畢竟是書生」的「尷尬人說尷尬」，如果落實到「個人責任」，人們似乎可以看到在一個某種文化傳統和精神資源極度稀缺的國度的某種缺失。周一良先生後來讀錢竹汀《自題像贊》之後，「略改數字以自況」，即「教登二級，不為不達；歲開七秩，不為不年；插架圖書，不為不富；研考文史，不為不勤。因禍得閒，豁達自安，既仕則隱，黨之馴民」。他還取林肯之語為對聯：「處事當用複雜腦，待人應以單純心。」又以明人趙世顯「松亭晤語」為警句：「大丈夫可使人親，不可使人狎。可使人愛，不可使人媚。可使人敬，不可使人畏。可使人相忘，不可使人忽。可使人倚賴，不可使人假託。可使人推崇，不可使人忌。」以及在讀了王文韶的日記之後寫道：其人「柔媚無風節，罕持正義，時論頗譏之，更事久，明於趨避，遇事但持大體，有『琉璃球』之目，巧於應付。」這些文字當中，都飽含了古人的人生體會和「大智慧」，也有周一良自己對它們的咀嚼和反思。

周一良的心路歷程是隱約可見的。在一九四九年之前，他是衣食無憂、一心向學的名門子弟，之後，這種出身和經歷的知識份子普遍帶了一種深深的負罪感，在不斷開展的知識份子改造運動中一步步由懺悔、自責而「精神自食」。有位署名「凱文」的作者在《從「書生」想到的——談談我對周一良先生的看法》一文中說：「公允而論，周先生在政治上是『積極要求進步』、『向組織靠攏的』。除了周先生當初入選『梁效』身為顧問外，有兩件小事令我印象深刻」，這一是上世紀五十年代初期院系調整，清華文史專業的教授們被合併到北大，並派翦伯贊來北大歷史系當系主任，而「北大、清華這批受過西方教育的洋派教授們從心眼裏不買翦伯贊的帳，認為翦伯贊的學術功力並不高，不過是其用馬列主義那套階級分析的方法解釋歷史頗得當局的欣賞罷了。但無論如何翦伯贊現在卻是大家的頂頭上司了。在邵循正教授的提議下，周先生和邵先生主動登門拜訪翦伯贊。用周先生自己的話說就是『我們此去目的就是向組織上表明我們的態度，是向翦伯贊輸誠』。雖說此乃小事一件，但卻說明瞭周先生的為人處世和向『組織上積極靠攏』的心態，要一心一意地接受『組織上』的領導」；這二是此後鄧廣銘教授是北大歷史系主任，鄧曾在全系大會上對學生大講要有遠大志向，要立志「成名成家」，隔年幾年，換了周一良為任系主任，周則在學生大會上大談「又紅又專」。因此，後來他的進入「梁效」，「裏面有著周先生本身內在的必然聯繫」，只用「畢竟是書生」是無法說清的。進而言之，「周先生的一生是中國一代知識份子的一個縮影，他們在中國那個特定的環境中無法成為真正獨立的有良知的知識份子，這是周先生的悲哀，也是中國知識份子的悲哀。」「書生」，或者也可以理解為是知識份子，這也讓人想起周一良當年在「反右」運動時撰寫的《斥傅種孫關於知識份子政策的謬論》，他說：「知識份子是一個階層，但不是脫離社會經濟基礎的架空的抽象的階層，而是來自各個不同的階級。再從他們所受教育看來，今天絕大部分高級知識份子過去受的是資產階級教育，受的是為資產階級服務的訓練。——所以，無論從階級出身看，從所受教育的性質看，從他們為誰服務看，都需要把知識份子仔細區分一下，而不能籠統地抽象地混為一談。這就是階級分析。」那時周一良已經懂得了如何區別不同性質的知識份子，並且自覺地站在了陳寅恪、傅種孫那種知識份子們的對立面，他還表示：另外一種的知識份子，是「運動來時我們決不是『心驚膽跳』；運動過後我們更不是『寒心』，而是對擁護黨、對奔向社會主義前途更加熱心，對自己更有信心。」然而，「五十年風雲變幻，老友畢竟是書生。」（周一良輓魏建功聯語）所謂「畢竟是書生」，這五個字他是體會頗深的，即自己「對歷次政治運動的底蘊並不真正理解，卻在思想上始終要緊跟」，因為自己「要革命」，唯恐有人「不准阿Q革命」。此外，他當年所以會緊跟「批孔」運動，主觀上也是「由肯定法家從而承認中小地主有一定進步性，由研究法家著作而引起群眾對古典文獻的興趣，這些傾向都與我的思想合拍，因而心安理得。」甚至，在這一過程中，他會不自覺地會產生一種舊時代知識份子常常有的「士為知己者死」的愚忠念頭，如他參與注釋和定稿，往往忙到深夜，在回家的路上，他常想道到：「幾十年前古典文獻的訓練，今天居然服務於革命路線，總算派上用場，不免欣然自得，忘卻疲勞」云云。不曾料想，未幾，天地翻覆，周一良在一番「紅與黑」的經歷之後，便動輒示人以古人生活智慧的《袖中錦》，所謂「世間有四事不可久恃」——「春寒，秋熱，老健，君寵。」他用這《袖中錦》來自警，也用它來勸人，因為，他對它的體味，實在是太深了。

五、魏建功

魏建功先生也是北大的一位名教授，他是語言學家，於是，理所當然地，在「文革」中他也成了「反動學術權威」。在「批林批孔」運動中，魏建功也得到了「青睞」，他被授命為《林彪與孔孟之道》材料之一、之二做注釋，並為「法家著作」做注釋，以及為「中央首長」注解「批孔」之用的《論語》、整理《三字經》和《幼學瓊林》、圈選《古文觀止》等。於是，魏建功先生也被「請」入並成為「梁效」的

「顧問」，這在當事人，或許以為這是「老九」得有所用，（「古籍整理也在『古為今用』，為無產階級服務。」見安平秋：《我的老師魏建功先生》）不想所謂「西子蒙不潔」，正是此語，後來舒蕪在那首《四皓新詠》中寫道：「詩人盲目爾盲心，白首終慚魯迅箴。一卷《離騷》進天後，翻成一曲雨鈴霖。」這說的就是魏建功。

在當時的許多人眼中，曾是魯迅弟子的魏建功先生竟被視為「四人幫」的「御用文人」，而且由於他早年在讀書北大時曾因寫文章譏諷俄羅斯盲詩人愛羅先珂而受到過魯迅的批評，那是一九二二年年底，魯迅陪同愛羅先珂赴北大觀、聽學生演劇（托爾斯泰、莎士比亞的劇本），後愛羅先珂寫了一篇《觀北大學生演劇和燕京女校學生演劇的記》（由魯迅譯後刊於《晨副》），批評演出受了舊戲的影響，「模仿優伶」，演出者之一、北大「實驗劇社」台柱的魏建功和李開先大為不滿，結果魏建功撰寫並發表了《不敢「盲」從》一文，文章中用了輕佻的字句（即將「觀」、「看」、「盲」等用了引號來鄙薄愛羅先珂沒有批評的資格），嘲譏愛羅先珂。周氏兄弟憤而作文回應——周作人先後寫了《見了〈不敢盲從〉的感想》和《愛羅先珂君的失明》，魯迅甚至厲辭說道：「我敢將唾沫吐在生長在舊的道德和新的不道德裏，借了新藝術的名而發揮其本來的舊的不道德的少年的臉上。」（《看了魏建功君的〈不敢盲從〉以後的幾句聲明》，收入《魯迅全集・補遺》。）到了這時，人們又拿出魯迅的這句話來奚落老年的魏建功先生了。傳說：當時魏建功最被人們所詬病的，是他此前在參與注釋《鄉黨》篇時，詮釋其中的「趨進，翼如也」一句時，用了白話文「端著兩個胳膊向前急走」，後來人們以為是暗指因傷而慣於端著右臂的周恩來總理，當然這就十分「惡毒」了，而當年最忌恨周總理的即是那位傳達要翻譯《鄉黨》的江青，所以，魏建功先生的此舉又被視為是獻媚，與馮友蘭的「獻詩」不分上下。此後，「魏老當然多次被審訊，異常緊張。」（周一良）其實，這就好比《水滸》中的林冲誤闖了「白虎堂」，堂堂北大的名教授，所謂大知識份子的學者，一俟進入了「梁效」的班子，雖說不過是「備古書的諮詢，查找典故的出處而已」，恰似已誤入了虎狼之穴，或者說也竟如處子誤入了妓院，所謂名節等等，當然是「跳進黃河也洗不清」矣。至於其真實的情節，人們也竟不願去認真調查和計較了，比如魏建功先生對周總理的「惡意攻擊」，係出於想像；周一良先生事後也曾回憶說：「我在『梁效』期間，從未意識到『批儒』是指周總理，也從未聽到遲、謝二人在任何會上暗示過。」（見夏麥陵：《如沐春風中》）於是，事後魏建功也得到了稱之為「迷信武則天」的一封匿名信，當時他懷疑是啟功先生所書，魏建功大怒之下，竟將此五字以及此前啟功贈給他的字畫一併撕毀。

晚年的魏建功先生是在極度壓抑的心境中度過的，所謂「心情寂寥，偶讀舊箋，輒老淚縱橫，不能自已。」（魏至：《君子以果行育德——記魏建功先生的治學與為人》）他曾屢屢表示「哪裏知道，上了當！」（安平秋：《我的老師魏建功先生》）「我以前不瞭解真實情況呀，以為這都是毛主席說的呀！我很後悔。」（魯國堯：《讀〈魏建功先生紀念專輯〉稿書後》）他還對周一良悲憤地說：「自已萬萬想不到，老了老了還當了回奴才。」這句話讓人百感交集，周一良也因此愈加感到「上寵」之可怕。（周啟銳：《家父周一良教授的尷尬人生》）一九八〇年，魏建功逝世。在他的追悼會上，有這樣一對輓聯：

「五十年風雲變幻，老友畢竟是書生。」參加追悼會的周一良看到後，深有體會，後來他就將「畢竟是書生」移作自己回憶錄的書名了。

六、湯一介

湯一介先生大概是當年北大學人中「梁效」成員的唯一健在者了，當年，他是那個「畢竟是書生」的組織的「材料組」的組長。湯一介先生和其他成員一樣，也在當年那場「批林批孔」的運動中「奉旨」發言，即認為「林彪這個叛徒、賣國賊，和歷代行將滅亡的反動派一樣，尊孔反法，攻擊秦始皇，把孔孟之道作為陰謀篡黨奪權，復辟資本主義的思想武器」，而「孔孟的『德』、『仁義』、『忠恕』，就是林彪用來攻擊無產階級專政，篡改黨的理論基礎的一個重要的反動思想武器」，等等。後來周一良先生逝世後，湯一介寫有一篇《悼念周一良先生》，此前他們都是「中國文化書院」的導師。（湯一介還曾是院長）文章中提到周一良晚年寫的《畢竟是書生》，對於其中關於參加「梁效」那一部分，湯一介記錄了他和周一良的一個對話，即周一良說：「事實上，我沒有什麼要求於江青，而是江青有求於我呀！」以及「這段歷史是我們這樣的書生搞不清的。」為什麼「搞不清」？周一良說：「有些話是我沒有說出的」，以及「我們自責是應該的，但歷史還是歷史」。顯然，他還有難言之隱。

至於湯一介先生，此後他也在認真地反省，不妨說還深有體會。比如他在《我為什麼沒有成為哲學家》一文中追述道：「一九四九年後，當時有個普遍的看法：只有馬克思、恩格斯、列寧、史達林、毛澤東這樣一些偉大的馬克思主義者或社會主義國家的偉大領袖（各國共產黨的領袖）才可以被稱為哲學家，而其他人只能是哲學工作者，他們的任務只是解釋這些偉大人物的哲學思想。這樣的思想緊緊地纏繞著我們的頭腦至少三十年。——我曾經也想要做一位哲學家，而且想做一位有創造性的哲學家。一九四七年，我選擇讀北大哲學系，就是想做一位哲學家，能通過自己的獨立思考，來探討一些宇宙人生的根本問題。——一九四九年，一切都改變了，由於感受到毛主席一聲『中國人民站起來了』的震人心弦的強音，我們絕大多數中國的青年知識份子很快就接受了馬克思主義。但是當時我們卻不知道，我們接受的實際上是蘇聯的列寧、史達林的教條主義。自此，也許是心甘情願的或半心甘情願的拋掉了『當哲學家的夢想』，而自願的或半自願的做個『哲學工作者』或者叫作『馬克思主義的宣傳員』。——我的這一切只不過都是教條式的解釋，我所讀的馬克思主義的書的篇章字句，沒有一點創造性，也可以說沒有一點自己的思想。這樣下去自然不會成為『哲學家』，嚴格地說連『哲學工作者』也算不上。——這樣的研究根本算不上什麼學術研究，這樣的研究方法只能把自己養成學術上的懶漢，敗壞『學術研究』的名聲。」當塵埃落地之後，湯一介先生反省自己，認為自己「沒有完全擺脫中國現實社會政治對我束縛的勇氣」，由此他總結出了一條真理：「我今後不能聽別人的，得用自己的腦袋思考問題。」循此，此後的湯一介先生致力於探討中國傳統哲學的價值所在、中國現代哲學的走向，以及當今人類社會存在的文化問題等，他還「雄心勃勃地設計著創建『中國解釋學』」。從某種方面來說，當年那場滑稽突梯的「批林批孔」運動，不僅對當事者會有許多的教訓可言，對後人而言，也有許多可以引以為戒的意義，如湯一介先生反覆自問：為何「我沒有能成為一個『哲學家』」？或者說，為什麼二十世紀後半葉沒有如它的三、四十年代那樣，可以產生一批有創見的「哲學家」呢？甚至那些本來已是「哲學家」的學者，又「為什麼後來也沒有能繼續發展他們的哲學思想」呢？湯一介先生回答說：「我認為，最主要的是缺少『思想自由』，把思想禁錮在一個框框裏，這樣怎麼能產生真正的哲學家？哲學思想的發展往往是由『異端』突破，而開創新的局面。因此，必須打破束縛人們思想的條條框框，才可以真正實現『百家爭鳴』，而推動哲學的發展，而且這樣才可能避免使思想『教條主義』化。」湯一介先生的這一大徹大悟的「回答」，其實也可以拿來回答現在溫總理就錢學森發問的「中國的大學為何產生不了高級人才」的問題。湯一介先生在另一篇《我在沙灘的北大和未名湖的北大》的文章中還說道：「我最喜歡那時北大的是什麼呢？是我的那些老師們，是他們的學問，是他們的為人以及體現在他們身上的北大學術自由的精神。」當年他的老師，如馮文炳（廢名）、梁思成、俞大縝、胡世華、楊振聲、馮至等等，曾經讓湯一介為之敬愛，而後來的湯一介卻「反問自己」——「在我身上還有沒有廢名先生的那種『天真』呢？有沒有梁思成先生那種『熱情』呢？有沒有俞大縝先生那種『慈愛』呢？有沒有胡世華先生那種『敬業精神』呢？」他竟「不敢說」了，為什麼？他說：「環境，特別是政治環境，對人來說是一種太可怕的力量呀！」於是，湯一介本能地感到：「北大現在似乎缺了什麼，又多了點什麼。缺少學術自由的風氣？缺少追求真理的勇氣？缺少人與人之間的關懷？也許都不是，也許都是。多了點官氣？多了點金錢的誘惑？多了點鄉願之氣？也許都有，也許都沒有。說真的，很難說清。」他只能遺憾地以為：當年「梅貽琦校長可以說：『大學者，有大師之謂也。』但今天還能這樣說嗎？我認為，今天是出不了大師的，特別是文科，因為沒有出大師的環境和條件了。」

七、林庚

林庚先生是在二〇〇六年過世的，他的逝世，更讓人挽惜大師之將闕如。北大中文系的林庚先生是著名的詩人，也是著名的文學史專家，在「批林批孔」運動中，他也被招進了「梁效」的注釋組。差不多的同時，當時有關方面為了晚年患白內障而視力下降的毛澤東組織成立了供其「聽書」的錄音組（其中也有注釋組以及演唱組、器樂組等），即晚年毛澤東苦於無法正常閱讀，先是為他特印了大字本，後來還不行，毛澤東只好在他最愛好的活動——讀書時以「聽書」的方式「閱讀」，除了召蘆荻女士侍讀之外，即由國務院文化組為毛澤東配備的錄音組錄製古典詩詞音樂和傳統劇目，供其欣賞，而為了更好地欣賞古典詩賦和戲劇，有時須借助注釋，於是文化部和北大又配備了專門的注釋人員，為毛澤東喜歡的詩賦等作注，（毛澤東還在《詞綜》上圈點了他喜歡的詞作。據悉嚴文井等曾觀賞過這本毛澤東圈點過的《詞綜》。）同時還為作曲者和演唱者講解詩詞曲賦的大意和疑難詞語及典故等。這個注釋組，有林庚、余冠英（顧問），以及劉世德、王水照、陸永品、林東海、沙予、曹道衡、范之麟、沈斯亨、陳祖美等，他們先是奉命遴選詩詞曲賦，隨即加以注釋。

「文革」結束後，林庚先生「理所當然」地受到了審查，不過，大概是「陷」得不深的原因，據周一良先生的回憶，事後，「一位來注釋組不久的中國文學老教授成為從寬發落的典型」，無疑，這就是林庚先生了。在林東海新著的《文林廿八宿——師友風誼》（人民文學出版社二〇〇七年版）中，有一節描述林庚先生當年「你不過問政治，政治會過問你」的尷尬情節，這對我們瞭解、理解當年學人「圍城」處境頗有參考意義。他說：「一九七五年九月中，注釋人員奉命到大寨，據說是要討論一些注釋稿。因而我和林先生都有大寨之行，卻是不期而遇，事先彼此都不知道。討論注釋稿的時間並不多，倒是看電影的時間多，再就是勞動。六十多歲的林先生也一樣參加勞動。九月十四日上午，集體到虎頭山打核桃。核桃樹長得又大又高，果實累累，我舉著長竿把樹上的青核桃打下來，林先生和謝靜宜在樹下收拾，打了半天，一棵樹的核桃也沒打完。『林老師，您歇一歇，別累了。』謝靜宜不時用輕柔的語氣招呼林先生休息，我回頭看了看她，是挺文靜的一位美少婦，不像那殺氣騰騰的造反派。我心想，好端端的美人，怎麼搞起政治來了，恐怕不是那料子，有點可惜。也許這是我那不關心政治的心理造成的一種錯覺，但我確實是這樣想的。從她向林先生招呼的態度看，對林先生是很尊敬的，也是很關心的，一點也看不出她手中握有生殺予奪的大權。而林先生則總是笑嘻嘻的，說『不累不累』，繼續貓下腰拾核桃，絕無『受寵若驚』之感，也無『摧眉折腰』之態，倒是像長輩對待晚輩似的，既尊嚴又和藹，充分體現了詩人的情性。筐裏的果實愈來愈多，也愈來愈重，我怕林先生閃了腰，回頭提醒他：『林先生，別動那籮筐，當心腰！』『沒事。』我還是不放心，撂下長竿，把籮筐搬動一下。我們三人在一棵核桃樹下，幹了兩個多小時，話不多，不過表情和動作也能溝通，在大寨野外山坡上，共度一個愉快的上午。『與天鬥，其樂無窮』，這話有理。人們在勞動中，在與自然打交道當中，最是顯現人的本性，最能看出『人之初』。勞動是人與自然的關係，在自然面前大家都是人，大家都很齊心，很和諧，很愉快；『與人鬥』則不然，人鬥人，往往使人性異化，人性扭曲，人性麻木。我們在打核桃時，誰都忘了自己的身份：從謝靜宜拾核桃的樣子看，也是個勞動者而已，並沒擺出官架子。我不知道她在『與人鬥』時，是否也犯那樣的毛病，從『四人幫』倒臺後，她被特許免予起訴看，可能還沒太失人性；我和林先生有同鄉之誼，自然有一種親切感，而那時對謝則不知其詳，隱約知道她是『通天』人物，是北大的頭頭，後來才知道當時她的官銜還真不少，什麼北大黨委副書記、北京市委書記、中央委員、人大常委等等，不過我這個人天生有一種野性，對於當官的，無論是多大的官，向來視之為人，而不視之為神，就是知道她有那麼多官銜，打核桃時也不會被嚇得連長竿也舉不起來；林先生對她這個直接上司，態度也是不亢不卑，只表現出長者之風，仍然保有他特有的詩人個性。」林東海又說：「三十年過去了，核桃樹下的情景至今記憶猶新，林先生那詩人風度，印象尤為深刻。」他還回憶起當年「文化組注釋人員討論庾信《枯樹賦》」時的情節。他說：「毛澤東主席喜歡詩詞，也喜歡六朝小賦，諸如謝莊《月賦》，江淹《別賦》，謝惠連《雪賦》，庾信《枯樹賦》，都是他所愛讀的名篇。這些名篇曾佈置北大注釋人員作注，文化組注釋人員主要注釋詩詞，未曾參與小賦的注釋，但有時參與討論。這次討論《枯樹賦》，就是推敲北大的注釋稿。九月二十日下午，在回京的專列上，江青召集注釋人員開會，討論毛主席八月十四日關於《枯樹賦》注釋的批示。到會的共十五人，林先生、謝靜宜以及老友沙予和我，都參加了這次會議。江青最後到，坐在主持人位置，手裏拿著一枝花：『你們說這是什麼花？』問罷，把花枝晃了晃。『蘭花。』不知是誰應了一聲。『不對。』她搖了搖頭，『再猜。』『蕙。』沙予肯定地回答。『為什麼說是蕙？』她向左邊的沙予側過耳朵。『春蘭秋蕙。』『對是對，不全對。一枝一朵的是蘭，一枝幾朵的是蕙。』江青舉著花，回頭向右邊的林庚先生：『林先生，這枝花送給你愛人。』正要把花遞過去，又把手縮回來，『對不起，先生的愛人……』『健在，健在。』林先生反應很敏捷。『那就託你把這枝花送給她。』『謝謝。』林先生伸手接過花枝，神情自若，並沒喜出望外，更不會感激涕零，依然正襟危坐。」

江青獻花，當年林庚先生並沒有因此忘情，不過，事過境遷之後，傳到別人耳朵裏，恐怕就是三人市虎的效應了。於是，在舒蕪的《四皓新詠》之中，描寫林庚，是所謂「進講唐詩侍黛螺，北京重唱老情歌。義山未脫撏扯厄，拉入申韓更奈何！」卻說毛澤東對北大《枯樹賦》的注釋，寫有一個讚揚的批語，此外對倪璠《庾子山集注》的注釋，毛澤東也大加肯定和稱讚。（葛曉音先生在《詩性和理性的完美結合——林庚先生的古代文學研究》一文中說：「林先生對庾信《枯樹賦》的解釋，曾受到過毛澤東同志的稱讚。」）於是江青贈花就是對林庚先生等的一種獎賞。後來人們對此有不同的解釋，如馬嘶先生在《林庚先生的詩化人生》一文中說：「一次，江青在人民大會堂接見他們時，送給了林先生一束花。散會後，剛走出人民大會堂上了汽車，林先生就把這束花扔了出去。」這就是來自耳食的談屑了。又據范達人的《「梁效」往事》一書，當年進不進「梁效」，「這不是個人選擇的結果，而是組織的安排，我們作為幹部也好，作為教員也好，作為黨員也好，他服從組織的安排到哪去，（是）沒有自由選擇的，有一些老教授，他不太願意去也得去，像林庚教授，非常有名，現在九十多歲了，中國古典文學史的專家，他這個人做學問很清高的一個人，國慶宴會他都不想去參加的，你知道嗎，後來他也調到『梁效』去，為什麼，搞詩詞注釋，毛主席說要搞詩詞注釋，實際上為毛主席服務的。他去了，去了沒有幾天，好，趕上『梁效』倒楣了，他也算『梁效』成員，結果從嚴處理是我，從寬處理是他，——搞得他真是哭笑不得。」林東海先生也以知情者的身份說：「林先生曾經受到猜疑，遭到譏諷，乃至形諸歌詠，進行人身攻擊，然而，事實勝於雄辯，他出污泥而不染，沒有帶出兩腿泥，依然保持詩人本色，依然那樣晶瑩透亮。」筆者與林庚先生有過一面之雅，那是「文革」末期，家父上京「取經」，看北大的現代文學課如何進展，筆者隨行，記得當年一一拜訪了林庚、王瑤等，如今回憶起來，林庚先生的警惕表情還是記憶猶新的。

八、劉大杰

已故復旦大學教授的許道明先生在《惜乎，劉大杰先生》一文（收入《輓歌的節拍》一書）中，對劉大杰先生有頗多鮮明和形象的描繪：作為一個作家，劉大杰這位湖南岳陽的才子，當年真是才情豔豔，「劉先生一本才情，根性傾向浪漫。初學郁達夫，《黃鶴樓頭》、《渺茫的西南風》中的湘君一如郁達夫小說中的于質夫」，所謂「『秋風裏面的斷蓬』，『無掛無礙的沙鷗』，差不多也像郁達夫小說中的零餘人。」到了上世紀三十年代前後，「他敏感於『革命文學』的風尚，開始寫起『問題小說』，批評老師郁達夫的《迷羊》是『舊情感的遺留』。」作為一個學者呢？劉大杰則「才情鬱勃，《中國文學發展史》為他在海內外贏得了巨大聲譽。朗松的《法國文學史》做過劉先生的藍本，因此他像朗松一樣，以描述思潮和變遷為主務，從作家的身世、性格與社會背景的結合，發現並著重闡發作家作品的個性，較以前錄鬼簿式的著述高明多了。」然而，所謂「成也蕭何敗也蕭何」，（吳中杰先生在《海上學人漫記》一書中則以《劉翁得馬，焉知非福——記劉大杰先生》為標題）這部書後來的幾次修訂又讓他「西子蒙不潔」，即他「建國後修訂《中國文學發展史》，是為著響應歷史唯物主義的指導，或許還有些進步的意思，到『文革』期間的奉命再修訂，雖有難以言說的無奈，但好名矜才畢竟使他晚節小損，很是可惜的。」也有人回憶說：劉大杰用「儒法鬥爭」來解詮一部中國文學史，當時曾有人勸他：你這樣做，身後怎麼過得去？劉回答說：我不這麼做，現在就過不去，相逼甚急。後來人們遂將之與馮友蘭相比。

不同於「梁效」中的幾位北大學者，當年「紅遍」天下的南方學人，除了廣州的楊榮國先生，大概就是上海的劉大杰先生了。後來讀余秋雨先生《文化苦旅》中的《上海人》，感覺他能如此妥貼和中肯地估摸和揣度「上海人」的精神向度，真是佩服。這中間，「上海人」「對實際效益的精明估算」，（如劉大杰「正因著好辨風向，正因著才情外露，不久一隻黑手伸向了劉先生，在寶愛現世生活的驅策下，他終於做出了為後世病詬的尊命修訂《中國文學發展史》」。）或者「缺少生命感也就缺少悲劇性的體驗」等的「醜陋性」，（如有人從當年劉大杰為阿英標點古書「背黑鍋」受了魯迅的譏刺看出劉大杰可悲的一面

——「膽怯懦弱、委瑣窩囊」等；出身於復旦大學的陳四益先生也曾剖析劉大杰說：「大杰先生是有他的弱點的。一個是軟弱，經不起風波。五十年代初的思想改造運動時，他便因一段歷史一時講不清楚而去跳黃浦江……軟弱，使他不能抗爭。」見陳四益：《臆說前輩》。）可以讓人連想許多，甚至會「漣漪」到了作者的余先生自己；同時，又不能不想起更早些時候魯迅關於「海派」和「京派」的許多論述。於是，再聽許道明先生如下的陳述，就不能不莞爾：「內地人稱上海人多為『聰明而不精明』，有沒有根據不得而知。不過，在上海的教授中倒很有些這樣的角色。他們特懂得現世享受，在學術上廣采博收而不泥古守舊，像模像樣的，用風頭主義和才子情結的視角，是很能夠看清一二的。當然風頭主義在其他地方的學者中也不乏同情者回應者，然而就大體而言，北方或內地多取隱性狀態，而在十里洋場則多作顯性發揚。」這是從復旦大學許道明先生生前一篇說及業已故去的復旦大學學者劉大杰的文章說起。

劉大杰先生早年是在上海「起家」的，即他當時是「海派」的作家。記得當年大革命失敗之後的上海文壇，在一本《長夜》的刊物上，他曾與吾鄉的常燕生先生一起對「左翼文學」的旗手魯迅打過筆戰，意思是謂其「廉頗老矣」。後來魯迅曾在《罵殺與捧殺》一文中諷刺其不通古文，亂點古書，如其標點和林語堂校閱的《袁中郎全集》，其實呢，是別有原因。海上學人，無疑，如許道明先生所云：「劉大杰先生算是海派代表。他當然是聰明的，兼備活躍的心智，但他好標榜，好吹。他和周谷城在復旦大學是人所皆知的湖南籍教授，他倆都得到同為湖南籍的偉大領袖毛澤東的友誼。一九六二年修訂本《中國文學發展史》出版後，毛澤東在上海接見過劉先生，多有褒獎，還談了不少一個政治領袖的文學意見。此類殊榮，對劉先生來說，差不多是一生中最為光榮也最為惶恐的節目了。於是，『劉大杰先生，大作為何不送我拜讀呢？』，主席的這句開門見山，本來很見風度，很能統一戰線，很是對學術繁榮的關心，而在劉大杰那裏卻變成了像祥林嫂的『我真傻』『我真傻』。當然，祥林嫂的迷茫是沒有的，代之以的是：大嘴巴張得雖不怎麼大，終究難以掩飾濃眉之下一對眼睛放射出來的得意，光燦燦，耿晶晶，猶如節日夜空禮花在光彩四射。」

一九六五年毛澤東在上海與劉大杰等交談，其背景是此年毛澤東由武漢、湖南（井岡山）而上海，毛澤東已經在醞釀發動上層建築領域的革命——「文革」了。而當年毛澤東在上海與劉大杰晤談，後來成為劉的一個「資本」，大概後來還有幾次類似這樣的談話，如林東海先生回憶說：「一九六五年夏秋之交，聽李慶甲兄說，最近毛主席曾接見劉大杰先生，你們可以問問都談了哪些重要問題。九月十二日下午，我們依約到劉先生寓所。他先告訴我們有關研究生畢業論文的一些事項。當我們提起毛主席接見的事，他很鎮定地說，這事不要張揚。主席原是約見周谷城和劉先生二位，周先生出門，沒找著，所以就見他一個人，談話的內容主要是古典文學。劉先生簡要地敘說那次主席談話的內容：主席說，年輕時喜歡韓愈的文章，很多能背下來。韓愈不怎麼壞，特別是諫迎佛骨表，可以肯定。韓詩也不錯。韓愈好奇，文章比詩通順些，詩尤好奇，思想差些，但也不算頂壞。柳宗元比韓愈要好一些。政治生活與韓愈不同。他的《天對》還不錯，屈原提出《天問》，一千多年後的柳宗元敢於作《天對》，總算有膽量，但侷限性也很大。劉禹錫也不錯，寫過《天論》。主席說，李義山的詩，有的與當時政治有關係，所以對當時的政治背景要弄清楚。主席還談過王安石、歐陽脩、李清照。談話的主要精神是要具體分析，不要形而上學，注意思想方法。主席說，佛學要研究，不懂佛學就搞不好文學史。說他自己也正在研究佛學。還說，耶穌教、回教也要研究，唯心主義要用唯物主義去研究。宋明理學、乾嘉學派，主席也談到了。還說作品愈是接近現實，愈是光輝。到現實生活中流浪一下，也有好處。古代作家的進步與否，看他是否同情農民。政治上的遭遇對一個作家的影響很大。」（《文林廿八宿——師友風誼》）到了一九六八年，即「文革」發動後的第二年，這年出臺了對知識份子「給出路」的政策，在上海，有所謂「四大典型」之說，即復旦大學的劉大杰、周谷城、蘇步青、談家楨四教授獲得了「解放」。毛澤東此前在上海與劉、周等談話，為之做了一個鋪墊。

卻說當年毛澤東的一席談話，在後來的「批林批孔」中有些影子，如林東海先生以為：當年「劉先生介紹主席的這些談話內容，有些在後來的歲月裏得到印證，可能主席在別的場合也講過類似的話，或表達過近似的看法。諸如以《天問》、《天對》、《天論》定法家，以韓愈之『文以載道』定儒家，以李商隱《無題》詩為政治詩，以《五燈會元》為重要讀本，等等，都與毛主席的說法不無關係，卻又不盡合乎主席的本意。」林東海先生還回憶說：「在那年代，主席一言有甚於九鼎大呂之重，劉先生叫我們千萬不要外傳，所以即便在『文革』當中我們也不敢洩露。」再到了後來，北方的馮友蘭也好，南方的劉大杰也好，都是「清議」看扁了的。其實呢，學者怎麼了？學者不能有凡人的心思麼？浸潤於深厚的吾土吾民「大傳統」「小傳統」板結性社會土壤之上「史官文化」的「精神文明」，「海派」和「京派」其實並沒有什麼本質的不同。這裏，「袞袞諸公」，「京兆」的學人只是更加有「首善之區」的「闊達」之狀，而「海上」的學人，則不免帶了些「輕佻」罷了，如劉大杰，「『文革』中盛行工農兵注釋毛澤東詩詞，劉先生算是顧問了，他說了不少主席接見時的動人情景，問候健康請吸煙捲，主席的博學風趣，餘下多為主席對《中國文學發展史》的贊許。好像老和尚念經一般，不過，緊要處往往會加以重複，以示強調。我們向他請教主席的具體文學意見，他會儼乎其然地說上一句『沒有傳達任務』，語氣在工人師傅聽來特別的守紀律，在我們聽來實在高深莫測。」而「好吹好標榜，在人世間，或許會成就一些好事，但更多的場合，給人以尷尬，以狼狽，甚至以意想不到的麻煩。」不過，雖說劉大杰「並不短少可議的地方，一如他的矜才炫學，尤其他的屈尊，確實使他以花草裝飾過權門，然而他從未有過絲毫充當權門鷹犬的野心。」（許道明：《輓歌的節拍》）

說劉大杰就不能不說他的《中國文學發展史》。在文學史研究領域，劉著《中國文學發展史》可謂影響遠被，當然，劉大杰自己的榮辱也隨之浮沉（此書問世之後，大致經歷過三次風波：一，毀版於日偽統治時期；二，被批判於「反右」運動後期；三，修訂改寫於「文革」中期）。就是這部書，成為了當年「批林批孔」運動中的一部當代「經典」。據林東海著《文林廿八宿——師友風誼》（人民文學出版社二〇〇七年出版），「批林批孔」運動中這部書的修訂和面世過程如下：彼時，劉大杰「試圖以歷史唯物主義觀點修正書中的唯心主義，對全書作一番修改。」至一九七三年，該書第一卷修訂後重版。嗣後，全國掀起了「評法批儒」運動，當時，劉大杰正修改該書第二卷（隋唐五代部分），自不能不受「儒法鬥爭」

的影響。林東海先生回憶說：此書，「初時，只是在某些問題上著以『儒法』色彩，並沒有以此為綱，已完成一個修改稿。先生曾將列印好的一份修改稿呈送毛澤東主席。毛澤東主席認真地閱讀修改稿，但以目力欠佳，列印稿字體不夠大，中央辦公廳通知國家出版局印成三十六磅的大字本。出版局為要保存毛主席閱批過的本子，打電話向我借用先生寄贈給我的列印本。我當即將列印本送到出版局，並翻閱了中央辦公廳送來的毛主席閱批過的本子。可以看出，毛主席讀得很仔細，有些地方還注了舊式拼音。後來印成大字本的，便是這個初步修改稿。（與上海寫作組介入修改，以『儒法鬥爭』為綱，於一九七六年由上海人民出版社出版的第二卷，是不同的。）一九七四年年底，先生聽說『發展史』大字本已經出版，來信要我代購一部。翌年年初，經請示人民文學出版社社長嚴文井、國家出版局副局長趙承豐，向新華書店總店負責人趙國良購書，趙說所有大字本都在中央內部分發，均未到書店。正要將這一情況覆信告訴先生，先生到北京來了。一九七五年一月二十日，我到北京圖書館聯繫借書，副館長鮑正鵠先生領我到劉季平館長辦公室，在那裏見到劉先生。他來參加人民代表大會，抽空到北圖看望二位館長。先生見到我，還沒等我說話，便高興地說：『我正要找你，書不用買了，江青已送給我一部。』據說先生回滬後，曾將江青贈書事告人。」此前，毛澤東賞識劉大杰，江青看在眼裏（其參與了上海談話），當時又正值「樣板戲」觀摩大會，江青主動請劉提意見，此時「評法批儒」，則要求劉以「儒法鬥爭」為綱修訂《中國文學發展史》。這就是劉大杰先生誤入「賊船」的經過。如上所述，劉大杰「好標榜，好吹」，此時吹「江青贈書」，不啻授柄於人，即「『四人幫』垮臺以後，以『儒法』改書和受江青贈書，自然招來物議和批判。

批判者看不到大字本，只能依據被人插手改動的上海人民出版社出版的本子，先生自然如啞巴吃黃蓮，有苦說不出。所謂其榮也至極，其辱也難堪。」這就是教訓了。林東海先生還回憶說：一九七六年毛澤東逝世時，劉大杰是治喪委員會的成員，並奉召進京守靈。當時劉大杰還寫詩哀悼，所謂「殘生堅走紅旗路，努力登攀答聖恩」；「餘年豈敢忘遺訓，沒世猶難報厚恩。」林先生以為：「『士為知己者死，女為悅己者容。』此為國粹，在知識份子當中抱這種心情者亦復不少，先生自不能例外。」信然。當年毛澤東與劉大杰談話，江青也在場，後來她還向劉大杰「贈書」，可能也是這一原因，據律師張思之先生的回憶：後來「兩案」公審時，江青曾要求法庭請三個人為自己當辯護人，這一是史良女士（她是江青早年在上海時已相識的大律師，且又是女性）；二呢，就是劉大杰先生了。但當時法庭的審判員告訴江青：史良已年邁（其實是史良表示堅決不做江青的辯護人），劉大杰也已經病逝了，都不可能出庭為江青充當辯護人。據說江青聽了之後，沉吟良久後說：「那麼，第三個人的年齡也已太大了」（據說是魯迅的弟弟周建人）。於是，她轉而要求法庭能讓親屬為其辯護，但後來她又自己否認了。最後，江青接受了法庭給她指定的辯護人，即張思之、朱榮華、傅志人，但後來又拒絕了。（見王凡、東平：《我在不尋常年代的特別經歷》）

「評法批儒」，涉及眾多歷史人物。如前所述，當年毛澤東和劉大杰的一番閒談，實際上在某種程度左右了在「評法批儒」中對一些歷史人物的評價，當然，也有一些變化（如對韓愈）。據林東海的回憶：「劉先生對我們說：『毛主席對李白、李賀、李商隱和韓愈，都很喜歡，但我們不能因此把他們捧得太高。』對韓愈一分為二，這是劉先生一貫的看法，在無從下筆之時，只好寫信救助於毛澤東主席。接到主席覆信後，他把主席的意見轉告我。」這就是一九七五年二月十二日毛澤東的一封信——「送上海復旦大學劉大杰教授先生：我同意你對韓愈的意見，以一分為二為宜。李義山無題詩，現在難下斷語，暫時存疑可也。奉復久羈，深以為歉。詩詞兩首，拜讀欣然，不勝感謝。毛澤東。二月十二日。」這封信，是毛澤東寫在中共中央辦公廳信訪處編印的一份《來信摘要》（第五四〇號）上的。這期摘要上登載了劉大杰給毛澤東的信。信中說，他的文學史修改工作，一直受到主席的關懷，衷心銘感。現在報刊文章，對韓愈全部否定，說得一無是處。他認為韓愈以道統自居，鼓吹天命，固然要嚴加批判，但細讀他的文章，發現其思想確有矛盾之外。如讚揚管仲、商鞅之功業等，都與儒家思想不合，而傾向於法家；他的散文技巧，語法合於規範，文字通暢流利，為柳宗元、劉禹錫所推許。對這些如果全盤加以否定，似非所宜。劉大杰認為，在批判韓愈儒家主導思想的基礎上，應給他在文學史上一定的地位。對於李義山的無題詩，他認為有一部分是政治詩，也有少數是戀愛詩。劉大杰還將他作的一首七律和一首詞，隨信呈送毛澤東。劉大杰認為不能全部否定韓愈，在修訂本《中國文學發展史》之中，則對韓、柳進行了重新的詮釋，換言之是以「儒法鬥爭」為標準的，所以後來遭到學界的批評，如唐振常先生就曾以《可憐無補費精神》（收入《川上集》）立題嚴厲地批評了劉大杰。林東海事後卻以為：「從主席的覆信，可以看出，劉先生對一些古代作家的評價是有所保留的，並非簡單地以儒法劃線。」後來劉大杰來信告之：「過去所傳主席關於古典作家的指示，現在看來，可能有不少為江青假傳旨意。如庾信、蘇軾等人。洪皓如何，不能說。過去主席從未對我提及此人。提起者有陶淵明、司馬遷、李、杜、白、王維、韓、柳、劉禹錫、李賀、李義山、李清照諸家。還有歐陽修、王安石。關於儒法鬥爭，主席未這樣提過，但在談話中，對孔孟很不滿意。七二年在報刊提儒法鬥爭，想主席是贊成的。我的第二冊，主席全部看過，並印成大字本，表示肯定，可見主席的用意。但主席說過這樣的話：『法家並非全人，缺點也很多。』（大意）所以我總是加以一定程度的批判，對柳宗元、劉禹錫也是如此。我並不把他們作為法家，只說他們具有法家思想傾向，即此故也。」劉還說：「看來儒法鬥爭，對於學術界是一重大問題，究如何處理，須待中央解釋。從一九七二年冬季，《紅旗》發表儒法鬥爭以來，已有五年，全國各報刊，連篇累牘，發表這方面的文章，多不可數。主席必然看到，然從未表示反對和糾正，可見是肯定的。但有些文章，把儒法鬥爭，擴大到近代，如嚴復、章太炎亦為法家，確甚不妥。即李贄、王夫之諸人，實亦不能歸於法家。而四人幫別有用心，故意插手，製造混亂，甚可恨也。」林東海以為：「這裏所謂『插手』云云，自是暗指對他修改《中國文學發展史》的插手，弄得他苦不堪言，因有『甚可恨也』之語。至於提到庾信、蘇軾、洪皓等人，以為是江青『假傳旨意』，則是憑與主席那次談話的內容所作的推斷，實乃另有因由，主席對庾信《枯樹賦》有過批語，又在《詞綜》中圈點過蘇軾、洪皓等人的詞作，所以江青對這些作家也很感興趣，並非『假傳』。劉先生說儒法鬥爭是學術界的重大問題，毋寧說是政治鬥爭對於學術界的重大影響。在舉國上下都搞儒法鬥爭的時候，劉先生修改他的『發展史』，必然要受到影響，但我清楚地感覺到，他力求從政治漩渦游向學術的領地，多麼吃力，多麼艱難！從他的苦苦求索中，我們可以看出，他不以學術為資本，去牟取政治上的榮耀，仍不失其為學人的高尚品格，與那班以學術為晉身之階，登上官場，顯位者，自不可同日而語。」

以上材料，說明了當年那場荒誕的政治（非學術）運動的複雜性和評價它的繁難，這裏也當然不是要給出一個定讞，只是撮拾些材料，藉以窺出當年那幕鬧劇中學人的尷尬，識得歷史的沉重。如今，劉大杰的那部《中國文學發展史》，在眾多文學史著作中已經黯然失色，差幾無人光顧矣，而那一句「同情之瞭解」，也說得太濫了。

後記

在上冊中說過，這本集子中的文字是以「大時代下的歷史謎案」為契入點的，顯然，以近距離的眼光審讀這段歷史，還不可能完全做到「老吏斷獄」般的篤信，特別是在這本下冊即「1949年後中國共產黨政治謎案19件」中，至於原因，更是彰顯的。所以，這本書用了「霧裏看花」四個字來表述，這不是故意設障，也不是故意作秀，實在是只是如此。

「1949年後中國共產黨政治謎案19件」（從中共建國開篇時的「胡風事件」到「文革」尾聲時的「批林批孔」運動，前後時間也可達近三十年），所述基本上限於政界和知識界，特別是所敘述的歷史人物多屬所謂「文化名人」，也就是我們通常所說的文人或知識份子，所以如此，我想這與多年來中國思想界的經常性話題有關，當然也與自己的研究興致相關。至於通過「霧裏看花」所看到的，愚意是可以從中窺見出當年陳寅恪所標榜的「獨立之思想，自由之精神」何以作為一種稀缺性資源在中國知識份子身上的逐漸流失，以及在我們的光輝歷史上何以會發生那些至今仍讓人聞之猶有餘痛的苦難。愚意這種對歷史的書寫，或許對現在和將來的中國仍是不無小補的。

感謝「秀威」又成全了我的一個心願，那些散見的文章有了一個歸宿，並且更加彰顯了它們的份量。

散木

二〇一一年暑日於杭州

讀歷史27　PC0316

1949年後中國共產黨政治謎案19件

作　　者／散　木
主　　編／蔡登山
責任編輯／劉　璞
圖文排版／楊家齊
封面設計／秦禎翊

發 行 人／宋政坤
法律顧問／毛國樑　律師
出版發行／秀威資訊科技股份有限公司
114台北市內湖區瑞光路76巷65號1樓
電話：+886-2-2796-3638　傳真：+886-2-2796-1377
http://www.showwe.com.tw
劃撥帳號／19563868　戶名：秀威資訊科技股份有限公司
讀者服務信箱：service@showwe.com.tw
展售門市／國家書店（松江門市）
104台北市中山區松江路209號1樓
電話：+886-2-2518-0207　傳真：+886-2-2518-0778
網路訂購／秀威網路書店：http://www.bodbooks.com.tw
國家網路書店：http://www.govbooks.com.tw

2013年05月BOD一版
定價：400元

國家圖書館出版品預行編目

1949年後中國共產黨政治謎案19件 / 散木著.-- 一版. -- 臺北市 : 秀威資訊科技, 2013.05
面； 公分. -- (讀歷史27 ; PC0316)
BOD版
ISBN 978-986-326-111-7 (平裝)

1. 傳記 2. 中國

782.187 102008591

讀者回函卡

感謝您購買本書，為提升服務品質，請填妥以下資料，將讀者回函卡直接寄回或傳真本公司，收到您的寶貴意見後，我們會收藏記錄及檢討，謝謝！

如您需要了解本公司最新出版書目、購書優惠或企劃活動，歡迎您上網查詢或下載相關資料：http:// www.showwe.com.tw

您購買的書名：________________________________

出生日期：________年________月________日

學歷：□高中（含）以下　□大專　□研究所（含）以上

職業：□製造業　□金融業　□資訊業　□軍警　□傳播業　□自由業

□服務業　□公務員　□教職　□學生　□家管　□其它＿＿＿＿

購書地點：□網路書店　□實體書店　□書展　□郵購　□贈閱　□其他

您從何得知本書的消息？

□網路書店　□實體書店　□網路搜尋　□電子報　□書訊　□雜誌

□傳播媒體　□親友推薦　□網站推薦　□部落格　□其他＿＿＿＿＿＿

您對本書的評價：（請填代號　1.非常滿意　2.滿意　3.尚可　4.再改進）

封面設計＿＿＿　版面編排＿＿＿　內容＿＿＿　文／譯筆＿＿＿　價格＿＿＿

讀完書後您覺得：

□很有收穫　□有收穫　□收穫不多　□沒收穫

對我們的建議：________________________________

____

____

____

請貼
郵票

11466
台北市内湖區瑞光路 76 巷 65 號 1 樓
秀威資訊科技股份有限公司 收
BOD 數位出版事業部

(請沿線對折寄回，謝謝！)

姓　　名：＿＿＿＿＿＿＿＿　年齡：＿＿＿＿　性別：□女　□男

郵遞區號：□□□□□

地　　址：＿＿＿＿＿＿＿＿＿＿＿＿＿＿＿＿

聯絡電話：(日)＿＿＿＿＿＿＿＿(夜)＿＿＿＿＿＿＿＿

E-mail：＿＿＿＿＿＿＿＿＿＿＿＿＿＿＿＿